ENZYKLOPÄDIE
DEUTSCHER
GESCHICHTE
BAND 74

ENZYKLOPÄDIE
DEUTSCHER
GESCHICHTE
BAND 74

HERAUSGEGEBEN VON
LOTHAR GALL

IN VERBINDUNG MIT
PETER BLICKLE
ELISABETH FEHRENBACH
JOHANNES FRIED
KLAUS HILDEBRAND
KARL HEINRICH KAUFHOLD
HORST MÖLLER
OTTO GERHARD OEXLE
KLAUS TENFELDE

DIE REFORMATION

VORAUSSETZUNGEN UND DURCHSETZUNG

VON

OLAF MÖRKE

3., aktualisierte und um einen Nachtrag erweiterte Auflage

DE GRUYTER
OLDENBOURG

ISBN 978-3-11-045810-7
e-ISBN (PDF) 978-3-11-045813-8
e-ISBN (EPUB) 978-3-11-045825-1

Library of Congress Cataloging-in-Publication Data
A CIP catalog record for this book has been applied for at the Library of Congress.

Bibliografische Information der Deutschen Nationalbibliothek
Die Deutsche Nationalbibliothek verzeichnet diese Publikation in der Deutschen Nationalbibliografie; detaillierte bibliografische Daten sind im Internet über http://dnb.dnb.de abrufbar.

© 2017 Walter de Gruyter GmbH, Berlin/Boston

Umschlagabbildung: Fahnenträger des Evangeliums der neuen reformatorischen Lehre, Holzschnitt in Thomas Murners Vom großen lutherischen Narren, 1522.
Satz: Schmucker-digital, Anzing bei München
Druck und Bindung: Hubert & Co. GmbH & Co. KG, Göttingen
♾ Gedruckt auf säurefreiem Papier
Printed in Germany

www.degruyter.com

Vorwort

Die „Enzyklopädie deutscher Geschichte" soll für die Benutzer – Fachhistoriker, Studenten, Geschichtslehrer, Vertreter benachbarter Disziplinen und interessierte Laien – ein Arbeitsinstrument sein, mit dessen Hilfe sie sich rasch und zuverlässig über den gegenwärtigen Stand unserer Kenntnisse und der Forschung in den verschiedenen Bereichen der deutschen Geschichte informieren können. Geschichte wird dabei in einem umfassenden Sinne verstanden: Der Geschichte der Gesellschaft, der Wirtschaft, des Staates in seinen inneren und äußeren Verhältnissen wird ebenso ein großes Gewicht beigemessen wie der Geschichte der Religion und der Kirche, der Kultur, der Lebenswelten und der Mentalitäten.

Dieses umfassende Verständnis von Geschichte muss immer wieder Prozesse und Tendenzen einbeziehen, die säkularer Natur sind, nationale und einzelstaatliche Grenzen übergreifen. Ihm entspricht eine eher pragmatische Bestimmung des Begriffs „deutsche Geschichte". Sie orientiert sich sehr bewusst an der jeweiligen zeitgenössischen Auffassung und Definition des Begriffs und sucht ihn von daher zugleich von programmatischen Rückprojektionen zu entlasten, die seine Verwendung in den letzten anderthalb Jahrhunderten immer wieder begleiteten. Was damit an Unschärfen und Problemen, vor allem hinsichtlich des diachronen Vergleichs, verbunden ist, steht in keinem Verhältnis zu den Schwierigkeiten, die sich bei dem Versuch einer zeitübergreifenden Festlegung ergäben, die stets nur mehr oder weniger willkürlicher Art sein könnte. Das heißt freilich nicht, dass der Begriff „deutsche Geschichte" unreflektiert gebraucht werden kann. Eine der Aufgaben der einzelnen Bände ist es vielmehr, den Bereich der Darstellung auch geographisch jeweils genau zu bestimmen.

Das Gesamtwerk wird am Ende rund hundert Bände umfassen. Sie folgen alle einem gleichen Gliederungsschema und sind mit Blick auf die Konzeption der Reihe und die Bedürfnisse des Benutzers in ihrem Umfang jeweils streng begrenzt. Das zwingt vor allem im darstellenden Teil, der den heutigen Stand unserer Kenntnisse auf knappstem Raum zusammenfasst – ihm schließen sich die Darlegung und Erörterung der Forschungssituation und eine entsprechend gegliederte Auswahlbibliographie an –, zu starker Konzentration und zur Beschränkung auf die zentralen Vorgänge und Entwicklungen. Besonderes Gewicht ist daneben, unter Betonung des systematischen Zusammenhangs, auf die Abstimmung der einzelnen Bände untereinander, in sachlicher Hinsicht, aber auch im Hinblick auf die übergreifenden Fragestellungen, gelegt worden. Aus dem Gesamtwerk lassen sich so auch immer einzelne, den jeweiligen Benutzer besonders interessierende Serien zusammenstellen. Ungeachtet dessen aber bildet jeder Band eine in sich abgeschlossene Einheit – unter der persönlichen Verantwortung des Autors und in völliger Eigenständigkeit gegenüber den benachbarten und verwandten Bänden, auch was den Zeitpunkt des Erscheinens angeht.

Lothar Gall

Inhalt

Vorwort des Verfassers IX

I. *Enzyklopädischer Überblick* 1
   A. Einleitung 1
   B. Der Ereigniskomplex Reformation – die Begegnung von
      Theologie, Politik und Gesellschaft (1517–1555) 5

   1   1517–1525 7
   1.1 Das theologische Anliegen 7
   1.2 Rezeption und Reaktion 24

   2.   1525–1530 34
   2.1 Der Bauernkrieg 35
   2.2 Der Reformationskonflikt auf Reichsebene 38
   2.3 Formierung und Institutionalisierung des neuen
        Glaubens 45

   3.   1531–1548 48
   3.1 Die Formierung politisch-konfessioneller Blöcke
        und das Reich (1531–1539) 48
   3.2 Die Münsteraner Täuferherrschaft 51
   3.3 Letzte Einigungsversuche und Konfrontations-
        verschärfung (1540–1548) 53

   4.   1552–1555 61
   4.1 Fürstenkrieg und Passauer Vertrag 1552 61
   4.2 Reichstag und Religionsfriede 1555 62

   5.   Die Reformation als Prozess 64

II. *Grundprobleme und Tendenzen der Forschung* 67
   A. Einleitung 67
   B. Spätmittelalter und Reformation 70

C. Reformation und gesellschaftlich-politische Strukturen . . 88
1. Städtische Reformation 93
2. Ländliche Reformation 100
3. Exkurs: Täufer und gemeindliche Reformationsprogrammatik 104
4. Adel und Reformation. 106
5. Territoriale Reformation und das Reich 107

D. Frömmigkeit, laikale Kirchenkritik und die Reformation als Kommunikationszusammenhang 113
1. Frömmigkeit und kultureller Wandel 115
2. Reformation, Öffentlichkeit und Medien 130

E. Perspektiven der Forschung – Versuch einer Zusammenfassung. 135

F. Nachtrag 2017: Tendenzen der Forschung seit 2005 140

III. Quellen und Literatur 155

A. Quellen 155
B. Literatur 156
1. Bibliographische Hilfsmittel und Nachschlagewerke 156
2. Handbücher und übergreifende Darstellungen . . . 157
3. Biographien und biographisch orientierte Sammelwerke. 159
4. Spätmittelalter und Reformation. 159
5. Reformationskonzepte und gesellschaftlichpolitische Strukturen. 162
5.1 Städtische Reformation 164
5.2 Ländliche Reformation und Bauernkrieg 166
5.3 Täufer 167
5.4 Adel und Reformation. 168
5.5 Territoriale Reformation und das Reich. 169
6. Laikale Kirchenkritik, Frömmigkeit und die Reformation als Kommunikationszusammenhang . . 170
6.1 Frömmigkeit und kultureller Wandel 171
6.2 Reformation, Öffentlichkeit und Medien 174
7. Einzelfragen (vornehmlich zur Wirkungs- und Rezeptionsgeschichte) 175
C. Nachtrag 176

Register 181

Themen und Autoren 189

Für Luise und Urs

Vorwort des Verfassers

Der Titel des Bandes suggeriert Eindeutigkeit hinsichtlich der systematischen und chronologischen Ein- und Abgrenzung des Themas Reformation. Diese Eindeutigkeit ist indes allenfalls auf der ereignisgeschichtlichen Ebene mit den Eckdaten 1517 und 1555 gegeben.

Eine interpretatorische Leitlinie geben jene Eckdaten freilich nicht mehr vor. Dazu haben die letzten drei Jahrzehnte der Reformationsforschung zu viel an Erkenntnisgewinn gebracht. Dieser bezieht sich ganz wesentlich auf die Frage der Verortung des Ereigniskomplexes von 1517 bis 1555 im historischen Kontinuum. Seine Epochen bzw. Epochenschwellenqualität steht zur Diskussion. Ebenso die Kohärenz des Reformationsprozesses selbst.

Es gibt kaum ein historisches Forschungsareal, dessen Brückencharakter im Spannungsfeld von religions-, kultur-, politik- und sozialgeschichtlichen Fragestellungen stärker ausgeprägt ist. Der Versuch einer Gesamtdarstellung von ‚Voraussetzungen und Durchsetzung der Reformation' auf knappem Raum zwingt deshalb zu Schwerpunktsetzungen hinsichtlich der Berücksichtigung von Handlungs- und Strukturfeldern. Vor allem interessiert die Beziehung zwischen dem – im weitesten Sinn – religiösen Diskurs, der die gedachten und gelebten Grundlagen gesellschaftlichen Seins in handlungsinitiierender und -gestaltender Weise berührte, und der sozialen und politischen Wirkungsmotorik vom Spätmittelalter bis zur Mitte des 16. Jahrhunderts.

Der Band erscheint in einer Forschungslandschaft, in der die ‚klassischen' geistes-, politik- und sozialgeschichtlichen Zugangsweisen zur Reformation durch den auch in der Geschichtswissenschaft allfälligen ‚cultural turn' herausgefordert werden. Wenn es gelingt, zu zeigen, dass nicht in der allein selig machenden Verabsolutierung eines Erklärungsansatzes, sondern in gegenseitiger Lernbereitschaft die Zukunft auch der Reformationsforschung liegt, hätte das Buch, dessen Gegenstand nicht zuletzt ja die Geschichte konkurrierender universaler Wahrheitsansprüche ist, ein mir wichtiges Ziel erreicht. Ich widme es meinen Kindern Luise und Urs in der Hoffnung, dass sie vom jeweils anderen lernen und dabei ein Selbst bleiben und werden.

Kiel, im Januar 2004   Olaf Mörke

Vorwort zur zweiten Auflage

Seit Erscheinen der ersten Auflage 2005 haben sich die Tendenzen der Reformationsforschung nicht grundsätzlich geändert. Gleichwohl ist es zu Erweiterungen und Ausdifferenzierungen gekommen. So ist im Umkreis des Jubiläumsjahres 2005 der Augsburger Religionsfrieden gründlich gewürdigt worden (AXEL GOTTHARD, Der Augsburger Religionsfrieden, 2004; Der Augsburger Religionsfrieden 1555, hrsg. v. HEINZ SCHILLING u. HERIBERT SMOLINSKY 2007). Das Calvinjahr 2009 brachte teils kontroverse Arbeiten zu Leben und Werk des Genfer Reformators hervor (u. a. VOLKER REINHARDT, Die Tyrannei der Tugend. Calvin und die Reformation in Genf, 2009; HERMAN J. SELDERHUIS, Johannes Calvin. Mensch zwischen Zuversicht und Zweifel, 2009). Die Lutherbiographik wurde durch VOLKER LEPPIN (Martin Luther, 2006) angeregt. Gesamtdarstellungen des europäischen und deutschen Reformationsgeschehens setzten Akzente bezüglich Periodisierung und analytischer Interdisziplinarität (z. B.: ULINKA RUBLACK, Die Reformation in Europa, 2003; DIARMAID MACCULLOCH, Reformation. Europe's House Divided 1490–1700, 2003, deutsch: 2008; HELGA SCHNABEL-SCHULE, Die Reformation 1495–1555, 2006). Bemerkenswerte große Synthesen legten aus je unterschiedlicher Perspektive der Historiker THOMAS A. BRADY (German Histories in the Age of Reformations 1400–1650, 2009) und der Kirchenhistoriker THOMAS KAUFMANN (Geschichte der Reformation, 2009)vor. Nach wie vor treibt die Frage nach dem Umbruchcharakter der Reformation die Forschung um und voran. Dies zeigen nicht nur etliche der erwähnten Werke, sondern auch der neuerliche Anlauf des Kirchenhistorikers Berndt Hamm, Innovationspotential und Einheit der Reformation begrifflich prägnant und differenziert zu fassen (BERNDT HAMM, MICHAEL WELKER, Die Reformation. Potentiale der Freiheit, 2008). Zumindest mittelfristig wird auf diesem Feld der Ball der Reformationshistoriographie gespielt werden, ohne dass beim Kommentator Langeweile aufkommt.

Kiel, im Juli 2010   Olaf Mörke

Vorwort zur dritten Auflage

In dem guten Jahrzehnt seit Erscheinen der ersten Auflage sind trotz der Kontinuität der Grundfrage, ob es sich bei dem, was wir gemeinhin noch immer als die „Reformation" bezeichnen, um das Resultat langfristiger Transformationen oder um einen – wie auch immer gearteten – Bruch handelt, diesbezüglich neue Akzente gesetzt und im Dialog der verschiedenen Ansätze maßgebliche Differenzierungen gefunden worden. Auch zeigt sich, dass die Grenze zwischen „Reformation" und „konfessionellem Zeitalter" in der Forschung mittlerweile als in hohem Maß durchlässig betrachtet wird. Das Periodisierungskonstrukt „Reformation" steht also weiter erkenntnisfördernd auf dem Prüfstand. Der Nachtrag zur neuen Auflage konzentriert sich deshalb auf das zentrale Problemfeld, die Prozesshaftigkeit der Reformation zu fassen, verweist gleichwohl auch auf andere Bereiche der Forschung.

Aus der mehr als reichhaltigen Liste der Neuerscheinungen des letzten Jahrzehnts musste eine Auswahl getroffen werden, die einerseits diese Akzentsetzung abbildet, andererseits den Lesern die Orientierung darüber hinaus ermöglicht. Bei dem naturgemäß komplexen Geschäft der Sichtung der Publikationslandschaft habe ich kenntnisreiche und substantielle inhaltliche wie organisatorische Unterstützung durch meine studentischen Mitarbeiter Svenja Baseler und Patrick Nehr erfahren. Florian Hoppe hat als Lektor mit Sachkunde und Geduld die Neuauflage begleitet. Dafür sei ihnen herzlich gedankt.

Kiel, im Januar 2017   Olaf Mörke

I. Enzyklopädischer Überblick

A. Einleitung

Der enzyklopädische Überblick folgt der Chronologie. Er beginnt mit Luthers Thesen gegen den Ablasshandel vom Oktober 1517 und endet mit dem Augsburger Religionsfrieden von 1555. Damit orientiert er sich am Gängigen, was nicht schon deshalb abgelehnt werden kann, weil es eben ‚gängig' ist. Gleichwohl sind Bemerkungen dazu angebracht.

Die Frage nach dem Epochencharakter der Reformation, kreisend um entwicklungsqualifizierende Begriffspaare wie z. B. ‚Kontinuität und Umbruch', ‚Reform und Revolution', gehört zu den Kernpunkten der geschichtswissenschaftlichen Debatte. Diese einerseits darzustellen und andererseits das Forschungsfeld Reformation zu systematisieren, ist dem zweiten Teil der Darstellung vorbehalten. Die hier vorgenommene chronologische Eingrenzung soll dem so wenig wie möglich vorgreifen. Sie versucht vielmehr ein darstellungspraktisches Problem in den Griff zu bekommen, das sich aus der auch chronologisch orientierten Ordnung der EdG ergibt. Die Wende vom 15. zum 16. Jahrhundert setzt in dieser chronologischen Orientierung eine deutliche Marke. Dass hier das Ereignis von 1517 den darstellungstechnischen Ausgangspunkt bildet, ist zunächst jenem Umstand geschuldet. Der Nachweis, dass sich für diese Markierung auch gute gegenstandslogische Begründungen finden lassen, sei dem weiteren Argumentationsgang vorbehalten. Hier nur so viel: Wenn im zweiten Teil des Buches immer wieder von Entwicklungslinien die Rede ist, in welchen das Geschehen ab 1517 stand, so verweist das auf die Notwendigkeit der flexiblen, problemspezifisch orientierten Handhabung des methodologischen Instrumentariums chronologischer Ordnung.

Ähnlich verhält es sich mit dem Enddatum 1555. Einerseits zeigt sich die Willkür dieser Zäsur darin, dass mit dem Augsburger Religionsfrieden die Konfliktpotenziale, die aus der Koexistenz konkurrierender Glaubenssysteme und ihrer politischen Träger in Gestalt der konfessionsverschiedenen Reichsstände und des Kaisertums resultier-

Chronologische Ordnung und Epochencharakter

ten, keineswegs gelöst waren. Der Dreißigjährige Krieg und seine Vorgeschichte legen davon beredt Zeugnis ab. Andererseits erweist sich die Zäsur als sachlich sinnvoll. Der Religionsfrieden pointiert mit der politisch-pragmatisch begründeten rechtlichen Anerkennung jener Koexistenz einen bedeutenden Trittstein im Fluss des historischen Kontinuums. Er sicherte den Prozess der organisatorischen Verankerung der lutherischen Kirche im Grundsatz reichsrechtlich ab. Auf dem Feld politisch-rechtlicher Institutionalisierung hatte sich die Reformation etabliert.

Chronologie als Konstrukt

Die Selbstverständlichkeit, dass die Ordnung der Chronologie ein heuristisches Konstrukt ist, bedarf trotzdem der Erwähnung. Jede Behandlung eines historischen Themas, in dem explizit oder implizit mit einem ‚Vorher', einem ‚Jetzt' als darstellerischem Kern und einem ‚Nachher', das sowohl bloß chronologisch-reihend als auch wirkungsgeschichtlich-kausal gemeint sein kann, gearbeitet wird, evoziert die Frage nach den epistemologischen Grundlagen jener Ordnung. So auch, wenn im Titel des vorliegenden Bandes von Voraussetzungen und Durchsetzung der Reformation geredet wird. Das lässt den Verdacht einer eindeutigen Kausalkette mit einem ebenso eindeutigen Umschlag vom ‚Alten' zum ‚Neuen' aufkommen. Diesen Verdacht gilt es zu zerstreuen. Der Gegenstand Reformation versagt sich solcher Eindeutigkeit. Wir haben es mit einem Nebeneinander unterschiedlicher Deutungsmuster von Zeitstrukturen zu tun.

Lang- und kurzfristige Perspektiven

Langfristige Persistenzen finden wir etwa, wenn wir nach den Aktionsformen bei der Durchsetzung kollektiver Forderungen im Rahmen der politisch-sozialen Konflikte in den Städten und auf dem Lande in den 1520ern fragen. Wesentliche neue, offensichtlich sehr viel kurzfristiger wirksam werdende Akzente eröffnen sich, wenn wir im gleichen Ereigniskomplex nach den normativen Begründungen jener Aktionen suchen. Die Problemperspektive begründet mithin die Art und Weise der Sicht auf Zeitstrukturen unter dem Aspekt von Kontinuität und Wandel, von ‚Vorher' und ‚Nachher'. Was einerseits unter dem Signum ‚Durchsetzung' klassifiziert werden kann, erweist sich in anderem Zusammenhang als ‚Voraussetzung'. So war die Formulierung der lutherischen *Confessio Augustana*, der zwinglischen *Fidei ratio* und der *Confessio Tetrapolitana* vier oberdeutscher Reichsstädte im Jahr 1530 ein bedeutender Schritt auf dem Weg zur verbindlichen Festlegung theologischer Kernaussagen des Protestantismus und damit auch seiner politischen Organisationsfähigkeit auf Reichsebene. Diese Bekenntnisschriften bildeten zusammen mit ihrer altgläubigen Zurückweisung durch die *Confutatio* als Akte kollektiver Selbstvergewisserung mit

A. Einleitung

reichspolitischer Wirksamkeit einerseits einen Markstein für die Durchsetzung der Reformation. Durch die gleichsam kodifizierte Abgrenzung der Glaubenssysteme war eine wesentliche Grundlage für die politische Abgrenzung der reichsständischen Konfessionsgruppen geschaffen worden. Damit war andererseits eine der Voraussetzungen für die äußerst konfliktreiche Entwicklung der Konfessionalisierung der Reichspolitik bis zum Ende des Dreißigjährigen Krieges geschaffen. Der Blick auf ‚Voraussetzungen' und ‚Durchsetzung' der Reformation ist also hinsichtlich jener historische Prozesse ordnenden Begriffe nicht eindeutig. Eine Dichotomisierung des ‚Vorher' und ‚Nachher' ist nicht möglich.

Dass dies so ist, hat mit dem Charakter des Ereigniskomplexes zwischen 1517 und 1555 zu tun. Heinrich Lutz brachte das Problem auf den Punkt, als er 1987 schrieb, dass „jedes Ringen um Reform der Kirche ... unmittelbar die Gesellschaft als Ganzes betreffen" musste. In jenem Ringen trafen die Diskursfelder von Theologie/Glauben, Gesellschaft und Politik aufeinander und bildeten einen Handlungszusammenhang von höchster Komplexität gegenseitiger Verweisungen. Kontinuitäten und Diskontinuitäten überlagerten sich. Nicht zuletzt unterschiedliche Geschwindigkeiten der historischen Prozesse im Vergleich der Diskursfelder, ja innerhalb dieser selbst, bedingen den Blick über die Begrenzung 1517/1555 hinaus. Dem trägt z.B. ein viel zitiertes neueres Handbuch zur europäischen Geschichte Rechnung, das sich in zentralen Teilen dem Komplex Reformation widmet. Es nimmt den Zeitraum von 1400 bis 1600 ins Visier. „The very choice of the chronological perimeters 1400–1600 raises a significant barrier to the confessional canonization of one isolated phase, privileging either the Late Middle Ages, the Renaissance, or the Reformation" (Th. A. Brady/H. A Oberman/J. D. Tracy).

Komplexer Handlungszusammenhang

Eine solche sich an der Jahrhundertzählung orientierende, gewissermaßen neutrale Periodisierung lässt Raum für die je eigene Interpretation der verschiedenen Prozesse, welche im als Reformation bezeichneten Geschehen zusammenfließen. Sie schützt vor der Falle der Monokausalität und ermöglicht in der Akzeptanz eines Neben-, Mit- und auch Gegeneinanders von Kontinuitäten und Wandlungen im Aufeinandertreffen unterschiedlicher Handlungs- und Diskursfelder ein offenes Darstellungs- und Deutungskonzept.

Wenn sich der enzyklopädische Überblick auf die Zeit von 1517 bis 1555 konzentriert, also scheinbar einer nicht ereignisneutralen Periodisierung folgt, so hat das – neben den oben genannten – mindestens einen weiteren praktischen Grund. Es gilt zunächst einmal, mit der

1517–1555

spektakulären „Ereigniskette seit 1517, die man später ‚Reformation' nannte" (B. Jussen/C.Koslofsky), vertraut zu machen. Dies ist die Voraussetzung dafür, nach Erklärungen überhaupt suchen und die Grundprobleme und Tendenzen der Forschung diskutieren zu können. Sie bildet die Basis, von der aus argumentativ operiert wird. Dabei wird die Ereignisfolge selbst daraufhin überprüft, ob und wie sie sich als Zusammenhang konstituiert.

Räumliche Eingrenzung

Eine weitere Basis bildet die räumliche Eingrenzung. Reformation war ein europäisches Phänomen. Sie tangierte den west-, mittel-, nord- und südeuropäischen Raum, in dem die zentrale Rolle des römisch-lateinischen Christentums mit seiner päpstlichen Spitze als Normen setzende Instanz bis in das 16. Jahrhundert hinein anerkannt wurde. Die Konzentration auf den Ereignisrahmen von 1517 bis 1555 orientiert freilich auf den Raum des Heiligen Römischen Reiches deutscher Nation und innerhalb dessen wiederum schwerpunkthaft auf einen Ausschnitt, das „deutsche Reich im engeren Sinne" (H. Rabe). Dazu gehörten die Territorien, in denen die institutionell-politischen Reichsreformen zu Ende des 15. und zu Beginn des 16. Jahrhunderts griffen. Geprägt war dieser Raum durch das konfliktreiche Verhältnis zwischen Reichsständen und Kaiser, durch die Reichstage als wesentlichem Forum zur Artikulation dieses Verhältnisses. Eindeutig ausgegrenzt werden hiervon die zwar weiterhin zum Reichslehensverband, nicht aber zum institutionalisierten ständisch-kaiserlichen Kommunikationsraum gehörenden oberitalienischen Gebiete. Böhmen und die Niederlande spielten eine so ausgeprägte Sonderrolle, dass auch sie aus der Betrachtung ausgeblendet bleiben.

Anders verhält es sich mit der Schweiz. Zwar entfernten sich die eidgenössischen Orte seit dem 15. Jahrhundert vom politischen System des Reiches, die informellen kommunikativen Zusammenhänge zwischen ihnen und Oberdeutschland blieben jedoch weiterhin stark entwickelt. Das sollte sich vor allem in den 1520ern und 1530er Jahren zeigen, als das Politikmodell der Eidgenossenschaft und namentlich die theologischen und politisch-sozialen Ideen des Zürchers Huldrych Zwingli die reformatorischen Ereignisse im Reich maßgeblich mitgestalteten.

Kommunikationszusammenhang Reformation

Es sind also im Wesentlichen zwei Elemente, welche dem zu behandelnden geographischen Raum Kontur verleihen. Zum einen der sich seit dem 15. Jahrhundert verdichtende politisch-institutionelle Kommunikationsraum, den man nunmehr als *Deutschland* bezeichnen kann. Zum anderen die Intensität einer nicht an politische Institutionen gebundenen Kommunikation von Ideen und ihrer personellen Träger, wie sie sich am spektakulärsten im so genannten Abendmahlsstreit der 1520er zwischen Luther, Zwingli und anderen führenden Theologen aus dem reformatorischen Spektrum äußern sollte.

Die Weise, in der sich der geographische Rahmen des Phänomens Reformation in Deutschland konstituierte, verweist bereits auf systematische Felder und Verknüpfungen, die sich in der Skizze der Ereignisfolge implizit andeuten und im zweiten Teil des Buches explizit ausgearbeitet werden. Es verbinden sich theologie- und kulturgeschichtliche Elemente mit solchen der politischen Struktur und Kultur des Alten Reiches und aus dem Bereich der gesellschaftlichen Ordnung zu einem umfassenden Kommunikationszusammenhang Reformation.

Luther und Zwingli stellten um 1520 theologisch begründet wesentliche Teile des Glaubens- und Organisationssystems der im Papsttum seinen äußeren Ausdruck findenden lateinisch-christlichen Kirche in Frage. Dies griff rasch auf den politisch-gesellschaftlichen Diskurs über. Indiz dafür ist die prompte Reaktion der politischen Autoritäten des Reiches auf dem Wormser Reichstag von 1521 ebenso wie das Aufgreifen theologiegestützter Argumente durch Ritterschaft, Stadtbürgertum und Landbevölkerung bis 1525. Das *Tertium* der Debatte in all diesen politischen und gesellschaftlichen Formationen bildete die Auseinandersetzung um die Begründung der jeweiligen normativen Grundlagen für eigenes Handeln, kurz: um den Inhalt und die Gestalt des rechten Glaubens. Die Begegnung von Theologie, Politik und Gesellschaft in einem vielfältigen Kommunikationszusammenhang prägte den Ereigniskomplex Reformation zwischen 1517 und 1555.

Theologie, Politik und Gesellschaft

B. Der Ereigniskomplex Reformation – die Begegnung von Theologie, Politik und Gesellschaft (1517–1555)

Die Skizze des Ereigniskomplexes gliedert sich in vier Abschnitte, deren chronologische Ordnung lediglich grobmaschige Orientierungspunkte bietet. Sie folgt einem an der politischen Entwicklung im Reich ausgerichteten Raster und ist nicht als Ausdruck einer inneren Logik des Reformationsprozesses zu lesen.

Der erste Abschnitt beginnt mit der Verbreitung der lutherischen Ablassthesen, umreißt Kernaussagen derjenigen reformatorischen Theologen, die das Geschehen bis zum Bauernkrieg von 1525 maßgeblich beeinflussten, und schildert deren frühe Rezeption. In diesen Jah-

1517–1525

ren formierte sich die Begegnung von Theologie, Politik und Gesellschaft zu dem, was man als den reformatorischen Kommunikationszusammenhang bezeichnen kann.

1525–1530/31 Der zweite, auf die Jahre 1525 bis 1530/31 ausgerichtete Abschnitt behandelt den Bauernkrieg, die innereidgenössischen Auseinandersetzungen bis zum Tod Zwinglis und dem zweiten Kappeler Landfrieden von 1531, die Intensivierung der reichspolitischen Debatte um die Religionsfrage auf den Reichstagen zwischen 1526 und 1530 und die damit einhergehenden Profilierungen konfessioneller Gruppen, die in der Formulierung der Bekenntnisschriften von 1530 gipfelte. Theoretische Formierung und organisatorische Konsolidierung des neuen Glaubens sowie der Beginn der politischen Blockbildung der Reichsstände auf der Basis des Bekenntnisses kennzeichnen diesen Zeitraum. Um 1530 war ein zentraler Punkt im Prozess der Durchsetzung der Reformation erreicht. Grundsätzlich war sie nicht mehr rückgängig zu machen. In den folgenden Jahren geriet die Reformationsfrage zu einer Funktion der strukturellen Machtfrage zwischen Ständen und Kaiser.

1530–1548 Die politisch-konfessionelle Blockbildung charakterisiert, trotz der wiederholten Versuche des theologischen und politischen Brückenschlages, die Periode zwischen 1530 und 1548, endend mit der militärischen Niederlage des protestantischen Schmalkaldischen Bundes und dem kaiserlichen Kompromissvorschlag in Religionssachen in Gestalt des *Augsburger Interims*. Mit der gemeinsamen Niederschlagung der Münsteraner Täuferherrschaft durch katholische und protestantische Reichsstände 1535 zeigten sich, wie schon im Ende des Bauernkrieges von 1525, endgültig die Grenzen des politischen und gesellschaftlichen Wandels auf der Basis eines geänderten Glaubensverständnisses. Fortan bewegte sich das politische und gesellschaftliche Konfliktpotenzial der Auseinandersetzung um den neuen Glauben im Rahmen des reichsständischen Systems.

1552–1555 Dies zeigen auch die Ereignisse des letzten Abschnittes über die Jahre 1552 bis 1555. Der Streit um das Interim bildete den Anlass für ein erneutes Aufflammen des durch die politische Niederlage der Protestanten 1547/48 nur kurzzeitig überdeckten politischen Grundkonfliktes zwischen Kaiser und Ständen um die politische Gestalt des Reiches. Dessen vorläufige Lösung durch den Augsburger Reichstag von 1555 und den Religionsfrieden stellt wiederum die Bedeutung des Kommunikationszusammenhanges von Theologie, Politik und Gesellschaft unter Beweis, der in wechselnder Gewichtung der Elemente die historische Dynamik seit 1517 bestimmte.

B. Der Ereigniskomplex Reformation

1. 1517–1525

1.1 Das theologische Anliegen

Die 95 Thesen zum Ablasshandel, welche Martin Luther, der Augustinereremit und Doktor der Theologie an der kursächsischen Universität Wittenberg, am 31. Oktober 1517 an den Mainzer Erzbischof Albrecht von Brandenburg schickte, setzten, obwohl lediglich als Grundlage einer akademischen Disputation gedacht, eine Debatte nicht nur über die Praxis der materiellen Ablösung zeitlicher Sündenstrafen, sondern über Glaubensfragen insgesamt in Gang. Bis zum Beginn des Jahres 1518 wurden sie in etlichen Drucken nicht nur unter Theologen, sondern auch in Kreisen der gebildeten Laienschaft verbreitet.

Der 1483 im thüringischen Eisleben geborene Luther entstammte einer sozialen Aufsteigerfamilie. Der Vater, bäuerlicher Herkunft, hatte es als Kleinunternehmer im wirtschaftlich dynamischen Mansfelder Kupferbergbau zu Wohlstand gebracht. Die Mutter kam aus einer respektablen Eisenacher Bürgerfamilie. Ein typisches Sozialisationsraster auch für andere, später führende reformatorische Theologen wie z.B. Melanchthon, Zwingli, Bucer und Calvin. Seitens der Familie zunächst für ein ihrem Aufstiegsmuster entsprechendes Jurastudium an der philosophisch von der nominalistischen *via moderna* geprägten Universität Erfurt vorgesehen, wo er das Studium an der Artistenfakultät 1505 mit dem Magistergrad abschloss, entschied sich Luther im gleichen Jahr für den Anschluss an den strengen Bettelorden der Augustineremiten und das Theologiestudium in Erfurt. 1512 wurde dem 1507 zum Priester geweihten Mönch nach der Promotion zum Doktor der Theologie in Wittenberg die dortige Professur für biblische Theologie als Nachfolger seines vertrauten Beichtvaters Johann von Staupitz, dem Generalvikar seines Ordens, übertragen. Mit dem akademischen Amt war die Aufgabe eines Predigers und Seelsorgers an der Wittenberger Stadtkirche verbunden, die ihn „sehr direkt mit den pastoralen Problemen seiner Zeit konfrontierte" (L. Schorn-Schütte).

<small>Biographie des jungen Luther</small>

Das Spannungsfeld von strenger Ordensregel, klerikaler wie laikaler Frömmigkeitspraxis und Bibelexegese führte Luther unter inneren Kämpfen um die Erkenntnis eigener unaufhebbarer Sündhaftigkeit zu der Auseinandersetzung mit Buße, Beichte und Strafe als Zentralfeldern von Glaubenslehre und Glaubenspraxis. In der Vorlesung zur Exegese der Briefe des Apostel Paulus an die Römer 1515/16 formulierte er die Grundzüge seiner auf die göttliche Gnade und den Glauben an diese Gnade als einzig heilsentscheidenden Prinzipien – *sola gratia* und *sola fide* – ausgerichteten Rechtfertigungslehre. „Das Medium, um

<small>Rechtfertigungslehre</small>

zum Glauben zu kommen ... ist das geoffenbarte Wort Gottes in der Form des Evangeliums. Die Kategorien Gnade, Glaube und Schrift sind so untrennbar aufeinander bezogen: sola gratia, sola fide, sola scriptura sind die Axiome, auf denen das weitere Denken Luthers fußt" (P. Blickle).

Konsequenzen der *sola*-Theologie

Die mit jenem Denken verbundene Ablehnung der gängigen Auffassung von der Heilsbedeutung der Guten Werke, der *Werkgerechtigkeit*, wie sie in der Römerbriefvorlesung formuliert worden war, zeitigte weit reichende Konsequenzen für Theologie und kirchliches Leben. Die *sola*-Theologie stellte nicht nur die Werkgerechtigkeit in Frage, sondern auch das Bußsakrament, das Priesteramt und damit wesentliche Elemente des Selbstverständnisses und der Organisation der Kirche. Sie wies „über die institutionellen Schranken der klösterlichen Lebensform (Kernstück der mittelalterlichen, gestuften Symbiose von Christentum und Gesellschaft) und über die bisherige Verklammerung von individueller Heilsgewissheit und sichtbarer Rechtseinheit der Kirche" hinaus (H. Lutz).

Ablassproblem und 95 Thesen

Im Zusammenhang mit der ersten prägnanten Formulierung jener Axiome seiner Theologie stehen auch die fast zeitgleich entstandenen 95 Thesen Luthers zum Ablass. Anlass war die Wahl Albrechts von Brandenburg, des jüngeren Bruders des Kurfürsten Joachim, zum Erzbischof von Mainz. Als Primas der deutschen Kirche, Kurfürst und Erzkanzler des Heiligen Römischen Reiches Deutscher Nation gehörte der Mainzer zu den wichtigen politischen Gestalten des Reiches. Die Wahl Albrechts, der bereits Erzbischof von Magdeburg und Administrator des Bistums Halberstadt war, steigerte den Einfluss der brandenburgischen Hohenzollern im Reich erheblich. Dies erklärt die Vorbehalte des sächsischen Kurfürsten, Wittenbergs und damit Luthers Landesherr, der für den Fall der Wahl Albrechts einen reichspolitischen Einflussverlust seines eigenen Hauses befürchtete. Die Wahl durch das Domkapitel bedurfte einer päpstlichen Bestätigung, die nur gegen die Zahlung einer erheblichen Geldsumme erfolgen sollte, welche von Albrecht aufzubringen war. Sie erhöhte sich massiv durch einen Betrag, der für den päpstlichen Dispens gezahlt werden musste, den Albrecht zur Legitimation seiner an sich unzulässigen Ämterhäufung brauchte. Als Finanzierungsmöglichkeit wurde ihm seitens des Papstes unterbreitet, für acht Jahre einen Ablass für den Neubau der Peterskirche (Petersablass) verkünden zu lassen, dessen Erlös zur Hälfte ihm zur Verfügung stehen sollte. Bevorschusst wurden die fälligen Zahlungen Albrechts zunächst durch das Augsburger Bank- und Handelshaus der Fugger, jenen mächtigen Repräsentanten einer frühkapitalistischen Weltökonomie. Aus

B. Der Ereigniskomplex Reformation

den genannten politischen Gründen verbot Kurfürst Friedrich der Weise von Sachsen den Ablasspredigern Albrechts den Auftritt in Kursachsen. Einwohner der Grenzstadt Wittenberg umgingen jedoch dieses Verbot, indem sie ins nahe Brandenburgische gingen, um dort den Ablass zu erwerben. Am Ablassproblem manifestiert sich mithin die Komplexität des Zusammenhanges theologischer Grundfragen, aktueller politischer Interessen, ökonomischer Verflechtungen und kleinräumiger sozialer Handlungshorizonte, welche den Ereigniszusammenhang Reformation bestimmen sollte.

Von einem materiell-verdinglichten Ablassverfahren, das im Gegensatz zu Luthers Grundüberzeugungen von Glaube und Buße stand, waren ihm unmittelbar zur Seelsorge Anvertraute betroffen. So war es nur konsequent, dass Luther in pastoraler Verantwortung die auch schon vor ihm wiederholt kritisierte und von ihm selbst ebenfalls bereits hinterfragte Ablasspraxis zum Gegenstand der Thesen und des Disputationsbegehrens an Albrecht von Brandenburg machte, ohne indes bereits die Autorität des Papstes und die Einheit der Kirche in Frage zu stellen.

Gleichwohl wurde im Juni 1518 gegen Luther in Rom ein Glaubensprozess eröffnet, der jedoch für fast zwei Jahre ruhen sollte, da Papst Leo X. bei der bevorstehenden Kaiserwahl auf die Unterstützung des sächsischen Kurfürsten Friedrich gegen den habsburgischen Kandidaten Karl hoffte. Unter den Bedingungen spannungsgeladener Ruhe entwickelte sich das theologische Konzept Luthers bis 1520 weiter in Richtung auf eine zunehmende Distanz von der römischen Kirche. Im Sommer 1518 verfasste er eine theologische Begründung seiner Ablassthesen, in denen die *sola*-Prinzipien eine deutlichere Signatur erhielten. Außerdem setzte er sich in Reaktion auf die Eröffnung des Ketzerprozesses mit dem kirchlichen Bann auseinander, den er als Mittel der äußeren Kirchenzucht zwar akzeptierte, dessen Heilswirksamkeit er jedoch bestritt. Als es im Oktober 1518 in Augsburg durch Vermittlung Kurfürst Friedrichs – eigentlich war Luther zum Verhör nach Rom vorgeladen worden – zur Begegnung mit dem Kardinal Cajetan kam, der dort als päpstlicher Legat beim Reichstag weilte, wurden die Gegensätze noch deutlicher. Der Widerrufsaufforderung des Kardinals setzte Luther die Forderung nach Disputation seiner Anfragen an die Kirche entgegen. Er bestritt die Rolle des Papstes als oberster Lehrautorität der Kirche und stellte dieser sein *sola scriptura* entgegen. [Distanz zu Rom]

Eine weitere Verschärfung der Debatte brachte im Juli 1519 die Leipziger Disputation mit dem Ingolstädter Theologieprofessor Johannes Eck. In der erneuten Diskussion um den päpstlichen Primat ging [Leipziger Disputation]

Luther über die Augsburger Position hinaus und bekannte sich nun auch zur prinzipiellen Irrtumsfähigkeit der Konzilien. Die Leipziger Versammlung war durch die Teilnahme zahlreicher Theologen und durch das Interesse von politischen Vertretern der Landesherren aus dem kurfürstlichen und herzoglichen Sachsen sowie aus der weiteren Region zu einem hoch politischen Ereignis geworden. Die Kritik an der päpstlichen und der konziliaren Lehrautorität ließ nunmehr auch vor dem Forum jener Leipziger Versammlung die Konturen einer Kirche auf der allein gültigen Basis des verkündigten Gotteswortes und deren Sprengkraft für die Einheit von Lehre und Organisation der einen katholischen Kirche ahnen. Mit der Leipziger Disputation „erfolgte ein wichtiger Schritt hin zur Bildung einer eigenen Reformationskirche" (M. Brecht). Sie markierte auch den Beginn einer um die Kirchenfrage kreisenden langfristigen politischen Blockbildung zwischen den deutschen Territorien. So zählte von nun an der in Leipzig residierende Herzog Georg von Sachsen, Vetter des Kurfürsten Friedrich, nach anfänglicher Sympathie für die von Luther vertretene kirchenkritische Position zu dessen ausgesprochenen Gegnern.

Beginn politischer Blockbildung

Die Dynamik auf den Feldern von Theologie und Politik beschleunigte sich. Die Wahl des Habsburgers Karl V. zum römisch-deutschen König im Sommer 1519 ließ für Papst Leo X. die politischen Gründe wegfallen, welche zur Aussetzung des Glaubensprozesses gegen Luther geführt hatten. Die Verurteilung der lutherschen Position durch die Universitäten Löwen und Köln im Februar 1520 unterstützte die Wiederaufnahme des Prozesses. Am 15. Juni 1520 erging die Bannandrohungsbulle *Exsurge Domine*. Innerhalb von 60 Tagen sollten Luther und seine Anhänger ihre Ansichten widerrufen. Dass dieser Widerruf nicht erfolgen konnte, gründete in der Logik des lutherschen *sola scriptura* und der aus ihm folgenden Kirchenkritik. „Die etablierte Kirche trennte sich von einem Häretiker, dem daraufhin nichts anderes übrigblieb, als voll und ganz auf eine national-kirchliche Entwicklung ohne Rom zu setzen" (G. Schmidt).

Zwischen den Ablassthesen von 1517 und dem Wormser Reichstag von 1521, auf dem als Folge der päpstlichen Bannerklärung vom Januar nach umfänglichen politischen Verhandlungen im Mai 1521 mit dem kaiserlichen Wormser Edikt die Reichsacht gegen Luther und seine Anhänger ausgesprochen wurde, trat immer deutlicher die Verklammerung des theologischen mit dem politischen und sozialen Diskurs hervor. Sie schlug sich in drei 1520 veröffentlichten Schriften Luthers nieder, die in der Tradition mittelalterlicher Reformtraktate standen: *An den christlichen Adel deutscher Nation von des christli-*

Verklammerung der Diskurse

B. Der Ereigniskomplex Reformation

chen Standes Besserung, das in lateinischer Sprache verfasste *De captivitate Babylonica ecclesiae praeludium* (Vorspiel von der babylonischen Gefangenschaft der Kirche) und schließlich *Von der Freiheit eines Christenmenschen*.

Zum einen reflektiert die Verklammerung der Diskurse den aktuellen Entwicklungsstand des öffentlichen Konfliktes. Weltliche Autoritäten hatten sich längst in die theologische Debatte eingeschaltet. Zum anderen, und dies ist bedeutungsvoller, indiziert sie die Komplexität eines Kommunikationszusammenhanges, dessen politischer und sozialer Dimension sich auch der Theologe Luther nicht entzog. Die Leerstellen, die sich aus dem Zusammenbruch der päpstlichen und konziliaren Lehrautorität einerseits und aus der Ablehnung der Heilsnotwendigkeit der Guten Werke durch Luthers Rechtfertigungslehre andererseits ergaben, mussten sowohl durch weitere Pointierung des theologischen Zentralarguments der *sola*-Prinzipien als auch durch deren Zuführung auf den konkreten politischen und gesellschaftlichen Kontext gefüllt werden.

Mit der Adelsschrift wandte sich Luther im Juni 1520 an den neuen Kaiser und den deutschen Adel als Träger der weltlichen Gewalt. Von ihnen erhoffte er die Einberufung eines Nationalkonzils zur Abstellung der kirchlichen Missbräuche und der mit ihnen verbundenen finanziellen Ausbeutung durch Rom. Damit wurden konkrete Punkte aufgenommen, die seit der Mitte des 15. Jahrhunderts in den *Gravamina Germaniae nationis*, zuletzt auf dem Reichstag von 1518, die politische Diskussion bestimmt hatten. Nunmehr mündete die Papst- und Kirchenkritik freilich in eine bedeutende argumentative Weiterung, die Theorie vom *allgemeinen Priestertum*. Mit ihr wurden nicht nur die Ansprüche des Papstes auf das normative Monopol der Schriftauslegung und die politische Oberherrschaft über die weltlichen Obrigkeiten obsolet. Die gesamte kirchliche Hierarchie löste sich auf, der Unterschied zwischen Klerikern und Laien verschwand, das Mönchtum verlor seine heilsgeschichtliche Begründung. Die Gemeinde aller nunmehr gleichberechtigten Kirchenglieder rückte in das Zentrum kirchlicher Vollmacht auch hinsichtlich der Schriftexegese.

Die sich im Oktober 1520, die Bannandrohungsbulle war inzwischen ergangen, an Theologen und Gelehrte richtende Babylonica-Schrift widmete sich den Sakramenten, jenen nach geltendem Verständnis von Christus eingesetzten und von der Kirche verwalteten äußeren Zeichen, welche die rechtfertigende Gnade enthalten, übermitteln und wirken lassen. Ihre Siebenzahl (Taufe, Firmung, Bußsakrament, Krankensalbung, Priesterweihe, Ehe und Eucharistie) reduzierte

Marginalien: Luthers Adelsschrift — Priestertum aller Gläubigen — Luthers Babylonica-Schrift

Luther nunmehr, nachdem er 1519 noch die Buße als Sakrament hatte gelten lassen, auf Taufe und Abendmahl, da die anderen in ihrem sakramentalen Charakter nicht aus der Schrift zu begründen seien. Überdies relativierte die Unmittelbarkeit des Gotteswortes als Heilsmittel die Bedeutung der Sakramente als Heilshandlungen. Dass das Wort nach lutherschem Verständnis allen, Priestern wie Laien, unmittelbar zugänglich sei, hatte grundstürzende Folgen für das Abendmahlsverständnis. Die Verwandlung von Brot und Wein auf dem Altar in Leib und Blut Christi durch den Priester, die *Transsubstantiation* als Kernstück der Messe, wurde gegenstandslos. Leib und Blut Christi waren für Luther allein kraft der biblischen Einsetzungsworte gegenwärtig. „Damit wurde unwiderruflich die Auffassung von der Kirche als Anstalt zur priesterlichen Verwaltung der Sakramente hinfällig und mit ihr das gesamte kanonische Recht, das in Jahrhunderten gewachsene Normengefüge und Regelwerk der priesterlichen Hierarchie" (G. Brendler).

Abendmahlsverständnis

Die im November in Latein und Deutsch vorgelegte Schrift *Von der Freiheit eines Christenmenschen* formulierte Grundsätze einer christlichen Ethik. Zusammen mit einem Sendbrief an Papst Leo X. wurde sie als letzter Ausgleichsversuch auch nach Rom übermittelt. Ein Ausgleichsversuch freilich, der ebenso wie die anderen Schriften von 1520 das römische Kirchenverständnis fundamental in Frage stellte. So wenn Luther im Sendbrief an den Papst als Individuum appelliert, er möge erkennen, dass er von falschen Schmeichlern umgeben, dass er ein Schaf unter Wölfen sei und dass er – Luther – ihm die Befreiung von seinem Amt wünsche. Die Reduktion Leos auf das für Luther Wesentliche, seine individuelle Qualität als Christenmensch, spiegelt einen Grundzug der praktischen Ethik der Freiheitsschrift wider. Sie zielte nicht auf die sichtbare Kirche als Normen setzende, hierarchisch verfasste Organisation, sondern auf den Einzelnen in der Kirche als unsichtbarer Gemeinschaft von Christus mit den Gläubigen. Der Freiheitsbegriff kann denn auch nur einer sein, der aus dem lutherschen Rechtfertigungsverständnis – *sola fide* und *sola gratia* – resultiert. Am Beginn der Freiheitsschrift steht eine Doppelthese: „Eyn Christen mensch ist eyn freyer herr über alle ding und niemandt unterthan. Ein Christen mensch ist eyn dienstpar knecht aller ding und yedermann unterthan". Die Freiheit als innere Freiheit erlangt der Christenmensch allein durch den Glauben, nicht durch irdische Werke. Als äußerer Mensch steht er in den weltlichen Bezügen der Dienstbarkeit zum Mitmenschen, „dem der Glaubende nach dem Vorbild Christi in ‚allerfreiester Knechtschaft' dient und somit geradezu dem anderen

Luthers Freiheitsschrift

Innere Freiheit durch Glauben

‚ein Christus wird'. Hier erfüllt der Glaube alle irdische Gerechtigkeit einschließlich des Gehorsams gegen die Obrigkeit" (M. Brecht). Die Freiheit des Christenmenschen ist folglich „Paraphrase der Lehre von der Rechtfertigung allein aus dem Glauben" (G. Brendler). Die Schriften des Jahres 1520 „behandeln unterschiedliche Themen, doch zieht sich ein Grundmotiv durch alle drei – die Situation des Christen in der herkömmlichen Kirche wird als Gefangenschaft, seine wahre Situation als Freiheit bestimmt" (B. Moeller). Sie formulierten einen Kirchenbegriff, der sich fundamental von dem der römischen Kirche unterschied. Ausgehend von seiner Rechtfertigungstheologie und dem sich aus ihr ableitenden Priestertum aller Gläubigen entwickelte Luther ein auf die Gemeinde der vor Gott Gleichen orientiertes Kirchenkonzept, dessen genuin theologischer Ursprung evident ist. Die Prinzipien der gemeindlichen Seelsorgerwahl und Lehrkompetenz, wie sie 1523 in der Schrift *Daß eine christliche Versammlung oder Gemeine das Recht und Macht habe alle Lehre zu urteilen und Lehrer zu berufen, ein- und abzusetzen, Grund und Ursach aus der Schrift* niedergelegt worden sind, verweisen jedoch bereits auf die politisch-praktische und gesellschaftliche Relevanz dieses Kirchenkonzepts. Diese Prinzipien galt es schließlich in den Gemeinden konkret umzusetzen. Dass dies vielerorts sehr bald geschah, ist Ausweis der politischen und gesellschaftlichen Wirkmächtigkeit des theologischen Impetus.

Gemeindliches Kirchenkonzept

Diese Wirkmächtigkeit schlug sich Ende 1522 auch in der für Luthers politische Ethik grundlegenden Abhandlung *Von weltlicher Obrigkeit, wie weit man ihr Gehorsam schuldig sei* nieder. Hier skizzierte er das, was später als seine Zwei-Reiche-Lehre bezeichnet werden und den Kern seiner Regimentslehre bilden sollte. Die Gläubigen gehören demgemäß zum Reich Gottes, dessen Regiment in der Kirche durch das Wort wirkt. Die Ungläubigen werden, um die Schöpfung vor Zerstörung zu schützen, durch die obrigkeitliche Zwangsgewalt des ebenfalls göttlichem Willen entspringenden Reiches der Welt beherrscht. Beide Welten existieren nebeneinander und sind einander nicht hierarchisch zugeordnet, gleichwohl sind sie aufeinander bezogen. Passiv und aktiv partizipiert der Christ am weltlichen Regiment. Er ist der irdischen Rechtsordnung mit Leib und Gut in Gehorsam unterworfen und gestaltet sie mit. Frei ist er in Glaubenssachen. Da die weltliche Obrigkeit einen freilich auf die politische Ordnung begrenzten göttlichen Auftrag zu erfüllen hat, verbietet sich der offene und gewaltsame Widerstand gegen sie. Dies wäre mit Ungehorsam gegenüber der göttlichen Ordnung gleichzusetzen. Nur, wo weltliche Macht sich anschickt, auf den

Luthers Regimentslehre

Bereich des Glaubens überzugreifen, endet die Gehorsamspflicht und greift das Recht auf Verweigerung.

Zwingli

Ungefähr zeitgleich mit Luther, jedoch unabhängig von ihm, entwickelte Huldrych Zwingli im eidgenössischen Zürich theologische Reformvorstellungen, die bald in ein Kirchenmodell einmündeten, welches in die Eidgenossenschaft und den oberdeutschen Raum ausstrahlte. Bei allen Gemeinsamkeiten mit Luther im Ausgangspunkt der Theologiekritik zeigte sich die eigene Signatur der zwinglischen Theologie vor allem in ihrer direkten innerweltlichen Einbindung. „‚Glaube an das Evangelium' bedeutet für Zwingli nicht nur ein persönliches Ergreifen der gnädigen Verheißung des ewigen Heils, sondern zugleich die Entscheidung für eine totale Wendung des sozialen und politischen Lebens" (G. Locher).

Zur Biographie Zwinglis

Der von dem Luthers abweichende biographische Erfahrungshorizont Zwinglis war für jene wesenhafte Verklammerung von Theologie, Politik und Gesellschaft verantwortlich. 1484 wurde Zwingli in der unter der Herrschaft der Fürstabtei St. Gallen stehenden Landschaft Toggenburg in eine begüterte und politisch einflussreiche Bauernfamilie geboren. Es ist zu vermuten, dass die Erfahrung des bäuerlichen Widerstandes gegen die St. Galler Herrschaftsansprüche den jungen Zwingli für politische Fragen öffnete. Das Studium an der Artistenfakultät der Universitäten Wien und Basel zwischen 1498 und 1506 verlief, anders als das Luthers in Erfurt, in den Bahnen der scholastischen *via antiqua*. Von 1506 bis 1516 versah er das Pfarramt in Glarus. Als Feldprediger begleitete er mindestens zweimal ein Glarner Söldneraufgebot nach Italien in die Kämpfe zwischen päpstlicher, habsburgischer und französischer Partei. Die Involvierung seiner Gemeinde in die europäische Großmachtpolitik und die Erfahrung der negativen sozialen Folgen des eidgenössischen Solddienstes, zu dessen vehementem Kritiker er werden sollte, förderten seine Sensibilität für die politischen und sozialen Belange der Gemeinde. Außerdem ging er auf deutliche Distanz zu den für das Soldwesen verantwortlichen Oligarchien der eidgenössischen Orte, die er fortan wegen ihrer Geldgier für prinzipielle Gegner des Evangeliums hielt. Intensive humanistische Studien während der Glarner Jahre, die Auseinandersetzung mit den Schriften des Erasmus, führten ihn zur Konzentration auf die Bibel in Annäherung an das *sola scriptura* und zu einem „ethisch bestimmten Christentum", das sich der Vermengung von „Göttlichem und Kreatürlichem" erwehrt und die Orientierung auf ein „einfaches Tatchristentum" fordert (U. Gäbler). Die aus jenem Tatchristentum resultierende diesseits-

Diesseitsethische Verpflichtung

ethische Verpflichtung zur Versittlichung gehört zu den Grundsätzen des zwinglischen Theologie- und Weltverständnisses, dessen nachgerade zwingender Bezug auf die Praxis der politischen und sozialen Welt sehr viel stärker ausgeprägt war als bei Luther. Die damit zusammenhängende Ablehnung des eidgenössischen Soldwesens führte 1516 zum Weggang aus Glarus. Bis Ende 1518 übernahm er das Pfarramt in der Wallfahrtsgemeinde Einsiedeln, ehe er im Januar 1519 am Zürcher Großmünsterstift, der Hauptkirche der Stadt, das Amt des Leutpriesters, des Pfarrers der zum Großmünster gehörenden Gemeinde, antrat. Zwinglis humanistische Ausrichtung dürfte den Ausschlag für seine Berufung durch die reformorientierten Chorherren des Stifts gegeben haben. Von ihm konnte man Unterstützung bei der Reform des städtischen Kirchenwesens erwarten.

Wann die reformatorische Wende Zwinglis erfolgte, er über ein humanistisches Reformchristentum hinausging, ist umstritten. Seine frühen Zürcher Predigten, in denen er sich gegen die Heiligenverehrung wendet, Zweifel am Fegefeuer äußert und mit der Kritik an der Praxis des kirchlichen Zinsnehmens einen Grundpfeiler des ökonomischen Systems der Kirche in Frage stellt, bewegten sich wohl noch im Rahmen der humanistischen Kirchenkritik. Seine Rechtfertigung eines Bruches des Fastengebots durch eine Gruppe von Zürcher Laien und Geistlichen im Haus des angesehenen Druckers Froschauer im April 1522 in einer unverzüglich gedruckten Predigt ging darüber hinaus. Er billigte das Geschehen, unterwarf die Einhaltung des Fastengebots der freien Entscheidung des Christenmenschen und entfernte sich in dieser Frage von Erasmus, der zwar das Fastengebot ablehnte, seine Abschaffung jedoch von bischöflicher Einwilligung abhängig machte. Die bischöfliche Autorität und damit die Autorität der kirchlichen Hierarchie insgesamt war in dieser Frage durch Zwinglis Stellungnahme herausgefordert worden. Diese Herausforderung verschärfte sich kurz darauf durch Zwinglis Appell an den Bischof von Konstanz und die politischen Autoritäten der Eidgenossenschaft, die Priesterehe zuzulassen.

Angesichts der sich verschärfenden Spannungen mit dem Konstanzer Bischof und einsetzender Kritik durch die Tagsatzung, der Versammlung der eidgenössischen Orte, entstand für den mehrheitlich hinter Zwingli stehenden Zürcher Rat Handlungsbedarf. Es galt den äußeren und inneren Frieden zu wahren. Der Rat lud für den 29. Januar 1523 zu einer öffentlichen Disputation über Zwinglis Wirken. Dass die politische Obrigkeit sich, wie schon bei einer Disputation mit den Bettelorden im Juli 1522, die Richterfunktion in kirchlich-theologischen Fragen zumaß und sie aus eigener Vollmacht auf der Grundlage der Schrift zu entscheiden beanspruchte, ist als Ausdruck des Anspruches zu se-

Humanistische Kirchenkritik und reformatorische Wende

hen, „das Kirchenwesen der weltlichen Gewalt zu unterwerfen" (Th. Fuchs). Das sollte in dieser scheinbar eindeutigen Hierarchie zwar nicht zum Wesenszug der anstehenden kirchlichen Neuordnung in Zürich werden, weist aber auf die eigentümliche Amalgamierung von weltlich-bürgerlicher und christlicher Gemeinde voraus, welche zum *Proprium* der zwinglischen Kirchenbildung werden sollte.

Dass Zwingli selbst die öffentliche Debatte über seine Predigten betrieb, ist als weiterer Ausweis seiner Entfernung vom erasmianischen Humanismus zu werten. Mit den 67 *Schlussreden* legte er eine als Grundlage für die Disputation gedachte Artikelsammlung vor, die der Rat am Ende als nicht widerlegt betrachtete. Das bedeutete „den ersten Durchbruch der schweizerischen Reformation" (B. Moeller). In den Folgemonaten entstand mit *Auslegen und Gründe der Schlussreden* sein umfangreichstes Werk, in dem die Konturen der zwinglischen Theologie und Ethik zur Entfaltung kommen.

In den Grundsätzen der Rechtfertigungslehre auf der Basis der *sola*-Prinzipien stimmte Zwingli mit Luther überein. Die Akzentverschiebungen freilich sind von besonderer wirkungsgeschichtlicher Bedeutung. Sie konstituierten bei Zwingli einen gegenüber dem lutherischen eigenständigen Typus der reformatorischen Neuordnung. Manifest wurde dies vor allem in dem im Vergleich zur lutherischen stärkeren innerweltlichen Bezug der zwinglischen Theologie, im Gemeinde- und Obrigkeitsverständnis. Die Differenz gründet u. a. im je eigenen Schriftverständnis. Für Luther ist die sich potenziell bis zum Gegensatz steigernde Differenz von Gesetz und Evangelium konstitutiv, die das Spannungsverhältnis zwischen christlicher Freiheit und Unterwerfung unter jedwede Obrigkeit impliziert. Zwingli hingegen hebt den Gegensatz von Gesetz und Evangelium auf. Obrigkeit, politische Ordnung insgesamt, hat, soll ihr Anspruch auf Gehorsam gerechtfertigt sein, in Übereinstimmung mit göttlichem Willen zu stehen. Daraus ergibt sich notwendig die obrigkeitliche Pflicht zur Gestaltung einer diesem göttlichen Willen konformen Ordnung auch in der Sphäre der politisch-sozialen Ordnung. Andernfalls verwirkt sie den Anspruch auf Gehorsam und ruft aktiven Widerstand hervor, wenn dies „die gantz menge des volcks einhälliklich" will. Die Formulierung eines in der politisch-sozialen Sphäre wirksamen Widerstandsrechtes aus dem Geist eines auch innerweltlich orientierten Evangeliumsverständnisses stand in deutlichem Gegensatz zur Zwei-Reiche-Lehre Luthers. „Zwingli verpflichtet die Obrigkeit ... eindeutig darauf, eine christliche Obrigkeit zu sein. Was bei Luther ein Wünschbares ist, ist bei Zwingli ein Unabdingbares" (P. Blickle).

B. Der Ereigniskomplex Reformation

Diese Differenz nun entsprang nicht etwa einem politisch-praktischen, innerweltlichen Kalkül Zwinglis, welches Luther zumindest als primäres Anliegen fremd war. Vielmehr war sie Ausdruck nicht nur einer unterschiedlichen Definition des *sola scriptura* hinsichtlich der Beziehung von Schrift und innerweltlich wirksamem Gesetz, sondern auch einer unterschiedlich akzentuierten Anthropologie. Ist die Luthers in ihrer Substanz individuell ausgerichtet, auf die Beziehung des Einzelnen zu Gott, so wird die Zwinglis darüber hinaus durch die gesellschaftlich-kollektive Bezogenheit angereichert, wie dies schon in seinen thesenhaften *Schlussreden* zum Ausdruck kommt. „Luther sieht vor sich den angefochtenen Menschen und verkündet ihm den solus Christus, den Christus pro me. Zwingli sieht vor sich den lügnerisch-selbstsüchtigen Menschen und die Zerrüttung seines sozialen Lebens" (G. Locher). Um dieser entgegenzuwirken, bedarf es einer die Gottlosen strafenden und die Frommen schützenden Obrigkeit. Diese Funktion kann sie freilich nur erfüllen, wenn sie selbst das Kriterium der Konformität mit dem göttlichen Willen erfüllt. Vorbedingung dessen ist, dass sie diese Konformität erkennt. Hier greift die potenzielle Reziprozität des Handelns in der Beziehung zwischen Obrigkeit und Untertanen: „Was du wilt, das dir geschech, das thů eim andren ouch". Das Gebot der Nächstenliebe wird zur normativen Grundlage obrigkeitlichen Handelns.

Zwinglis Anthropologie

Die erzieherische Aufgabe der Obrigkeit gründet zunächst in der Pflicht, den Untertanen diese Grundmaxime gottgefälligen politisch-sozialen Handelns zu vermitteln. Sie wirkt aber gleichzeitig auf das Regiment zurück, indem das Widerstandsrecht der „gmein" dort wirksam wird, wo die Obrigkeit der Maxime des göttlichen Willens nicht folgt. Es ist allein der Gläubige, er gehöre zur Obrigkeit oder zum Volk, der zur Erkenntnis fähig ist. „Die Einbettung der Kirche in das städtische Gemeinwesen machte die Bemühung um die Schaffung eigener kirchlicher Organisationsformen, die wesentlich über die Aufgabe, die Leitung durch das Wort Gottes sicherzustellen, hinausgingen, entbehrlich, ja sie hätte hinderlich sein können" (B. Moeller). Die Ineinssetzung von weltlicher und christlicher Gemeinde überantwortete dem Prediger die Aufgabe als „bevorzugt Befähigter, den Geist Gottes zu erkennen, sich um die öffentlichen Angelegenheiten zu kümmern" (P. Blickle). Das Bild vom Geistlichen als *homo politicus*, das Zwingli 1524 in seiner Abhandlung *Der Hirt* präzisierte, entsprang nicht säkular-politischem Kalkül, sondern resultierte konsequent aus seinem theologischen Denken. Die Lehr- und Mahnfunktion des Predigers gegenüber Volk und Obrigkeit lässt ihn gleichwohl zu einer Zentralfigur der praktischen

Weltliche und christliche Gemeinde

Verwirklichung des göttlichen Willens im innerweltlichen Lebensvollzug werden. Das „Bild eines reformatorischen Predigers stimmt mit Zwinglis Verständnis von Reformation überein: Abschaffung menschlicher Gebote und Willkür, Hebung der Sittlichkeit. Einer Gemeinde, die einen ‚falschen' Hirten hat, billigt Zwingli das Recht zu, ihn durch Mehrheitsbeschluss abzusetzen" (U. Gäbler). Erneut wird die Bedeutung der Gemeinde als Zentralelement eines politisch-sozialen Kosmos, dessen Merkmal die Symbiose von Heilsgemeinschaft und politisch-sozialem System war, deutlich.

<small>Kollision von Theorie und Praxis</small>

Dass diese Idealvorstellung Zwinglis mit der Praxis kollidierte, sollte sich sehr bald in Zürich zeigen. Das dialektische Zusammenspiel von Obrigkeit und Volk unter dem *Tertium* der Einheit von weltlicher und christlicher Gemeinde sollte sich im praktischen Vollzug zu einer hierarchischen Beziehung entwickeln, in der die Gemeindekirche zu einer Stadtkirche mutierte, die weitgehend durch eine theokratische Obrigkeit kontrolliert wurde. „Das Gemeindeprinzip war dadurch in seinem innersten Wesen erschüttert" (A. Farner). Diese rezeptions- und wirkungsgeschichtliche Dimension tangierte jedoch nicht im Grundsatz das sich aus dem theologischen Anliegen Zwinglis entwickelnde Modell einer auf die Gemeinde als tragendem Handlungssubjekt orientierten politischen Ethik, die aus dieser Orientierung maßgeblich ihre Attraktivität schöpfte, die aber auch für die im Reich bald einsetzende „Häretisierung" (H. R. Schmidt) des Zwinglianismus verantwortlich war.

<small>Radikale Reformatoren</small>

Dem Schicksal der Häretisierung noch ungleich stärker ausgesetzt waren die Vertreter einer kirchlichen Erneuerung, denen die Forschung das nicht unumstrittene Attribut *radikal* zugeeignet hat. Bei den radikalen Reformatoren entwickelten sich aus dem zunächst grundsätzlich vorhandenen Bezug zur lutherischen und zwinglischen Theologie Differenzierungen und Weiterungen, die vor allem hinsichtlich der innerweltlichen Handlungsorientierung des Glaubenden wirksam wurden. Radikalisierung erwuchs wesentlich auch aus der Interpretation des Konfliktes zwischen den Kernpunkten der reformatorischen Theologien Luthers und Zwinglis auf der einen und deren Verwirklichungsmöglichkeiten im politisch-sozialen Handlungskontext auf der anderen Seite. Kennzeichen der verschiedenen Strömungen der radikalen Reformation war die Aufhebung dieses Konfliktes durch „die Aufrichtung einer evangelischen Lebensordnung durch Rückzug von der Welt oder durch revolutionäre Umgestaltung der Welt" (R. van Dülmen).

Zur radikalen Reformation gehörten die seit 1525 auftretenden Vertreter der verschiedenen Richtungen des Täufertums, das u. a. von Zürich seinen Ausgang nahm. Dazu gehörte aber auch seit den frühen

1520ern der zunächst in Wittenberg, später in Zürich und Basel wirkende Theologieprofessor Andreas Bodenstein von Karlstadt. Anfangs ein enger Verbündeter Luthers, wurde er bald zu seinem Gegner. Differenzen zu Luther zeigten sich vor allem in Karlstadts mystisch verwurzeltem Evangeliums- und Gesetzesverständnis und seiner Orientierung an einer durch die Laien gestalteten innerweltlichen Sozial- und Heilsordnung. Karlstadts Reformationsmodell „trug einen laizistischen, demokratisch-kommunalen Charakter" (H.-J. Goertz). Dass das Wirken Karlstadts in Wittenberg von Luther mit den dortigen religiösen Unruhen des Herbstes und Winters 1521/22 in Verbindung gebracht wurde, obwohl ersterer sich deutlich davon distanzierte, ist ein Merkmal dafür, was als radikale Reformation bezeichnet wird. Es ist das Bestreben, eine heilsorientierte kollektive Lebensordnung zu errichten, deren normative und praktische Gestaltungsmacht sich dem Einfluss der politischen Obrigkeiten und der deren Ordnungsfunktion anerkennenden Theologen, sei es im Sinn der Zwei-Reiche-Lehre Luthers, sei es im Sinn der Zürcher Dialektik von Gemeinde und theokratischer Obrigkeit, entzog. Das zeigte sich am Schicksal der Person und der Theologie Thomas Müntzers.

Müntzers Biographie lässt sich nur für seine letzten Lebensjahre präzise verfolgen. Er stammte wohl aus einer Bürgerfamilie aus Stolberg am Harz. 1506 studierte er in Leipzig und 1512 in Frankfurt/Oder an den dortigen Artistenfakultäten. 1519 begegnete er Luther anlässlich der Disputation in Leipzig und erhielt 1520 auf dessen Empfehlung eine Prädikantenstelle in Zwickau, die er bald aufgeben musste. Nach einem Aufenthalt in Prag war er 1523/24 Pfarrer im kursächsischen Allstedt, wo er als Prediger und Seelsorger überlokale Wirkung entfaltete und eine neue Gottesdienstordnung schuf. Aufgrund seiner Kirchen- und Obrigkeitskritik erneut zur Flucht gezwungen, hielt er sich in den Reichsstädten Mühlhausen und Nürnberg auf und hatte schließlich Kontakt mit dem in Südwestdeutschland beginnenden Bauernkrieg. Im Frühjahr 1525 kam er erneut ins thüringische Mühlhausen. Hier wurde er zur zentralen Figur des thüringischen Bauernkrieges, der im Mai 1525 mit der vernichtenden Niederlage des unter Müntzers Führung stehenden Bauernheeres in Frankenhausen endete. Wenige Tage danach wurde er bei Mühlhausen hingerichtet. Die kaum freiwillige Unstetheit seines Lebens war Folge der zunehmenden Unvereinbarkeit seiner theologischen Positionen mit dem, was von den weltlichen und geistlichen Autoritäten des sich organisierenden reformatorischen Kirchenwesens als durch die politisch-soziale Ordnung verkraft- und theologisch vertretbar angesehen wurde.

Müntzers Bruch mit Luther

Während der Allstedter Zeit kam es zum Bruch zwischen Müntzer und Luther. Seine *Protestation odder empietung Tome Müntzers... seine lere betreffende und tzum anfang von dem rechten Christen glawben vnnd der tawffe* „mutet wie eine polemische Abhandlung über den trostlosen Verfall der Christenheit an, der schon in der nachapostolischen Zeit ansetzt und mit der Fehlentwicklung der Reformation in eine neue verhängnisvolle Phase einzutreten droht" (W. Elliger). Die Ablehnung der Kindertaufe und Kritik an den Kompromissen der Kirche mit der Welt brachten Müntzer in immer deutlicheren Widerspruch zu Wittenberg. Die von dort ausgehende Aufforderung an ihn, sein Glaubenverständnis zu erklären, beantwortete er mit dem Traktat *Von dem getichten glawben auff nechst Protestation außgegangen*. Die sich – neben mancher Übereinstimmung – in beiden Schriften abzeichnenden Differenzen zu Luther erhielten in seinen folgenden Schriften und den Verhöraussagen kurz vor seiner Hinrichtung auch in ihrer politischen Dimension klare Kontur.

Grundsätzliche Einigkeit bestand in der Hochschätzung des Glaubens für den Heilsweg. Ebenso wie Luther verwarf auch Müntzer das Heilsinstrument der Guten Werke. Der Weg zum Glauben freilich gestaltete sich für ihn anders als für Luther. Dessen *sola scriptura* stellte er ein Schriftverständnis entgegen, das dem geschriebenen Gotteswort zwar einen hohen Wert als Glaubenszeugnis zueignet, es jedoch äußeres Wort bleiben lässt. Erst durch das subjektive Element der inneren Erfahrung wird der Glaube geoffenbart, kann das äußere Wort zum inneren Wort werden. Müntzer radikalisiert „die Subjektivität des Glaubens, indem er ihn von der absoluten Bindung an die Schrift, vom Papsttum des Buchstabens löst" (Th. Nipperdey). Erfahrung heißt für

Müntzers Kreuzestheologie

Müntzer Nachfolge in der Kreuzeserfahrung Christi im Hier und Jetzt. Durch diese eigene Kreuzeserfahrung wird der Mensch bei Gott gerechtfertigt. „Damit wird der Gegensatz von diesseitiger und jenseitiger Welt im Prinzip aufgehoben" (P. Blickle).

Virulenz erlangte in diesem Kontext ein aus Müntzers Interpretation der Kreuzeserfahrung folgender elitärer Zug seiner Theologie. Bleibt für Luther der Mensch als durch den Glauben gerechtfertigter gleichzeitig Sünder – *simul iustus et peccator* –, so streift er für Müntzer durch die Kreuzeserfahrung, durch das Annehmen von Leid und Schmerz, seine kreatürliche Sündhaftigkeit ab. Indem Gott ihm das Kreuz gleichsam schickt, wird er auserwählt, dessen Willen zu erkennen, und hebt sich dadurch von den Gottlosen ab. Dieses Verständnis von der Heiligung des Menschen in der Nachfolge Christi verband sich mit der Aufforderung zur aktiven Weltgestaltung, zur Vernichtung der Gottlosen durch die Auserwählten.

B. Der Ereigniskomplex Reformation

Aus jenem theologischen Ansatz folgte bei Müntzer in der auch für Luther und Zwingli so bedeutsamen Frage nach der Bedeutung der Obrigkeit für das Heilsgeschehen eine revolutionäre politische Akzentsetzung. Als es 1524 in Allstedt zur Zerstörung einer katholischen Marienkapelle durch Anhänger Müntzers gekommen war, bahnte sich ein Konflikt mit der sächsischen Landesherrschaft an. Anlässlich eines Treffens mit Herzog Johann, dem Bruder Kurfürst Friedrichs, im Allstedter Schloss legte Müntzer in der so genannten *Fürstenpredigt* über die apokalyptische Vision des Propheten Daniel seine Auffassung von der Rolle der Obrigkeit dar. Im Kern steht die Aufforderung an sie, mit dem Schwert das Gericht über die Gottlosen zu vollziehen, sie zu vernichten, um die Welt für die Wiederkunft Christi zu bereiten. Entzöge sie sich diesem Auftrag, so werde das Schwert den Auserwählten gegeben, welches sie dann auch gegen die gottlose Obrigkeit erhöben.

Obrigkeit und Heilsgeschehen

Die grundsätzlich heilsgeschichtlich gemeinte Scheidung zwischen Auserwählten und Gottlosen erhielt politisch-soziale Handlungsrelevanz, indem Müntzer die Verpflichtung zur innerweltlichen Aktion aus seinem Heilskonzept ableitete. Die politische Brisanz erhöhte sich dadurch, dass er Aktions- und Heilsfähigkeit zumindest graduell an politisch-soziale Gruppen band. Es seien die „armen leien und bawrn", welche die Notwendigkeit des Kampfes gegen die Gottlosen besser als die Fürsten erkennen. Gleichwohl schloss Müntzer in der *Fürstenpredigt* die Einsichtsfähigkeit der Fürsten nicht aus. Eine Verschärfung und Zuspitzung markierte wenig später die noch 1524 gedruckte *Auszgetrückte emplössung des falschen Glaubens*. Das Obrigkeitskonzept lutherscher Prägung, das Erdulden auch der ungerechten Herrschaft, wurde zur Zielscheibe seiner Kritik, folge aus ihm doch, „der arm man soll sich von den tyrannen lassen schinden und schaben". Aus der materiellen Unterdrückung durch eigennützige Herren resultierende Armut, die Notwendigkeit zur Konzentration auf das materielle Überleben, hindere das Volk daran, den Unglauben erkennen zu können und den Weg der Nachfolge Christi zu gehen. „Damit bekommt ein sozialer und ökonomischer Umsturz Grund und Ziel im Theologischen. Die Theologie des Kreuzes schließt die Revolution nicht aus, sondern fordert sie gerade" (Th. Nipperdey).

Innerweltliche Aktion

Gleichwohl, die konkrete Verfasstheit einer umgestalteten weltlichen Ordnung interessierte Müntzer letztlich nicht. Ihm ging es um die geistige Vorbereitung auf das diese Ordnung entbehrlich machende Gottesgericht. Noch weniger als das Luthers entsprach sein Selbstverständnis dem eines die Gestalt der innerweltlichen Sozial- und Politikordnung ins Kalkül ziehenden *homo politicus*. Luther hatte mit seiner

Vorbereitung auf Gottesgericht

Zwei-Reiche-Lehre, mit der Dialektik von christlicher Freiheit und weltlichem Gehorsam, ein Angebot unterbreitet, welches das Arrangement von tief greifender kirchlich-theologischer Erneuerung und bestehender Sozial- und Politikordnung ermöglichte. Auch Zwinglis theologisch-politisches Ordnungskonzept erwies sich in dieser Beziehung als innerweltlich handhabbar. Anders das Müntzers. Indem es auf „das Reich der Gerechten in dieser Welt als Vorstufe zur Herrlichkeit Gottes in der Ewigkeit" (H. Schilling) orientierte, setzte es sich kompromisslos über das Vorgefundene hinweg.

Reformationskonzepte im Handlungskontext

Diese Differenz sollte sich kurzfristig als rezeptions- und wirkungsgeschichtlich höchst bedeutsam erweisen. Der wirkungsgeschichtliche Erfolg, die Durchsetzung der theologischen und organisatorischen Konzepte von Reformation, hing von deren Vernetzungs- und Integrationsfähigkeit im politisch-sozialen Handlungskontext ab. Von jeder der durch die drei skizzierten Protagonisten Luther, Zwingli und Müntzer vertretenen reformatorischen Richtungen gingen fundamentale Herausforderungen an die etablierte römische Kirche aus. Deren Anspruch auf das Monopol zur seinsumgreifenden Normensetzung und -erklärung wurde in der ersten Hälfte der 1520er Jahre in einer zeitlich konzentrierten und im inhaltlichen Ausgangspunkt durchaus konzertierten Weise herausgefordert, wie das allenfalls mehr als ein Jahrhundert früher durch Johannes Hus der Fall gewesen war. Gemeinsam war allen drei „die Betonung der Unmittelbarkeit zwischen dem einzelnen Menschen und seinem Gott, zweitens die Rückführung der Theologie auf das Evangelium ... und drittens die stärkere Inpflichtnahme des Menschen für das Gemeinwesen" (P. Blickle). Mit der aus diesen Kernpunkten resultierenden Destabilisierung der allgemein verbindlichen Heilsordnung standen, unbeschadet der jeweils unterschiedlichen inhaltlichen Ausgestaltungen jener Grundanliegen, auch fundamentale Bedingungen der politisch-sozialen Ordnung zur Disposition.

Die Luther, Zwingli und Müntzer umtreibende Frage nach der Beziehung von Obrigkeit und Untertan, von Herrschaft und Volk, war Reflex des Wissens um das Eingebundensein der im Mittelpunkt stehenden individuellen Heilsfrage in politisch-soziale Ordnungs- und Handlungskonzepte. Müntzers Versuch, dieses Eingebundensein eschatologisch-revolutionär zu überwinden, erwies sich im gesamtgesellschaftlichen Handlungskontext als nicht integrationsfähig. In dessen Rahmen konnte ein theologisches Konzept nur dann erfolgreich im Sinn organisatorischer Durchsetzung sein, wenn es den vorgefundenen Politik und Gesellschaftsstrukturen Rechnung trug. Diese Bedingung war bei Luther erfüllt. Seine Zwei-Reiche-Lehre trennte zwar nicht grundsätz-

B. Der Ereigniskomplex Reformation 23

lich Heils- und Politiksphäre, entsprang doch auch das Reich der Welt göttlichem Willen. Er unterbreitete aber ein Angebot zur faktischen Entkoppelung von Heils- und politisch-gesellschaftlicher Handlungssphäre, indem er die äußere Form konkreten Politikhandelns nicht an das Heilsgeschehen band, sofern dieses Handeln sich der Übergriffe auf die innere Freiheit des Christenmenschen enthielt. Gerade diese Entkoppelung ermöglichte die Akzeptanz des auf grundsätzliche Erneuerung ausgerichteten theologischen Anliegens Luthers im politisch-sozialen Handlungskontext durch diejenigen politischen Autoritäten, die sich daraus eine Erweiterung ihres Handlungsspielraums erhoffen konnten und die nicht, wie das Kaisertum mit seinem universalistischem Anspruch als *defensor ecclesiae*, strukturell in das überkommene Heils- und Kirchensystem eingebunden waren.

Dies galt vor allem für die deutschen Landesfürsten und die Reichsstädte. Im Rahmen des seit dem 14. Jahrhundert zum konstitutiven Element der reichischen Verfasstheit gewordenen ständisch-kaiserlichen Dualismus verschoben sich seit dem Ende des 15. Jahrhunderts die politischen Gewichte zugunsten der Reichsstände. Die Zwei-Reiche-Lehre Luthers korrespondierte in Kombination mit seiner Weigerung, die Hierarchie der römischen Kirche anzuerkennen, in die auch die Idee des universalen Kaisertums eingebunden war, funktional – nicht intentional – mit der Dynamik des reichspolitischen Prozesses in Richtung auf einen dualistischen Ständestaat. Diese Dynamik lieferte gleichsam die politische Unterfütterung des wirkungsgeschichtlichen Erfolges des lutherschen Reformationskonzeptes, weil dieses nicht nur nicht im Widerspruch zu dieser Dynamik stand, sondern sie vielmehr zu verstärken in der Lage war.

Auch das theologische und kirchenorganisatorische Konzept Zwinglis verhielt sich zu den vorgefundenen Politik- und Handlungsstrukturen nicht antagonistisch. Im ausgeprägt föderal gestalteten politischen Raum der Schweiz eignete den lokalen Obrigkeiten eine zentrale Rolle sowohl hinsichtlich der Gestaltung des eigenen Gemeinwesens als auch der eidgenössischen Gesamtkonstruktion. Das Zürcher Stadtregiment verfolgte dementsprechend eine Politik, die seinen Herrschaftsanspruch in der Stadt und der ihr unterstehenden Landschaft untermauerte. Zwinglis Obrigkeitsauffassung war geeignet, diesen Herrschaftsanspruch heilssystematisch zu legitimieren. Das ebenfalls dem zwinglischen Argument innewohnende Gemeindeprinzip schuf freilich Widerstandspotenziale gegen eine einseitig obrigkeitlich orientierte Interpretation von der heilskonformen Organisation des politisch-sozialen Kosmos.

Es wurde soeben darauf hingewiesen, wie bedeutend es sei, dass die reformatorisch-theologischen Konzepte mit der Dynamik des politisch-sozialen Prozesses kompatibel seien und dass dies für den Erfolg dieser Konzepte entscheidend gewesen sei. Wenn diese Kompatibilität bei Luther und Zwingli als erfüllt angesehen worden ist, so darf dies nicht als Ausweis einer Instrumentalisierungsabsicht verstanden werden. Der Hinweis auf strukturelle Übereinstimmungen trägt jedoch zur Erklärung der Rezeptions- und Wirkungsgeschichte jener Konzepte bis zur Zäsur von 1525 bei.

1.2 Rezeption und Reaktion

Dass die von Luther, Zwingli, Müntzer und anderen formulierten Konzepte nicht nur den innertheologischen Diskurs erfassten, sondern nahezu von Beginn an auf alle Ebenen der politischen und sozialen Lebenswelten übergriffen, lag in der Natur ihrer Anliegen. Bei aller Differenz ging es den Protagonisten der theologischen Erneuerung um die innere und äußere Gestalt der Kirche als die die normativen Grundlagen des individuellen und kollektiven Seins setzende Instanz. Sie trafen zudem auf ein politisches und soziales Umfeld, das sich bereits im Wandel befand oder bereit war, normative Wandlungsimpulse aufzunehmen.

Offenheit für Wandlungsimpulse

Dazu gehörte die sich seit dem ausgehenden 15. Jahrhundert vollziehende Neustrukturierung der Beziehung von Kaiser und Reichsfürsten, in der letztere auf die institutionell abgesicherte Verstärkung ihres autonomen Handlungsspielraumes im Reichsverband setzten. Dazu gehörten der reichsunmittelbare, aber nicht auf dem Reichstag vertretene Niederadel, die Reichsritter, und Teile vor allem des süd- und westdeutschen Landadels, die sich angesichts der politischen Offensive der größeren Reichsfürsten und einer verbreiteten Verschlechterung ihrer materiellen Situation zu behaupten suchten. Dazu gehörte vornehmlich im Südwesten des Reiches die bäuerliche Landbevölkerung, deren gemeindliche Selbstorganisations- und Verfügungsmöglichkeiten über ihren Arbeitsertrag unter Druck geraten waren und deren Widerstand gegen die Grundherren „sich in der zweiten Hälfte des 15. Jahrhunderts und ein weiteres Mal zwischen 1500 und dem Bauernkrieg von 1525" intensivierte (A. Holenstein). Dazu gehörten aber auch die Städte, deren größere seit dem 14. Jahrhundert vor allem in den Bereichen von Wirtschaft und Recht eine Kontrolle der sonderberechtigten Kirche durch Rat und Bürgergemeinde anstrebten. „Gegen das ‚Privilegium fori' (besonderer Gerichtsstand) und das ‚Privilegium immunitatis' (Steuerfreiheit) konnten zwar keine endgültigen Erfolge erzielt werden, aber es gelang vielen Städten, sich die kirchliche Stellenbesetzung und

Güterverwaltung zu unterwerfen" (W. Reinhard). Überdies wurde die seit je charakteristische Konflikthaftigkeit der innerstädtischen Sozialbeziehungen durch den reformatorischen Impuls verstärkt.

Die öffentliche Auseinandersetzung um Luthers Ablassthesen, die sich spektakulär in der Begegnung mit dem Kardinal Cajetan in Augsburg, in der Leipziger Disputation und in der päpstlichen Bannandrohung niederschlug, fiel mit einer brisanten säkulär-politischen Ereigniskette in eins. Seit 1516 diskutierten die Reichsstände verstärkt die Nachfolge Kaiser Maximilians. Aussichtsreichste Prätendenten waren sein Enkel Karl, seit 1516 als Karl I. König von Spanien, und König Franz I. von Frankreich. Noch kurz vor der Wahl Karls im Juni 1519 war nicht klar, zu wessen Gunsten sich die Waagschale neigen sollte. Die römische Kurie stützte Franz, von dessen Wahl sich Papst Leo X. ein Gegengewicht gegen die auf Italien ausgreifenden habsburgischen Machtambitionen versprach. Leo suchte die Unterstützung der Kurfürsten, unter ihnen vor allem die Friedrichs des Weisen von Sachsen, dem Landesherrn Luthers.

Der reichspolitische Schwebezustand im Kräftefeld zwischen dem Haus Habsburg, Frankreich, der Kurie und den Reichsständen begünstigte bis 1520 die Rezeptionsmöglichkeiten für Luthers Kirchenkritik im Reich. Auch noch nach seiner Wahl hatte Karl, als römischer König nunmehr Karl V., vorerst die Parteinahme etlicher Reichsstände unter Führung des Sachsen Friedrich für Luther ins Kalkül zu ziehen. Er benötigte die Unterstützung der Reichsstände, löste doch das Ereignis der Wahl die konflikträchtigen Strukturzusammenhänge der europäischen Mächtepolitik und des innerreichischen Dualismus von Kaiser und Ständen nicht schlagartig zugunsten Karls in Wohlgefallen auf. Dass die Konkurrenz zwischen Habsburg und der französischen Krone sich anschickte, neben der mit ihr verquickten Auseinandersetzung mit den Osmanen zu einem die europäische Politik für mehr als ein Jahrhundert mitprägenden Dauerkonflikt zu werden, verweist auf die tief wurzelnde und weit reichende Politisierung der kirchlichen Erneuerung im gesamteuropäischen Kontext. In der aktuellen Lage der Jahre 1519/20 war dies zwar nicht zwingend absehbar. Die Koinzidenz der Intensivierung und Verquickung innerreichischer und europäischer Konfliktfelder in einem noch am Beginn stehenden langfristigen politischen Formierungsprozess, dessen Resultat nicht absehbar war, schuf aber in dieser kurzen Zeitspanne eine zukunftsoffene Lage. Von ihr profitierte die Debatte um die Reform von Kirche und Glauben insofern, als sie bis zum Wormser Reichstag von 1521 zum Fokus eines umfassenden politisch-gesellschaftlichen Diskurses werden konnte.

Reichspolitik begünstigt Lutherrezeption

Zukunftsoffene Situation 1519/20

Wormser Reichstag 1521

Bann gegen Luther

Dieser Reichstag geriet zum Forum der Auseinandersetzung um die *causa Lutheri*, verknüpft auch mit der Frage nach der Beziehung von Reichsständen und Kaiser. Die Zusage Karls V. an Friedrich von Sachsen, Luther trotz des im Januar 1521 wirksam gewordenen päpstlichen Bannes erneut in Worms verhören zu lassen und ihm damit die Gelegenheit zur Rechtfertigung vor Kaiser und Reich zu verschaffen, war sicheres Indiz dafür, dass sich die Stände nicht länger dem seit 300 Jahren gültigen Grundsatz des Reichsrechts, „dass die Organe des Reiches ein Ketzerurteil der Kirche nicht bloß hinnehmen, sondern mit eigenen Folgehandlungen zu vollenden hatten" (B. Moeller), beugten. Sie stellten vielmehr den Anspruch auf unabhängige Rechtsfindung. Ein fundamentaler Affront nicht nur gegen den Papst, sondern auch eine Herausforderung der Reichsstände an den Kaiser in seiner traditionellen Rolle als *defensor ecclesiae* kraft eigenen Rechts.

Die Zusicherung freien Geleits an Luther schuf die Voraussetzung dafür, dass seine Reise von Sachsen nach Worms zu einem öffentlichen Ereignis ersten Ranges werden konnte, das weit über den Kreis der politischen und geistigen Eliten hinaus wahrgenommen wurde. Die Behandlung der Luthersache auf dem Reichstag zeigte, dass der Kaiser nur begrenzt Herr des Verfahrens war. Die ersten Zusammentreffen mit Karl in dessen Herberge, nicht vor dem Reichstag, die nach kaiserlicher Auffassung nur dem Widerruf der ketzerischen Ansichten dienen konnten, nutzte Luther am 17. und 18. April zum eindeutigen Bekenntnis zum Prinzip des *sola scriptura*. Tags darauf ließ Karl eine Erklärung ausgehen, in der er sich zu seiner Verpflichtung zum Schutz der römischen Kirche bekannte. Die Reichsstände freilich suchten in den folgenden Tagen im Gespräch mit Luther noch immer eine die endgültige Entscheidung verzögernde Verhandlungslösung, die jedoch nicht zustande kam. Am 26. April reiste er aus Worms ab. Am 30. April

Wormser Edikt

stimmte die Mehrheit der Stände dem Erlass eines Achtediktes mit der Maßgabe ihrer vorherigen Stellungnahme zu. Am 8. Mai erging der kaiserliche Beurkundungsbefehl, ohne dass diese Stellungnahme eingeholt worden war. Am 25. Mai wurde das Edikt den wenigen noch in Worms weilenden Reichsständen, die meisten der mit Luther sympathisierenden waren bereits abgereist, zur bejahenden Kenntnisnahme vorgelegt. Am 26. Mai wurde es veröffentlicht.

Die nach der kirchen- nun auch erfolgte reichsrechtliche Regulierung der Luthersache bedeutete indes keine stabile Lösung. Dass zahlreiche Stände, die Luther wohlwollend gegenüberstanden, den Reichstag verlassen hatten und dieser deshalb *in religionibus* vermeintliche Einigkeit mit dem Kaiser demonstrieren konnte, deutete an, dass sich die Komplexität der Interessenkonflikte durch die Religionsfrage zu steigern anschickte. Sie gesellte sich zum Dualismus von Kaiser und Reichsständen, den beide Seiten seit dem Beginn der Reichsreformen zu Ende des 15. Jahrhunderts in ein kompromissfähiges Institutionensystem einzubinden trachteten, nicht ohne freilich jede Gelegenheit zu ergreifen, den eigenen Einfluss auf Kosten des anderen zu erweitern. Komplexität der Interessenkonflikte

Auf der reichsinstitutionellen Ebene entwickelte sich freilich nach 1521 ein Gleichgewicht der politischen Kräfte zwischen denjenigen, die das Wormser Edikt mit Macht durchzusetzen versuchten, darunter die habsburgischen Territorien, Bayern, das albertinische Sachsen und Brandenburg, und denjenigen um Kursachsen, die auf Ausgleich setzten. Der Konflikt Karls V. mit Frankreich um die Vormacht in Italien, welcher dem Kaiser reichspolitisch die Hände band, und der Beginn des nur einjährigen Pontifikats des Reformpapstes Hadrian VI. (1522/23) verbesserten kurzfristig die Ausgangsposition für die Reformkräfte. Ein Mandat des Nürnberger Reichstages von 1523 untersagte die Maßregelung der lutherischen Bewegung und forderte ein binnen Jahresfrist durch Kaiser und Papst einzuberufendes Konzil zur Lösung des Konflikts. Auf dem wiederum in Nürnberg zusammentretenden Reichstag von 1524 forderte der Legat des neuen, auf die Machtstellung des Kirchenstaates bedachten Papstes Clemens VII. (1523–1534), mit dessen Amtsantritt sich die Hoffnung auf ein baldiges Konzil zerschlagen hatte, die Durchsetzung des Wormser Ediktes. Der Reichstagsabschied verlangte erneut ein Konzil in Deutschland, verpflichtete aber gleichzeitig die Reichsstände auf die Befolgung des Wormser Edikts, freilich mit dem Zusatz: „sovil inen muglich". Widerspruch regte sich von verschiedenen Seiten. Der Legat Lorenzo Campeggio verweigerte sich der Einberufung eines Nationalkonzils. Vor allem die Reichsstädte erhoben massiven Einspruch gegen die kaiserliche Forderung nach Durchsetzung des Wormser Edikts. Das diesbezüglich an den Kaiser gerichtete Schreiben des Ulmer Städtetages vom 12. Dezember 1524 „kann als erstes öffentliches Bekenntnis innerhalb der Reformation auf Reichsebene gelten" (B. Hamm). Die Verknüpfung von Religionsfrage und Reichspolitik entfaltete längerfristig Wirkung. Konzilsforderung

Der theologische Impuls jedoch hatte bereits kurzfristig auf die politisch-soziale Welt gewirkt. Nicht zuletzt die lebhafte Flugblattpublizistik war Indiz und Motor der Verbreitung dieses Impulses. Von 1520 bis 1526 erschienen „über 11 000 Drucke mit mehr als 11 Millionen Exemplaren" (H.-J. Köhler). Das Problem der Erneuerung von Glauben und Kirche erreichte alle sozialen Gruppen und vereinte sich mit politischen Absichten. Wirkungen des theologischen Impulses

Sickingen   Erste Wirkung zeigte diese Kombination in der Sickingenschen Fehde. Der kurpfälzische Ministeriale Franz von Sickingen (1481–1523) hatte ein stattliches Territorium im Umkreis seines Stammsitzes, der Ebernburg an der Nahe, aufgebaut. Sie wurde zum Zentrum der Adelsopposition gegen Städte und Territorialfürsten. Durch seinen Standesgenossen, den reichsritterlichen Humanisten Ulrich von Hutten, war Sickingen mit der reformatorischen Bewegung in Berührung gekommen. Die oberdeutschen Reformtheologen Martin Bucer und Johannes Oecolampadius hatten bei ihm Zuflucht gefunden. Schon 1520/21 wurde auf der Ebernburg das Abendmahl unter beiderlei Gestalt gereicht. Es entstand hier der Kern einer der ersten evangelischen Gemeinden.

Adelsopposition   Die nicht nur von Sickingen verkörperte Adelsopposition war zunächst Reflex auf den schon im 15. Jahrhundert virulent werdenden politischen, sozialen und wirtschaftlichen Niedergang der Reichsritterschaft. Nunmehr paarte sie sich jedoch mit der Forderung nach religiöser Erneuerung und politischer Reform im Sinn der Wiederherstellung ritterschaftlicher Privilegien in einem neu gestalteten Reich. Im August 1522 erklärte Sickingen, der schon in Worms Luther seinen Schutz angeboten hatte, dem kurfürstlichen Bischof von Trier, Richard von Greifenklau, die Fehde, mit der er „dem Evangelium eine Öffnung machen" wollte. Mit Greifenklau sollte ein vornehmer Repräsentant der in die weltliche Herrschaft verstrickten alten Kirchenhierarchie und der adelsfeindlichen Fürsten, mehr noch, ein Gegner des national orientierten Reformanliegens deutscher Humanisten wie Hutten – Greifenklau hatte lange die Königskandidatur Franz I. von Frankreich gegen Karl V. unterstützt – getroffen werden. Der Angriff auf Trier wurde durch den im Bündnis mit der Kurpfalz und Hessen stehenden Bischof zurückgeschlagen. Am 7. Mai 1523 erlag Sickingen den bei der Belagerung seiner Burg Landstuhl erlittenen Verletzungen. Er scheiterte nicht zuletzt aufgrund der mangelnden Unterstützung seiner Standesgenossen. Diese hatten ihn noch 1522 zum Haupt der *brüderlichen Vereinigung* der rheinisch-kraichgauisch-elsässischen Ritterschaft gewählt. Jener Bund hatte sich „fürnemlich gott zu lob und dann folgendt merung gemeynes nutz und fürderung Fridens und Rechtens" zusammengeschlossen.

Das Anliegen der Ritterschaftsbewegung, sich an die Spitze der politischen Reform des Reiches zu stellen und diese mit kirchlicher Reform zu verbinden, unterlag der militärischen Macht der Territorialfürsten. Indes deutete sich erstmals das Gewaltpotential der Verbindung von politischer und religiös-kirchlicher Reformprogrammatik an, wie diffus sie auch noch blieb.

B. Der Ereigniskomplex Reformation

Die ersten erfolgreichen Versuche, den Willen zur Reformation von Glauben und Kirche organisatorisch abzusichern und zum Bestandteil der politisch-sozialen Ordnung zu machen, finden wir in Städten. Hier fand die theologische Diskussion in kirchlichen Institutionen, Universitäten und in den Zirkeln einer humanistischen Bildungselite zunächst ihren Nährboden. Dieser war schon im Spätmittelalter bereitet worden. In dem seit dem 14. Jahrhundert wachsenden Bestreben der Bürgergemeinden und der Räte, ihren Einfluss auf die Kirche zu verstärken, die Besetzung der kirchlichen Pfründen und die Verwaltung des Kirchengutes zu kontrollieren sowie den rechtlichen Sonderstatus des Klerus zu minimieren, zeigte sich die Absicht, aus der Kirche in der Stadt eine Stadtkirche zu machen. Die strukturell bedingte Neigung der spätmittelalterlichen Stadt, „sich als corpus christianum im Kleinen zu verstehen" (B. Moeller) war eine wesentliche Voraussetzung dafür, dass die theologisch-reformatorische Kritik an der alten Kirche auf den städtischen Laiendiskurs übergreifen konnte. Eine andere bildete die räumlich verdichtete und komplexe Interaktion im Beziehungsdreieck von Geistlichen, Bürgern und Stadtobrigkeit, welches durch das von allen Reformatoren in freilich je unterschiedlicher Ausprägung vertretene Gemeindeprinzip herausgefordert wurde.

Städtische Reformation

Stadt als *corpus christianum*

Dass dies zunächst in Wittenberg Wirkung zeigte, liegt nachgerade auf der Hand. Um die Jahreswende 1521/22 verlangten dort die Bürger vom Rat eine dem Wort Gottes entsprechende Ordnung des öffentlichen Lebens, die schon am 24. Januar 1522 in Kraft gesetzt wurde. Sie regelte u. a. die Überführung der kirchlichen Einkünfte in einen *gemainen Kasten* zur Versorgung von Geistlichen und Bedürftigen, die Messliturgie sowie die Beseitigung überflüssiger Altäre und der Bilder aus den Kirchen. Doch um die Ausführung kam es zu Auseinandersetzungen zwischen den radikalen Erneuerern um Karlstadt und den mäßigenden, auf Melanchthon setzenden Kräften. Die Vorgänge in Wittenberg, ein Bildersturm kurz nach dem Erlass der Ordnung und die Predigten Karlstadts, polarisierten die Stadt und rückten sie zunehmend in das Blickfeld einer besorgten Reichsöffentlichkeit. Schon am 20. Januar war ein Reichsmandat an Kurfürst Friedrich den Weisen ergangen, die alten kirchlichen Verhältnisse wiederherzustellen. Seitens der Stadt wurde Luther gebeten, sein Exil auf der Wartburg zu verlassen und zurückzukehren. Anfang März 1522 nahm er seine Tätigkeit mit den Invocavitpredigten in Wittenberg wieder auf, in denen er sich für eine seinem Evangeliumsverständnis gemäße Behutsamkeit und Gewaltfreiheit des Wandels einsetzte. Unabdingbar war für ihn eine den Neuerungen voranzugehende evangelische Bewusstseinsbildung. Der Ge-

Konflikte in Wittenberg

gensatz zur Position Karlstadts, der auf sofortige Änderung im Sinn des Evangeliums drängte, erwies sich als unüberbrückbar. Auf der anderen Seite standen die sich jeglicher Neuerung verschließenden Herren des Wittenberger Augustinerstifts. Luther setzte sich schließlich gegenüber beiden Polen und gegenüber dem reichspolitische Komplikationen fürchtenden Landesherrn durch. Unterstützt wurde er dabei von Vertretern des Rates, denen an einer Beendigung des den Stadtfrieden untergrabenden Konfliktes gelegen sein musste. Zu Weihnachten 1524 wurde an der Stiftskirche eine Gottesdienstordnung eingeführt, die im Wesentlichen der der Stadtkirche entsprach. Fast ein Jahr später veröffentlichte Luther eine nunmehr auch in Wittenberg praktizierte deutschsprachige Ordnung der Messe. In einem nahezu vierjährigen Prozess hatte sich die evangelische Gemeindebildung in Wittenberg vollzogen.

Inzwischen waren in weiteren Städten des sächsisch-thüringischen Raumes evangelische Gemeinden entstanden, so 1522 in der thüringischen Residenzstadt Altenburg. Auffällig ist hier, dass sich Luther mit seinem Plädoyer für die Unumstößlichkeit des gemeindlichen Pfarrerberufungsrechts gegenüber dem Kurfürsten, der die Auseinandersetzung mit den geistlichen Patronatsherren zu vermeiden trachtete, durchsetzte. Ähnlich dem Altenburgs war wenig später der Fall der kursächsischen Stadt Leisnig gelagert. Auch hier versuchte der Patronatsherr, ein Zisterzienserabt, die Berufung evangelischer Prediger zu verhindern. Dessen Protest bei der kurfürstlichen Regierung blieb diesmal indes erfolglos. Auf Bitte der Leisniger begründete Luther 1523 das gemeindliche Berufungsrecht in seiner Schrift *Daß eine christliche Versammlung oder Gemeine das Recht und Macht habe alle Lehre zu urteilen und Lehrer zu berufen...* Außerdem verfasste er das Vorwort für eine städtische Kirchen- und Armenordnung, die beispielhaft wirkende Leisniger Kastenordnung, sowie eine Gottesdienstordnung.

Leisnig, Altenburg und Wittenberg zeigen die praktischen Probleme der Institutionalisierung einer evangelischen Gemeindebildung in landesherrlichen Städten im Beziehungsgefüge von bürgergemeindlichem Reformwillen, konkurrierenden Reformationsverständnissen, zeitweilig retardierendem territorialherrlichem Einfluss und der auch durch die Furcht vor Privilegienverlust bedingten Verhinderungsabsicht altkirchlicher Autoritäten. Dieses Gefüge ist nachgerade typisch für die zahlreichen bis Anfang der 1530er Jahre aus eigenem Antrieb erfolgenden landstädtischen Reformationen überall im Reich. Die neue Ordnung setzte sich vielfach deshalb durch, weil sie den einzigen Weg markierte, die Zentralnormen des innerstädtischen Friedens und der

B. Der Ereigniskomplex Reformation 31

Einheit der Bürgergemeinde zu wahren. Die zunächst oft zögerlich bis ablehnend reagierenden Stadtregimenter erkannten die Notwendigkeit, durch eine verbindliche Ordnung einerseits den friedenssichernden Konsens mit den Bürgergemeinden herzustellen und andererseits eine Entwicklung einzuleiten, die ihrer Kontrolle unterlag.

Als erste Reichsstadt beschritt Nürnberg den Weg zur Reformation. Die Bedeutung als Zentrum des stadtbürgerlichen Humanismus mit weit gespannten politischen, wirtschaftlichen und intellektuellen Kontakten spielte dabei eine maßgebliche Rolle. Die Verbindung zwischen humanistischer und politischer Elite, u. a. verkörpert durch den einflussreichen Ratsschreiber Lazarus Spengler, förderte die Bereitschaft der Stadtobrigkeit, auf die aus der Bürgerschaft kommende Forderung nach Erneuerung des Kirchenwesens zwar zunächst vorsichtig, nicht jedoch grundsätzlich ablehnend zu reagieren. Seit 1519 hatte Spengler eindeutig für Luther Partei ergriffen. Ab 1522 wurde an den beiden Hauptkirchen der Stadt evangelisch gepredigt. Die im gleichen Jahr erlassene Almosenordnung gilt als erste eindeutig reformatorische Maßnahme. Die Stadt, in deren Mauern das Reichsregiment seinen Sitz hatte und sich der Reichstag von 1522/23 versammelte, befand sich in einer delikaten Lage. Den Klagen der Reichsgremien über die reformatorischen Prediger und der Aufforderung des päpstlichen Nuntius, dem Wormser Edikt in Nürnberg Geltung zu verschaffen, standen das Drängen Spenglers und der Druck von Teilen der Bürgerschaft gegenüber, der Rat möge sich offen zur reformatorischen Ordnung bekennen. Für Spengler war nur dieses offene Bekenntnis Voraussetzung für die Herstellung des äußeren weltlichen, vor allem aber des inneren geistlichen Friedens in der Stadt. Die Erwartungen der mehrheitlich reformationswilligen Handwerkerschaft formulierte im Sommer 1523 der Schuster Hans Sachs in seinem Spruchgedicht *Die Wittenbergisch Nachtigall*. Auch die Bauern des großen Nürnberger Landgebiets galt es seitens des Rates als potenziellen Unruhefaktor zu berücksichtigen. Die Prediger, Spengler, die Handwerkerschaft sowie die Lage im Landgebiet erzeugten 1523/24 einen Handlungsdruck, der den sich schon vorher mehrheitlich reformationsfreundlichen Rat im Frühjahr 1525 nunmehr offen auf die Seite der Erneuerung stellen und eine zielstrebige Umgestaltung des Kirchenwesens unter Führung der Stadtobrigkeit einleiten ließ.

Ähnliche Muster einer frühen reichsstädtischen Reformation finden sich ab 1523 in Straßburg, Memmingen und Schwäbisch Hall. Auch in der Bischofsstadt Konstanz setzte sich 1522 in engem Zusammenspiel von Bürgern, Rat und Geistlichkeit die reformatorische Predigt durch. Ebenso früh wie im Süden entfaltete sich auch in den Städ-

Nürnberg

Norden des Reiches

ten im Norden des Reiches das Verlangen nach kirchlicher Erneuerung. Die Bischofsstädte Bremen und Magdeburg beschritten 1523/24 den Weg zu einer neuen Kirchenordnung. Die Küstenstädte Stralsund und Wismar folgten bis 1525. Auch in weiteren Hansestädten, wie Lübeck, Lüneburg und Braunschweig, regte sich bürgerlicher und geistlicher Reformationswillen. Es dauerte dort jedoch noch bis in die frühen 1530er Jahre, bis sich nach mitunter heftigen Konflikten zwischen der Bürgerschaft und den Räten das neue Kirchenwesen durchsetzen konnte.

Dass Wittenberg auf die städtischen Reformationen ausstrahlte, sei es in personeller, sei es in theologischer und organisatorischer Hinsicht, liegt in der Natur der Sache. Schließlich ging von hier zuerst der Impuls des Wandels aus. Die Identifizierung der städtischen Reformationen mit der *causa Lutheri* lag nahe. Gleichwohl speiste sich die längerfristige Entwicklung vor allem in den Städten der Schweiz und

Zürich

Oberdeutschlands auch aus einer anderen Quelle: der Zürichs. Mit den zwischen Januar 1523 und Januar 1524 stattfindenden drei Zürcher Disputationen vollzog sich der Prozess von der Debatte und Klärung theologischer Positionen zum Beginn einer Neuordnung des Kirchenwesens. 1524 verschwanden die alten Frömmigkeitsformen, die Messen wurden von Predigtgottesdiensten abgelöst, der kirchliche Bilderschmuck wurde auf Ratsbeschluss beseitigt, die Klöster säkularisiert und das Klostergut sowie die Einnahmen aus erledigten Pfründen einem Ratspfleger unterstellt. Am Gründonnerstag 1525 feierte man mit

Zürcher Abendmahlsverständnis

Zustimmung des Rates erstmals das Abendmahl nach dem Verständnis, das Zwingli kurz zuvor in seinem *De vera et falsa religione commentarius* formuliert hatte. Das Abendmahl, über dessen Charakter es in den kommenden Jahren zu massiven Konflikten mit den Lutheranern kommen sollte, wurde fortan viermal jährlich im Anschluss an einen Predigtgottesdienst zelebriert. Der gemeinsame Genuss von Brot und Wein in Gestalt eines einfachen ‚Nachtmahls' verwies darauf, dass Brot und Wein Leib und Blut Christi bedeuten und damit symbolisch auf die Erlösung durch Christus verweisen, ohne jedoch, wie im altgläubigen und lutherischen Verständnis, realpräsentischen Wert zu besitzen, Leib und Blut Christi zu sein.

Von zentraler Bedeutung für die Zürcher Entwicklung war auch das im *Commentarius* geäußerte Obrigkeitsverständnis Zwinglis, das aus der unauflöslichen Verzahnung von christlicher und weltlicher Gemeinde den notwendigerweise christlichen Charakter der Obrigkeit ableitet. Der christlichen Obrigkeit als Garant des Wohlergehens des Volkes kam denn in der Zürcher Praxis gemeinsam mit der Geistlichkeit

B. Der Ereigniskomplex Reformation

auch die umfassende sittlich-moralische Kontrolle über die Bürgerschaft zu. Das im Mai 1525 aus Ratsmitgliedern und Pfarrern gebildete Ehegericht wurde im März 1526 zum die Bürger kontrollierenden Sittengericht ausgebaut, welches beispielhaft für die reformierten Kirchentümer wirken sollte.

Auf Widerspruch stieß die zwinglische Neuordnung im altgläubigen Umfeld Zürichs. Dieser eskalierte bis zum Krieg der Stadt mit fünf katholischen Orten der Innerschweiz, die in der Schlacht bei Kappel am 31. Oktober 1531 das Zürcher Aufgebot schlugen. Unter den Gefallenen befand sich auch Zwingli. Ein Landfrieden stärkte zwar die Position der katholischen Orte in der Eidgenossenschaft, sicherte jedoch auch den Fortbestand der neuen Kirche in Zürich, Bern, Basel, Schaffhausen und einigen ländlichen Gebieten. Widerspruch zeigte sich jedoch auch unter den ersten stadtzürcher Gefolgsleuten Zwinglis. Neben der Kritik an seinem Festhalten an der Kindertaufe war es vor allem Zwinglis Betonung der obrigkeitlichen Befugnisse in Glaubensfragen, die als Abweichen von seinen ursprünglichen Positionen gewertet wurde.

Im Januar 1525 erklärte ein Ratsmandat die Erwachsenentaufe für unzulässig. Kurz darauf erfolgten erste Ausweisungen von Unbotmäßigen. Noch im gleichen Monat wurde im nahen Zollikon die erste Täufergemeinde gegründet. Weitere folgten im nordschweizerischen Raum und den angrenzenden Reichsgebieten, so um Ostern 1525 in Waldshut um den vormals zwinglischen Prediger Balthasar Hubmaier. Dass das Täufertum in Zürich seinen Anfang nahm, ist kein Zufall, jedoch ebenso wenig eine Zwangsläufigkeit. Im Versuch zur Neugestaltung von Kirche und Leben nach dem Gemeindeprinzip fand man hier zunächst eine gemeinsame Basis, die länger hielt und vor allem programmatisch stabiler schien als die Allianz der reformatorischen Kräfte in Wittenberg um Luther einerseits und Karlstadt andererseits.

Die Entstehung des Täufertums verdankte sich aber auch einem strukturellen Problem, dessen Virulenz nicht auf Zürich beschränkt war. Die spezifische Situation der ländlich-bäuerlichen Bevölkerung am Oberrhein und um den Bodensee schuf ein politisch-gesellschaftliches Klima, das die Entstehung eines religiös-politischen Erneuerungsverständnisses begünstigte, welches gegen herrschaftliche Durchdringung und unzureichende kirchliche Versorgung die Alternative eines radikalen Gemeindechristentums setzte. Die schon 1522/23 in Gemeinden des Zürcher Landgebiets einsetzende Bewegung gegen die Zehntforderungen des Großmünsters und für die Abschaffung aller Abgaben sowie die Forderung nach generell größerer Autonomie gegenüber dem

Zürcher Sittengericht

Widerstände gegen Zürcher Reformation

Erste Täufergemeinden

Zürcher Rat polarisierte die Beziehung zwischen Stadt und Land und griff auf die innerstädtische Debatte über. Das Täufertum und die anderen Repräsentanten eines fundamental gemeindlich ausgerichteten Reformationsverständnisses wie Karlstadt und Müntzer fanden um 1525 folglich auf dem Land einen politisch-sozialen Nährboden, der den Verobrigkeitlichungstendenzen in der reformatorischen Dynamik entgegenstand, die sich – bei allen theologischen Differenzierungen – gleichermaßen im Zürcher wie im Wittenberger Einflussgebiet abzeichneten.

Breites Rezeptionsspektrum   Die Rezeption der theologischen Reformationskonzepte vollzog sich bis 1525 in einem breiten sozialen Spektrum. Große Teile des Niederadels, der städtischen und ländlichen Bevölkerung zeigten sich für die neuen Ideen empfänglich. Die Frage, inwiefern auch schon unter den Reichsfürsten nicht bloß aus politischem Kalkül, sondern aus religiöser Überzeugung Sympathien für die Kirchenerneuerung bestanden, ist nicht präzise zu beantworten. Angesichts der Tatsache, dass sich um das Problem der Durchsetzung des Wormser Edikts folgenreiche Verwerfungen auch auf reichsfürstlicher Ebene zeigten, dass z. B. der Fürst in Kursachsen eine Plattform bot, auf der sich erste Ansätze einer institutionellen Verankerung der neuen Kirche auf lokaler Ebene etablieren konnten, ist die Antwort auf diese Frage jedoch nachrangig. Es deutete

Reichspolitische Dimension   sich aber bereits die reichspolitische Dimension der Reformation an, welche in naher Zukunft im Kräftedreieck von Kaiser, katholischen und protestantischen Reichsständen in wechselnder Gewichtung die Geschicke Deutschlands bestimmen sollte. Im Bereich der theologischen Konzepte gewann die Differenzierung zwischen denjenigen an Kontur, welche an vorgefundenen politisch-sozialen Formationen anknüpften und diese im Sinn des jeweiligen Glaubens- und Kirchenverständnisses weiterentwickelten, und denjenigen, die eine revolutionäre Umgestaltung dieser Formationen bzw. den fundamentalen Rückzug aus ihnen auf ihre Fahnen geschrieben hatten. Noch waren die Grenzen freilich fließend.

2. 1525–1530

Zwischen 1525, dem Jahr des Bauernkrieges, und 1530, dem Jahr des Augsburger Bekenntnisses, wurden jene Grenzen immer deutlicher gezogen. Der flächendeckende Versuch einer Interpretation der politisch-sozialen Welt auf der Grundlage eines im Gemeindeprinzip einmündenden Kirchen- und Heilsverständnisses, wie er sich im Bauernkrieg artikulierte, war am Ende der Periode nicht mehr möglich. Noch stärker als vorher war die kirchliche Erneuerung zu einem Feld der Reichspolitik geworden. Denn durch die konfrontative Abgrenzung der Glaubensrichtungen verstärkte sich die Institutionalisierung der religiösen Erneuerung in den Territorialstaaten. Die Gründung des Schmalkaldischen Bundes 1531 als Folge des Reichstages von 1530 markierte gleichzeitig einen End- und einen Anfangspunkt. Sie war Endpunkt eines Prozesses, in dem sich die Reformation zu einem Konflikt zwischen fest organisierten reichspolitischen Gruppierungen entwickelte. Sie war Anfangspunkt eines Prozesses, in dem das weitere Schicksal der kirchlichen Erneuerung zwischen jenen Gruppierungen ausgefochten wurde und die politische Gestalt des Reiches sich auf dem Prüfstand der Glaubensfrage bewähren musste.

Territorialstaatliche Institutionalisierung

2.1 Der Bauernkrieg

Der Bauernkrieg begann im Juni 1524 in der Grafschaft Stühlingen im Südschwarzwald. Die Aufständischen verlangten die Aufhebung der Leibeigenschaft und die Wiederherstellung bäuerlicher Rechte, z. B. auf Weide, Jagd und Fischfang, und knüpften damit an die Forderungskataloge früherer ländlicher Unruhen an. Im August erlangten die Stühlinger die Unterstützung der Stadt Waldshut. Da hier seit 1523 der zwinglische Geistliche Balthasar Hubmaier wirkte, fürchtete man ein Eingreifen des habsburgischen Stadtherrn. Der Aufstand weitete sich auf die unmittelbar angrenzenden Gebiete Hegau und Klettgau aus. Die potenzielle Verbindung von Agrarkonflikt und Reformationskonflikt zeichnete sich ab und wurde auch bereits in Ansätzen dort programmatisch wirksam, wo sich die Bauern darauf beriefen, dass die herrschaftlichen Forderungen, sollten sie ihnen folgen, „gotlich und billich" zu sein hätten, wie die Klettgauer an den Zürcher Rat schrieben. Zunächst fehlten die militärischen Mittel, gegen die Aufständischen vorzugehen. Mit vagen Zusagen ließen sie sich hinhalten, so dass zur Jahreswende 1525 eine freilich trügerische Ruhe herrschte.

Ursprung und Ausweitung des Bauernkrieges

Agrar- und Reformationskonflikt

Inzwischen bildeten sich neue Unruhezentren. Die Bauern der geistlichen Herrschaft Kempten im Allgäu wehrten sich gegen Versuche, die Leibeigenschaft einzuführen und verlangten die Wiederherstellung des alten Rechts. Im Februar 1525 schlossen sich die Allgäuer zur *Christlichen Vereinigung der Landart Allgäu* zusammen. Der Haufen – wie sich die bäuerlichen Aufgebote in Anlehnung an die Landsknechtshaufen bezeichneten – der Allgäuer verband sich im März in der Reichsstadt Memmingen, in der sich Rat und Zünfte kurz vorher für die Reformation entschieden hatten, mit dem Baltringer Haufen aus dem Raum südlich von Ulm und dem Seehaufen vom Bodensee. Ihre

Christliche Vereinigung

Christliche Vereinigung gab sich eine Bundesordnung, welche den organisatorischen Rahmen gemeinsamen Handelns durch eidliche Verpflichtung des bündisch-korporativen Verbandes sicherte und mit dem Bekenntnis zum ‚reinen Evangelium' eine eindeutige religiöse Option aussprach.

<small>12 Artikel</small> Die Memminger Versammlung verabschiedete auch die *Zwölf Artikel der Bauernschaft in Schwaben*, die, rasch überregional im Druck verbreitet, zu einer Art Grundsatzprogramm des Bauernkrieges werden sollten. Das an erster Stelle geforderte Recht auf Pfarrerwahl durch die Gemeinden stellte die zentrale Bedeutung, die von den Bundesgenossen einer selbst gestalteten, sich an ihrem Verständnis des Evangeliums orientierenden Ordnung beigemessen wurde, unter Beweis. Auch die Forderungen nach Aufhebung der Leibeigenschaft, Abgabenerleichterung, Allmendenutzung und Beseitigung von willkürlicher Strafjustiz unterwarf man dem aus der Bibel abzuleitenden göttlichen Recht. Die vermutliche Autorschaft der Artikel belegt deren Charakter als programmatische Schnittstelle zwischen städtischem und bäuerlichem Reformwillen. Die Vorrede verfasste der Memminger Pfarrer und Reformator Christoph Schappeler. Die Zusammenstellung der Artikel stammte wohl von dem Memminger Kürschner Sebastian Lotzer, der als Laie wesentlich zur Durchsetzung der dortigen Reformation beigetragen hatte und die Kanzlei des Baltringer Haufens führte.

Hervorzuheben bleibt, dass es weder dem Bundesbrief noch den Artikeln vordergründig um die militärische Durchsetzung der Forderungen ging. Man bekannte sich zum Gehorsam gegenüber der Obrigkeit, sofern sie als gottgewollt gelten konnte. Angestrebt wurde die

<small>Bauern als politische Subjekte</small> grundsätzliche Anerkennung der Bauern und ihrer Vereinigungen als verhandlungsfähige politische Subjekte durch Landesherren, Adel und Städte. Damit prallten freilich höchst different politisch-soziale Normensysteme, das gemeindlicher Selbstbestimmung und das ständischer

<small>Bauernkrieg als Normenkonflikt</small> Herrschaftshierarchie, aufeinander. Der Bauernkrieg, der übrigens keineswegs nur ein Krieg der Bauern war, sondern Unterstützung auch bei den Bürgern vor allem der kleineren Städte im Aufstandsgebiet sowie unter den Bergknappen Thüringens, Tirols und der Steiermark fand, barg so in sich Elemente eines tief greifenden Normenkonflikts.

Bis zum April 1525 weitete sich die bäuerliche Bewegung aus. Franken, Württemberg, das Elsass, die Pfalz, Thüringen und die Nordschweiz wurden erfasst. Militärische Erfolge der Bauernhaufen erzwangen die Anerkennung der Zwölf Artikel u. a. durch den Erzbischof von Mainz, den ersten unter den Kurfürsten. Die Brisanz des Normenkonflikts für das Reich hätte nicht deutlicher demonstriert werden können. Im Mai 1525 erhoben sich die Tiroler und Salzburger und einige innerösterreichische Gebiete. 1526 wurden die Aufstände dort gewaltsam beendet, fast ein Jahr nach deren Niederschlagung in den anderen Regionen. Die Tiroler Landesordnung, vom führenden Kopf der Tiroler Rebellen, dem von Zwingli und dem Zürcher Reformationsmodell beeinflussten Michael Gaismair, 1526 verfasst, entwickelte indes umfassende Vorstellungen von einer politischen Ordnung auf der Basis von Gottes Wort, die in ihrer konkreten Zielsetzung weit über die Zwölf Artikel hinausging. Ohne den Fürsten überhaupt noch zu erwähnen, entfaltet sie das Panorama einer egalitären Politikkultur mit von der ganzen „gemain" bestimmten Richtern und Pfarrern und einer gewählten Regierung. Sie gilt als frühes Beispiel eines republikanischen Verfassungsentwurfes. Tiroler Landesordnung

Nach einer Schreckphase von wenigen Wochen hatte sich die militärische Gegenmacht gegen die Aufständischen formiert. In Oberdeutschland kam dem Schwäbischen Bund, einer politisch-militärischen Vereinigung südwestdeutscher Fürsten, Ritter und Reichsstädte, die Aufgabe zu, die herrschaftliche Ordnung wiederherzustellen. Das Heer des Bundes schlug unter Führung des Georg Truchsess von Waldburg am 4. April 1525 die Baltringer. Am 17. April schloss dieser mit den anderen oberschwäbischen Haufen einen Vertrag, der den Bauern ein Schiedsgericht über ihre Beschwerden in Aussicht stellte, und beendete damit den Krieg in der Region. Am 12. Mai besiegte der Schwäbische Bund die Württemberger und am 16. Mai erlitten die Elsässer bei Zabern durch Herzog Anton von Lothringen eine vernichtende Niederlage. In Thüringen, einem weiteren Kerngebiet der Unruhe, kämpften die Truppen des Landgrafen Philipp von Hessen und des Herzogs Georg von Sachsen das Bauernheer bei Frankenhausen am 15. Mai blutig nieder.

Der an der Seite der Bauern kämpfende Thomas Müntzer hatte in der Erhebung das Zeichen für das Gericht über die Gottlosen und den Beginn der Herrschaft der Frommen gesehen. In seiner Reaktion und derjenigen Luthers manifestierten sich handfest die Differenzen im auf die Welt wirkenden Heilsverständnis. Zwar äußerte Luther in seiner im April 1525 verfassten *Ermahnung zum Frieden auf die zwölf Artikel der Bauerschaft in Schwaben* Verständnis für den bäuerlichen Unmut und gab dem eigennützigen Verhalten der Fürsten und Herren die Schuld am Aufruhr. Eindringlich wandte er sich jedoch gegen jegliche antiobrigkeitliche Gewalt. Nicht mit dem Evangelium vereinbar sei es, das Recht gegen die Obrigkeit in die eigenen Hände zu nehmen. Obwohl sich seine Ermahnung an Fürsten und Bauern richtete, waren die

Luther und Müntzer im Bauernkrieg

Gewichte ungleich verteilt. Gemäß seiner Zwei-Reiche-Lehre sprach er den Aufständischen grundsätzlich das Recht auf Widerstand ab, während Fehlverhalten der Obrigkeit zwar unchristlich sein könne, nicht jedoch deren Recht auf weltliches Handeln beeinträchtige. Wenige Tage nach dem Erstdruck der *Ermahnung* erschien unter dem Eindruck der Radikalisierung des Aufstandes Anfang Mai ein Neudruck mit einem Anhang, der unter dem Titel *Wider die räuberischen und mörderischen Rotten der Bauern* bald in zahlreichen Separatdrucken Verbreitung fand. In dramatisch verschärfter Argumentation besteht Luther erneut auf der Gehorsamspflicht gegenüber der Obrigkeit und verurteilt in expliziter Wendung gegen Müntzer die Bindung der bäuerlichen Forderungen und Aktionen an die Legitimation durch das Evangelium. Sollten die Aufrührer nach nochmaliger Aufforderung nicht einlenken, so sei es Pflicht der Fürsten, zum strafenden Schwert zu greifen.

Der Gang des Krieges und vor allem das Verhalten der Fürsten gegen die Aufständischen wurden von der Schrift *Wider die Rotten der Bauern* nicht mehr beeinflusst. Dazu kam sie zu spät. Sie zeigt jedoch sehr deutlich, dass die Geschehnisse des Frühjahrs 1525 seitens der traditionellen Obrigkeiten – unabhängig von ihrer Position hinsichtlich der *causa Lutheri* – und seitens der Wittenberger Reformtheologen als ein polarisierender Einschnitt erfahren wurden. Sowohl für Gegner wie für Anhänger der Reform von Kirche und Glauben erhöhten sich Klärungs- und Handlungsdruck im gleichermaßen religiösen wie politischen Normenkonflikt.

2.2 Der Reformationskonflikt auf Reichsebene

1525 holen die Obrigkeiten im Reich zum Schlag gegen diejenigen aus, die das Evangelium zur Grundlage eines Politik- und Gesellschaftsverständnisses gemacht hatten, welches nach deren Selbstverständnis – von Ausnahmen wie Müntzer abgesehen – zwar nicht zwingend gegen die bestehende Herrschaftsordnung gerichtet gewesen war, aber allein durch das Begehren, dem gemeinen Mann eine mitgestaltende Stimme zu verschaffen, den Eindruck erweckte, jene Ordnung in Frage zu stellen. Auch die Marginalisierung und Kriminalisierung der Täufer in Zwinglis Zürich zeugt von der gleichen Tendenz. Die von Beginn an zu beobachtende Entwicklung von zwei bezüglich der Stellung zu den vorgefundenen politisch-sozialen Strukturen differenten Strömungen der Reformation, einer grundsätzlich integrationsfähigen und -bereiten und einer sich wenn nicht gegen, so doch außerhalb dieser Strukturen stellenden, drang durch die Ereignisse von 1525 stärker in das Bewusstsein der Handelnden.

B. Der Ereigniskomplex Reformation

Am Verhalten gegenüber den Täufern wird dies exemplarisch deutlich. Reich, Territorien und Städte zeigten sich über die Grenzen zwischen Altgläubigen und lutherisch wie zwinglisch geprägten Anhängern der Erneuerung hinweg einig in der Absicht, gegen sie vorzugehen. Die erste Verurteilung und Hinrichtung eines Täufers wegen Aufruhrs gegen die Obrigkeit in Zürich im Januar 1527 verhinderte nicht die weitere Ausbreitung der Bewegung vor allem in den ländlichen Gebieten der Schweiz und in Südwestdeutschland, aber auch in Tirol, Hessen und Thüringen. Die Täufersynode im nahe Schaffhausen gelegenen Schleitheim formulierte im Februar 1527 Grundsätze einer Gemeinschaft, die sich bewusst absonderte und durch die Ablehnung der Übernahme öffentlicher Ämter und des Eides ihre prinzipielle Distanz zur weltlichen Ordnung unter Beweis stellte. Im August 1527 erließen mehrere reformierte eidgenössische Orte ein gemeinsames Täufermandat mit der Androhung der Todesstrafe. Der 1526 nach Böhmen ausgewichene Balthasar Hubmaier wurde 1528 in Wien als Aufrührer und Ketzer verbrannt. In Augsburg gründete der wandernde Buchhändler Hans Hut, dessen Wirken auch vor allem in Nieder- und Oberösterreich zur Gründung zahlreicher, freilich kurzlebiger Täufergruppen führte, im Frühjahr 1527 eine Gemeinde. Hut folgte anderen Grundsätzen als die friedlich-isolationistischen Schleitheimer oder Hubmaier im böhmischen Nikolsburg, der diesen isolationistischen Kurs verwarf und das Arrangement mit der weltlichen Obrigkeit suchte. Hut propagierte, darin Müntzer folgend, das nahe endzeitliche Gericht, in dem das Schwert zu ergreifen sei. Noch 1527 wurde die Augsburger Täufergruppe zerschlagen.

Trotz der ausgeprägten Pluriformität der Täuferbewegung und deren, mit Ausnahme der Hutschen Täufer, ausgesprochen friedlicher Gesinnung traf sie die vereinte Ablehnung der Reichsstände. Sie gründete auch in der nach dem Bauernkrieg besonders ausgeprägten Sensibilität gegenüber jeglicher sich der obrigkeitlichen Kontrolle entziehenden Abweichung. Die Distanz der Täufer zur weltlichen Obrigkeit, wie sie sich in der Verweigerung des Untertaneneides manifestierte, setzte sie dem Aufruhrverdacht aus. Im Januar 1528 erging ein Mandat des Reichsregiments, welches die Täufer unter Ketzerrecht stellte. Auf dem Speyrer Reichstag von 1529 forderten die Stände ein Mandat gegen die Täufer, das die Todesstrafe vorsah. Es wurde widerspruchslos beschlossen. Trotz anfänglicher Bedenken gegen die Androhung der Todesstrafe rang sich auch Luther zu der Möglichkeit ihrer Verhängung durch. An der grundsätzlichen Betonung der Illegalität der Täufer ließ er keinen Zweifel. Das „geduldete Nebeneinander mehrerer Glaubens-

Reaktionen gegen Täufer

Pluriformität der Täufer

gemeinschaften in einem Gemeinwesen" erwies sich für ihn als undenkbar; ein deutliches Indiz dafür, dass „die Verbindung der Reformationskirche mit der Obrigkeit enger geworden" war (M. Brecht). Diese Sicht Luthers reflektierte auch die Entwicklung des Reformationskonflikts auf Reichsebene seit 1525. Das Nebeneinander von Altgläubigen und verschiedenen reformatorischen Ansätzen wurde noch von keinem der reichspolitischen Akteure als akzeptable Möglichkeit in Betracht gezogen. Den universalen Wahrheits- und Geltungsanspruch des christlichen Glaubens sahen alle nur dann gewahrt, wenn sich in der Einheit der Kirche auch die Einheit der politisch-sozialen Ordnung wiederfand. Es ging um das Wertefundament des Reiches. Freilich hingen die Entscheidungsmöglichkeiten von den situationsbedingten Kräfteverhältnissen ab. Der Speyrer Reichstag von 1526, der erste nach dem Bauernkrieg, legt davon Zeugnis ab.

In der Auseinandersetzung um Italien hatte Karl V. einen Sieg über Franz I. von Frankreich davongetragen. Im Januar 1526 wurde der Frieden von Madrid geschlossen, in dem Franz sich zur Unterstützung des Kaisers gegen Türken und Ketzer verpflichtete. Die innenpolitischen Spielräume des Habsburgers erweiterten sich für kurze Zeit. Im März 1526 forderte Karl die altgläubigen Reichsfürsten des 1525 gegründeten Dessauer Bundes, Herzog Georg von Sachsen, zwei der Braunschweigischen Herzöge und die Kurfürsten von Mainz und Brandenburg, zum Vorgehen gegen die reformatorischen Kräfte auf. Doch schon im Mai 1526 erklärte Franz I. den Frieden für nichtig und bildete mit Venedig, Mailand und Papst Clemens VII. mit der Heiligen Liga von Cognac ein gegen die habsburgische Vormacht in Italien gerichtetes Bündnis. Im Juni 1526 trat in Speyer der Reichstag zusammen. Angesichts der für den Kaiser zu seinen Ungunsten gewandelten Situation traten die evangelischen Reichsfürsten, die sich im Gegenzug zum Dessauer im Torgauer Bund um Kurfürst Johann von Sachsen (1525–1532) und Landgraf Philipp von Hessen (1518–1567) formiert hatten, selbstbewusst kämpferisch auf.

Kritik an kirchlichen Missständen und Reformforderungen wurden in bislang nicht gekannter Deutlichkeit formuliert. Im August 1526 einigte man sich in Religionssachen auf einen Kompromiss. Bis zu einem baldigen Nationalkonzil solle die Entscheidung darüber bei den Reichsständen liegen. Den reichsfürstlichen bzw. reichsstädtischen Obrigkeiten wuchs damit faktisch das *ius reformandi* zu. Die in etlichen Reichsstädten und Territorien bereits vorgenommenen Veränderungen wurden damit sanktioniert. Vor allem in den Territorien waren Neuerungen bislang freilich nicht auf Initiative, sondern lediglich mit Duldung der Landesherrn auf lokaler Ebene eingeführt worden. Jetzt bestand die reichsrechtliche Voraussetzung für einen systematischen und flächendeckenden Ausbau landesherrlicher Kirchenregimenter.

Vor allem Kursachsen und die Landgrafschaft Hessen erwiesen sich als Vorreiter auf diesem Weg. Bis zum Ende der zwanziger Jahre zählten auch Ansbach-Bayreuth, Braunschweig-Lüneburg, Mansfeld und Ostfriesland als evangelische Territorien. Auch in den Städten drang die kirchliche Erneuerung weiter durch. Das galt gleichermaßen für die meisten Reichsstädte wie für die ersten der vor allem im Norden gelegenen autonomen Landstädte, wie z. B. Braunschweig. Nachdem die Initiative in der Regel zunächst von Theologen und Gruppen des Stadtbürgertums ausgegangen war, lenkten die Räte auch hier den Wandel in obrigkeitlich kontrollierte Bahnen. Als resistent erwiesen sich zunächst die geistlichen Territorien. Das Beispiel des außerhalb der Reichsgrenzen liegenden Deutschordensstaates Preußen, der 1525 vom Hochmeister Albrecht von Hohenzollern in ein weltliches Herzogtum umgewandelt worden war, machte keine Schule. Erst nach 1555 sollte sich in den Bistümern des Nordens „die soziale Penetration der Kapitel und die Besetzung der Bischofsstühle durch die Dynastien einer evangelischen Nachbarschaft als unwiderstehlich erweisen" (W. Reinhard) und zu die Reichspolitik langfristig belastenden Säkularisationen führen.

Fortschreiten territorialer und städtischer Reformationen

Der Beschluss des Speyrer Reichstages hatte eine Eigendynamik entwickelt, die auch durch gegenläufige politische Tendenzen im Reich nicht mehr grundsätzlich revidiert werden konnte. Die faktische Legitimation des reichsständischen Reformationsrechts und die Herausbildung eines territorial wie auch organisatorisch und geistig gefestigten Kerns der kirchlichen Neuordnung in Kursachsen und Hessen, von dem Zufriedenheit mit dem Erreichten nicht zu erwarten war, wirkten ebenso destabilisierend wie die wachsende Bedrohung Österreichs durch die Osmanen und das andauernde politisch-militärische Engagement des Kaisers in Italien.

Destabilisierende Eigendynamik

Im Verhalten des hessischen Landgrafen Philipp zeigte sich die explosive Mischung von evangelischer und antihabsburgischer Politik. Das Gerücht eines angeblichen Komplotts zwischen Habsburg und etlichen altgläubigen Reichsfürsten zur Ausrottung der ‚Ketzerei' veranlasste 1528 Philipp von Hessen mit Kurfürst Johann von Sachsen nun seinerseits Pläne für einen Präventivkrieg zu schmieden. Ein neun Jahre zurückliegendes Ereignis spielte hier mit hinein. 1519 hatte der Schwäbische Bund Herzog Ulrich von Württemberg wegen Landfriedensbruchs aus seinem Land vertrieben. Seitdem befand sich das Her-

Verschärfung reichspolitischer Gegensätze

zogtum in habsburgischer Hand. Philipp hatte Ulrich, der sich seit 1523 zur Reformation bekannte, in Hessen Unterschlupf gewährt und betrieb seine Wiedereinsetzung, die 1534 in der Tat gelingen sollte. Beim Erfolg eines solchen Krieges wäre der Einfluss Habsburgs im Südwesten geschwächt und gleichzeitig den reformatorischen Kräften ein bedeutender politischer Gewinn zugefallen. Trotz erster militärischer Aktionen Philipps gegen Mainz und Würzburg fand der große Krieg nicht statt, weil die Dokumente, welche das antireformatorische Bündnis belegen sollten, sich als Fälschung erwiesen. Gleichwohl war offensichtlich geworden, wie sich die reichspolitischen Gegensätze entlang der religiösen Trennlinie verschärft hatten.

Speyrer Reichstag 1529

In diesem Klima trat im März 1529 der zweite Speyrer Reichstag zusammen. Den in Italien gegen Frankreich und den Papst stehenden Kaiser vertrat als Statthalter sein Bruder Erzherzog Ferdinand, ab 1531 gewählter römisch-deutscher König. Das aggressive Vorgehen Philipps von Hessen gegen Mainz und Würzburg einte die altgläubige Mehrheit der Reichsstände und ermöglichte Ferdinand ein offensives Vorgehen in Religionssachen. Jene Mehrheit hob den Speyrer Kompromiss von 1526 auf. Die bisherigen Neuerungen sollten zwar weiter geduldet, weitere jedoch nicht zulässig sein. Überall sei die Messe zuzulassen. Vor allem gegen die Zwinglianer richtete sich das Verbot derjenigen Gruppen, deren Abendmahlsverständnis dem Sakrament des Leibes und Blutes Christi widersprach. Zuwiderhandlungen seien mit der Verhängung der Reichsacht zu ahnden.

Protestation von 1529

Der Widerstand der evangelischen Reichsstände kulminierte am 19. April in einer ‚Protestation', einem auf den Reichstagen durchaus üblichen Verfahren zur Darlegung des eigenen Rechtsstandpunktes. Nach ihrer Ablehnung wurde sie am 25. April in erweiterter Fassung als feierliche Appellation an den Kaiser und ein künftiges Konzil gerichtet, unterzeichnet von Kurfürst Johann von Sachsen, Landgraf Philipp von Hessen, dem Markgrafen Georg von Brandenburg-Ansbach, Herzog Ernst von Braunschweig-Lüneburg, Fürst Wolfgang von Anhalt sowie den Gesandten von 14 oberdeutschen Reichsstädten, darunter Nürnberg, Straßburg und Ulm. Die Protestierenden stellten fest, dass in Sachen des Seelenheils und des Gewissens jeder Reichsstand für sich zu entscheiden habe und Mehrheitsbeschlüsse des Reichstages anstelle eines einstimmigen Votums in Religionsfragen nichtig seien. Es war ein erster Schritt auf dem langen Weg zur Säkularisierung des Reiches, dass „die Protestation von 1529" dessen Kompetenz „zur Entscheidung strittiger Fragen des Glaubens gegen den Willen auch nur eines einzigen Reichsstands grundsätzlich bestritt" (H. Rabe).

B. Der Ereigniskomplex Reformation

Die Niederlage der evangelischen Reichsstände in Speyer verstärkte indes weiter die Politisierung der Reformation. Die vor allem von Philipp von Hessen ausgehenden Versuche, ein umfassendes Bündnis aller reformatorischen Stände im Reich unter Einbeziehung der reformierten Orte der Schweiz und der antihabsburgischen Hauptmacht Frankreich zu schmieden, scheiterten nicht zuletzt an den seit 1524 immer deutlicher werdenden theologischen Differenzen zwischen Zwinglianern und Lutheranern. Sie konnten auch in dem von Philipp initiierten Marburger Religionsgespräch vom Oktober 1529 nicht überbrückt werden. *Uneinigkeit des reformatorischen Lagers*

Die Uneinigkeit des reformatorischen Lagers und die sich für den Kaiser positiv entwickelnde Lage in Italien eröffneten neue Perspektiven. Frankreich musste im Frieden von Cambrai auf seine Ansprüche in Oberitalien zugunsten Habsburgs verzichten. Im Februar 1530 wurde Karl V. in Bologna durch Papst Clemens VII. zum Kaiser gekrönt. Die angesichts der Bedrohung durch die Osmanen dringliche Wiederherstellung einvernehmlicher Kircheneinheit als Vorbedingung der Reichseinheit konnte in Angriff genommen werden. Im Januar 1530 stellte das kaiserliche Ausschreiben für den Augsburger Reichstag in Aussicht, jeden um der Beilegung des Glaubenskonflikts willen zu hören. Unterschiedlich gestalteten sich wiederum die Reaktionen der Evangelischen. Kursachsen setzte auf die gütliche Einigung. Hessen erwog weiter den Plan eines antihabsburgischen Bündnisses unter Einbeziehung der Zwinglianer. *Augsburger Reichstag 1530*

Schon nach dem Eintreffen Karls in Augsburg am 15. Juni zeigten sich die Grenzen der Verständigungsbereitschaft. Karl beharrte auf dem Verbot der evangelischen Predigt in der Stadt. Philipp von Hessen und Markgraf Georg von Ansbach wiesen dies vehement zurück. Gleichwohl blieb die grundsätzliche Verhandlungsbereitschaft aller Seiten im Raum. Die Basis der Verhandlungen bildeten die von den jeweiligen Parteiungen formulierten Bekenntnisschriften.

Die Mehrheit der Evangelischen, darunter auch Hessen, unterzeichnete die im Vorfeld des Reichstages maßgeblich von Philipp Melanchthon erarbeitete *Confessio Augustana*. Sie nahm das Verständigungsangebot des kaiserlichen Ausschreibens ernst, indem sie bewusst die Übereinstimmungen mit der kirchlichen Tradition herausstrich und Täufertum wie jegliche Spielart des reformatorischen Radikalismus verwarf. Gleichwohl beharrte sie auf den Grundprinzipien der *sola*-Theologie Luthers. Am 25. Juni wurde sie auf dem Reichstag verlesen und dem Kaiser übergeben. Vier oberdeutsche Reichsstädte (Lindau, Konstanz, Memmingen und Straßburg) überreichten mit der *Confessio Tetrapolitana* eine eigene Bekenntnisschrift, da sie einzig dem Abend- *Confessio Augustana* mahlsartikel der *Augustana* nicht zustimmen konnten. Zwingli legte mit seiner *Fidei ratio* eine an den Kaiser gerichtete Denkschrift vor, die freilich ebenso wenig wie die *Tetrapolitana* in den Reichstagsverhandlungen berücksichtigt wurde. In ihr positionierte er sich „entschieden und kraftvoll in deutlicher Abgrenzung gegen den Katholizismus und das Luthertum" (U. Gäbler).

Einflussgewinn der Lutheraner

Die Kräfteverhältnisse innerhalb des evangelischen Lagers hatten deutliches Profil gewonnen. Die übergroße Mehrheit befand sich im Sog des Wittenberger Zentrums. Zwinglis Einfluss wurde auf die Eidgenossenschaft eingegrenzt. Selbst die zwischen Zürich und Wittenberg vermittelnde Position der Autoren der *Tetrapolitana*, der Straßburger Reformatoren Wolfgang Capito und Martin Bucer, wies längerfristig den Weg zur Verschmelzung mit den Lutheranern.

Als Verständigungsversuch scheiterte die *Confessio Augustana*. Die Reaktion der Altgläubigen fiel grundsätzlich ablehnend aus. Um so stärkere Wirkung konnte sie als theologischer Kristallisationskern für die Selbstorganisation der Evangelischen entfalten. Die im Auftrag der altgläubigen Stände und des Kaisers arbeitende Theologenkommission verwarf die *Confessio* in schroffen Worten. Die im Ton moderatere, die Einigungsabsicht betonende, gleichwohl in den für die Evangelischen essenziellen Fragen der kirchlichen Ordnung nicht weniger ablehnende *Confutatio* (Widerlegung) wurde im Namen des Kaisers am 3. August vor den Reichsständen verlesen, jedoch ihrerseits von den Evangelischen verworfen. Angesichts der akuten Bedrohung durch die Osmanen wurden Vergleichsverhandlungen mit dem Ziel theologischer und kirchenpolitischer Kompromisse geführt. Auch sie scheiterten in den grundlegenden Fragen. Am 22. September verweigerte der Kaiser die Annahme der als Antwort auf die *Confutatio* von Melanchthon verfassten Apologie des Augsburger Bekenntnisses. Im November 1530 wurden die Religionsverhandlungen abgebrochen. Die meisten evangelischen Reichsstände hatten den Reichstag inzwischen verlassen. Der Reichsabschied setzte das Wormser Edikt mit allen Konsequenzen wieder in Kraft. Jegliche reformatorische Veränderung sollte als Landfriedensbruch geahndet werden. Als möglicher Silberstreif am Horizont konnte allenfalls die päpstliche Konzilszusage gelten, die aber auch nicht eingelöst wurde.

Abbruch der Religionsverhandlungen

Die Drohung, die evangelischen Reichsstände als Landfriedensbrecher zu verfolgen, beantworteten etliche von diesen im Februar 1531 mit der Gründung des Schmalkaldischen Bundes. Unter der Führung von Hessen und Kursachsen sowie mit Beteiligung etlicher Reichsstädte, darunter auch die der *Confessio Tetrapolitana*, wurden in

Schmalkaldischer Bund

der Folgezeit neben den politischen effektive militärische Strukturen aufgebaut. Die Gründungsphase des Bundes war von der von Karl V. zur Sicherung der habsburgischen Dominanz im Reich betriebenen Wahl seines Bruders Ferdinand zum Römischen König begleitet worden, dessen konsequente Reformationsgegnerschaft keinesfalls konfliktdämpfend wirkte.

Seit dem Frühjahr 1531 standen sich in Deutschland zwei Religionsparteien gegenüber. Mit der *Confessio Augustana* hatten sich die Evangelischen ideologisch formiert. Die Bekenntnisse und Denkschriften des Reichstages von 1530 hatten die theologischen und kirchenpolitischen Ab- und Ausgrenzungslinien zwischen Altgläubigen und Reformationsanhängern einerseits, aber auch zwischen den evangelischen Gruppierungen andererseits markant gezogen. Mit der Gründung des Schmalkaldischen Bundes wurde auch ein aktuell und vor allem zukünftig höchst brisantes rechtliches und politiktheoretisches Problem berührt, das des reichsständischen Rechtes auf Widerstand gegen den Kaiser, wo dieser durch Gewaltanwendung gegen Reichsstände die wechselseitige Verpflichtung zwischen ihm und jenen verletze. Da die Reichsstände zwar einerseits der kaiserlichen Obrigkeit Gehorsam schuldende Untertanen, andererseits aber selbst wiederum Obrigkeiten seien, „die der rechten christlichen Wahrheit nachleben müssen, haben sie in Gewissensbedrängnis das Recht, zum Schwert zu greifen" (W. Becker). Neben der Politisierung des Reformationskonfliktes stand nunmehr auch dessen Militarisierung zumindest im Raum.

Zwei Religionsparteien

Widerstandsrecht

2.3 Formierung und Institutionalisierung des neuen Glaubens

Die *Confessio Augustana* und die anderen Bekenntnisschriften von 1530 sind nicht nur als Resultat kurzfristiger reichspolitischer Sachzwänge im unmittelbaren Vorfeld des Augsburger Reichstages zu sehen. Sie waren auch die Konsequenz eines Formierungs- und Institutionalisierungsprozesses, der sich aus der Logik der theologischen Debatten ergab. Bauernkrieg und Täuferbewegung verstärkten die Notwendigkeit zur Selbstvergewisserung über die theologischen Grundlagen der lutherischen wie der zwinglisch-oberdeutschen Erneuerung und zu deren organisatorischer Integration in den politisch-gesellschaftlichen Rahmen. Jener strukturelle Zwang zur Selbstvergewisserung förderte nicht nur die Abgrenzung gegenüber den Altgläubigen und denjenigen reformatorischen Varianten, welche mit der bestehenden politisch-gesellschaftlichen Ordnung inkompatibel waren, sondern auch die der an diese Ordnung reformerisch anknüpfenden Modelle lutherischer und zwinglischer Prägung untereinander.

Landesherrliches Kirchenregiment

Die zunächst lokal orientierten kirchenorganisatorischen Ordnungen wie die von Wittenberg oder Leisnig wurden nach 1525 zuerst in Kursachsen und Hessen in eine flächendeckende territoriale Ordnung überführt. Als Beginn der Entwicklung zum landesherrlichen Kirchenregiment gilt die landesweite kursächsische Visitation von 1527, mit der der Kurfürst seine Zuständigkeit für die Pfarreien und Schulen unterstrich. Die Visitatoren, eine Kommission aus Geistlichen und landesherrlichen Amtsträgern, wurden auf Gott und die Obrigkeit verpflichtet. Sie hatten auf die rechte Verkündigung des Evangeliums und die Einführung der neuen Gottesdienstordnung zu achten. Irrlehrer seien des Landes zu verweisen. Auch unter den Laien seien Sektierer nicht zu dulden, um der Gefahr des Aufruhrs entgegenzusteuern. Mit den Superintendenten wurde ein Amt geschaffen, das erste Formen einer landeskirchlichen Hierarchie etablierte, welche letztlich im Landesfürsten gipfeln sollte. Auch in Hessen bediente sich Landgraf Philipp des Instruments der Visitation, um noch konsequenter als in Kursachsen an die Durchsetzung eines landesherrlich kontrollierten Kirchenwesens zu gehen. 1527 wurde in Marburg die erste Universität im Geiste der Reformation gegründet. Mehr noch als in Kursachsen ergriff in Hessen eindeutig der Landesherr die Initiative für die Umgestaltung des Kirchenwesens. In Hessen und Kursachsen wurden um 1527 die rechtlichen und organisatorischen Grundlagen für die Entstehung des für die protestantischen Territorien typischen landesherrlichen Kirchenregiments geschaffen.

Vorreiterrolle Hessens und Kursachsens

Die Begründung für die Führungsrolle des Landesherrn lieferte Luther. Angesichts der Erfahrung des Bauernkrieges hatte er „die Überzeugung gewonnen, dass die Predigt des Evangeliums durch eine feste kirchliche Ordnung gesichert werden müsse" (B. Moeller). Angesichts des Versagens der altkirchlichen Instanzen billigte er dem Landesherrn die Rolle des Notbischofs zu, dem die Pflicht zum ordnenden Eingriff zukomme. Die Praxis führte freilich zu einer Verstetigung jener zunächst notrechtlichen Konstruktion, welche dem hierarchischen Modell der obrigkeitlich-fürstlichen Landeskirche gegenüber dem ursprünglich gemeindlich basierten Ansatz des Kirchenaufbaus Vorrang verschaffte.

Landesherr als Notbischof

Festigung lutherischer Glaubenslehre

Mit der organisatorischen Konsolidierung ging die Festigung der Glaubenslehre einher. 1529 veröffentlichte Luther den Großen und den Kleinen Katechismus. Diente ersterer vor allem dazu, die Geistlichen in dem zu unterweisen, was sie den Gläubigen zu vermitteln hatten, so bot der Kleine Katechismus den Lernstoff für die Laien. Seine knappe Form machte ihn außerdem für den direkten Hausgebrauch geeignet.

B. Der Ereigniskomplex Reformation

Das Auswendiglernen dessen, was recht und unrecht war, sollte vor allem der Jugend den Kanon des Glaubens nicht zuletzt mit der Absicht der Regulierung des Alltagsverhaltens einpflanzen.

Die Fixierung von lutherischer Glaubenslehre und landeskirchlichem Organisationsmodell wurde von dem Versuch begleitet, das theologische Auseinanderdriften der Zürcher und Wittenberger Reformation zu verhindern. Dieses manifestierte sich seit 1524 in der Kontroverse um die von Luther betonte und von Zwingli verworfene Realpräsenz des Leibes Christi im Abendmahl. An der publizistischen Auseinandersetzung um diese Frage beteiligten sich neben Luther und Zwingli der Straßburger Martin Bucer und Johannes Oecolampadius aus Basel sowie weitere Theologen aus dem oberdeutschen Raum, in dem sich lutherische und zwinglische Einflüsse besonders intensiv berührten. Den theologischen Ausgleich suchten vor allem die Straßburger Reformatoren Bucer und Capito.

Abendmahlsstreit

Angesichts der politischen Lage im Jahre 1528 war besonders Philipp von Hessen an einem Zusammenschluss der antipäpstlichen Kräfte gelegen. Er lud zu einem Theologengespräch ein, das Anfang Oktober 1529 im landgräflichen Schloss zu Marburg unter Beteiligung Bucers, Luthers, Melanchthons, Oecolampads und Zwinglis sowie eines Großteils der reformatorischen Theologenprominenz vornehmlich Oberdeutschlands stattfinden sollte. In vierzehn von fünfzehn ursprünglichen Streitpunkten wurde Übereinkunft erzielt. Einzig in der Abendmahlsfrage war der Dissens nicht zu überbrücken. Die lutherische Seite widersetzte sich bis zuletzt dem dringlichen Einigkeitsappell Landgraf Philipps. Ganz entgegen dessen Intention „verfestigte das Marburger Religionsgespräch den theologischen Gegensatz zwischen Luther und Zwingli und schloss damit bis auf weiteres auch ein politisches Zusammengehen der deutschen und schweizerischen Reformation aus" (H. Rabe). Auch etliche der oberdeutschen Reichsstädte, vornehmlich Straßburg und Ulm, spielten weiter eine Sonderrolle, die 1530 in die *Confessio Tetrapolitana* einmünden sollte.

Verfestigung des Gegensatzes zwischen Luther und Zwingli

Im Vorfeld des Augsburger Reichstages von 1530 war damit eine Lage entstanden, welche angesichts der Uneinigkeit der Evangelischen günstige Vorbedingungen für eine Regelung der Kirchenfrage im Sinn des Kaisers zu schaffen schien. Die Bewertung der innerevangelischen theologischen Debatte verschließt sich jedoch einer eindeutigen Interpretation. Zwar war die Einheit der kirchlichen Erneuerung in unerreichbare Ferne gerückt. Die theoretische Selbstvergewisserung der Lutheraner, die schließlich in der *Confessio Augustana* gipfelte, und der Beginn der organisatorischen Konsolidierung in Richtung auf das

Landeskirchenwesen untermauerten aber die machtpolitisch immer bedeutsamer werdende fundamentale Abgrenzung gegenüber der alten Kirche und ihren politischen Unterstützern im Reich. Dass sich letztlich auch die oberdeutschen Reichsstädte nicht der politischen Sogwirkung der lutherischen Territorien entziehen konnten, zeigt deren Integration in den Schmalkaldischen Bund. Die Schwächung des ins Reich wirkenden politischen Potenzials der Zürcher nach deren militärischer Niederlage gegen die katholischen Orte der Eidgenossenschaft und dem Schlachtentod Zwinglis im Oktober 1531 unterstrich die Fokussierung des Reformationskonflikts auf die altgläubigen und lutherischen Hauptprotagonisten im Reich, die sich nach dem Reichstag von 1530 deutlich abzeichnete.

Konfliktfokussierung

3. 1531–1548

Am Anfang dieser Periode stand mit der Gründung des Schmalkaldischen Bundes der Versuch evangelischer Reichsstände, sich eine Infrastruktur für gemeinsames politisches Handeln zu geben. Das theologische und kirchenorganisatorische System des neuen Glaubens hatte sich, abgesehen von späteren Modifikationen in der Feinstruktur, etabliert. Die Religionsfrage wurde zur gleichermaßen bestimmenden wie abhängigen Variablen der Reichspolitik. Die faktische Existenz von politisch organisierten Konfessionsblöcken kollidierte indes mit dem religiösen Einheitsgebot, das aus der Logik sowohl des umfassenden Wahrheits- und Seinserklärungsanspruches des Glaubens als auch der heilsgeschichtlich fundamentierten Reichsidee erwuchs. 1547/48, nach dem für die Evangelischen desaströsen Schmalkaldischen Krieg, schien sich noch einmal die Chance zur Einheit zu bieten. Ihr Scheitern leitete in die Phase über, die 1555 mit der aus der Not geborenen reichsrechtlichen Anerkennung der Koexistenz konkurrierender Letztwahrheitsansprüche endete.

Konfessionsblöcke

3.1 Die Formierung politisch-konfessioneller Blöcke und das Reich (1531–1539)

Den Schmalkaldischen Bund kennzeichnete die Verquickung von Politik und Religion ebenso wie die strukturelle Möglichkeit, beide Bereiche zu trennen. Damit spiegelte sich in der Politik des Bundes ein fortan andauerndes Charakteristikum des Konfessionskonflikts wider. Jener Doppelcharakter steigerte die Komplexität der Handlungsoptionen. Damit erhöhte sich kurzfristig die Destabilisierungsgefahr im Reich. Langfristig eröffneten sich freilich durch die Möglichkeit der

Doppelcharakter des Konfessionskonflikts

Trennung von Glaubensfrage und praktisch-politischem Handeln Wege zur Lösung des Religionskonflikts, in dem er in die kalkulierbare Bahn säkularer rechtlicher Regelungen und politischer Verfahren gelenkt wurde, wie ansatzweise, noch mit zahlreichen Fallstricken versehen, im Augsburger Religionsfrieden von 1555 und schließlich konsequent im Westfälischen Frieden von 1648 geschehen.

Die Königswahl Ferdinands steigerte auch bei altgläubigen Reichsständen die Furcht vor einem habsburgischen Übergewicht im Reich. So schlossen die Schmalkaldener im Oktober 1531 in Saalfelden ein Bündnis mit dem katholischen Bayern. Die antihabsburgische Haltung Frankreichs ermöglichte im Mai 1532 den Abschluss eines zeitweiligen Allianzvertrages zwischen Kursachsen, Hessen, Bayern und jener altgläubigen Großmacht. Diese politische Stärkung der Protestanten sowie die akute Bedrohung Wiens durch die Osmanen führte im Juli 1532 zum Nürnberger Anstand. In ihm setzte der Kaiser die Drohung des Augsburger Reichsabschieds von 1530 außer Kraft, Reformationsversuche als Landfriedensbuch zu verfolgen. Im Gegenzug erhielt er die Zusage der Evangelischen zur Türkenhilfe.

Königswahl Ferdinands

Nürnberger Anstand

Weitere Territorien und Städte entschlossen sich zur Reformation, darunter Pommern, Anhalt-Dessau, die schlesischen Fürstentümer Liegnitz und Brieg sowie die einflussreiche Reichsstadt Augsburg. Die wichtigste Verschiebung des Kräfteverhältnisses zugunsten der Protestanten fand im Süden des Reiches statt. Mit französischer Hilfe eroberte Philipp von Hessen 1534 das unter habsburgischer Verwaltung stehende Württemberg. Im von Kursachsen vermittelten Kompromissfrieden von Kaaden erhielt der zur Reformation übergegangene Herzog Ulrich sein Land zurück, allerdings nur als habsburgisches Afterlehen. Gleichzeitig erkannten Hessen und Kursachsen das Königtum Ferdinands an. Diese Anerkennung sowie das Vordringen des Protestantismus in seiner Nachbarschaft veranlasste nun allerdings Bayern zu einem Ausgleich mit den Habsburgern und zu einem einstweiligen Verzicht auf eine Fortsetzung der Bündnispolitik mit den Schmalkaldenern und Frankreich.

Restitution Ulrichs von Württemberg

Philipp von Hessen förderte mit dem württembergischen Coup zwar die Verbreitung des Protestantismus in Südwestdeutschland. Er verfehlte aber das eigentliche Ziel seiner Politik, „eine große protestantische Offensive zum Sturz der habsburgischen Macht im Reich" (H. Lutz). Mehr noch, im Landfriedensbund von Donauwörth, der an die Stelle des wegen konfessioneller und politischer Gegensätze 1534 aufgelösten Schwäbischen Bundes trat, fanden Bayern und Habsburg bereits 1535 wieder zusammen. Zudem offenbarten sich deutliche Differenzen zwischen den beiden Schmalkaldener Führungsmächten, dem offensiv antihabsburgischen Hessen und dem Kurfürsten von Sachsen, der eine defensive, rein notwehrrechtliche Politik der Protestanten gegenüber dem Kaiser vertrat.

Tragweite für die theologische und die politische Entwicklung des Protestantismus besaß die im Mai 1536 auf einer Theologenkonferenz abgeschlossene Wittenberger Konkordie. Die Stärkung der Reformation im Südwesten legte den Versuch einer theologischen Einigung der sich in diesem Raum berührenden lutherischen und zwinglisch-oberdeutschen Einflüsse nahe, sollte das politische Ziel einer Bündelung der reformatorischen Kräfte in unmittelbarer Nachbarschaft Habsburgs, wie es Landgraf Philipp verfolgte, gewahrt werden. Vor allem Martin Bucer verdankt sich die Vereinbarung in der bislang trennenden Abendmahlsfrage, der auch Luther zustimmte. Die oberdeutschen Städte wuchsen fortan in das lutherisch dominierte Reformationsgeflecht des Reiches hinein. Auch wenn die Schweizer sich der Konkordienformel nicht anschlossen, beförderte die Wittenberger Konkordie maßgeblich die Homogenisierung des Protestantismus und damit auch die Konzentration der politisch-konfessionellen Blockbildung auf zwei Pole.

Ein Indiz für diese Blockbildung findet sich auch in der Entwicklung der Konzilsfrage. Bis in die frühen 1530er Jahre richtete sich die Hoffnung des Kaisers und etlicher evangelischer Reichsstände und Theologen auf das eine Einigung in Religionssachen ermöglichende Konzil. Auch der 1534 Papst Clemens VII. folgende Paul III. vertrat dieses Konzept und kündigte die Einberufung eines Konzils in das auf Reichsgebiet, wie es die Deutschen seit langem gefordert hatten, gelegene Mantua an. Als Vorbedingung jedoch verlangte er die Unterwerfung der Protestanten unter seine Autorität, die darauf nach langen Debatten schließlich nicht eingingen. Im Gegenzug stellten die Schmalkaldener 1537 die Forderung nach einem vom Kaiser einzuberufenden Nationalkonzil ohne den Papst. Auch sei der Nürnberger Anstand auf die nach 1532 neu hinzugekommenen evangelischen Reichsstände auszudehnen. Erneut war damit der Konzilsplan obsolet geworden.

Nachdem seine Bemühungen, die Schmalkaldener zur Teilnahme an einem Konzil zu bewegen, gescheitert waren, versuchte der Reichsvizekanzler Matthias Held eine politische Gegenmacht der Altgläubigen aufzubauen. Ergebnis seiner Bemühungen war die Gründung der ‚Christlichen Einung' des Nürnberger Bundes im Juni 1538. Ihm gehörten der Kaiser selbst, Bayern, die Herzöge Georg von Sachsen und Heinrich von Braunschweig-Wolfenbüttel sowie die Erzbischöfe von Mainz – der einzige Kurfürst der Runde – und Salzburg an. Zwar kristallisierte sich damit eine überregionale Allianz altgläubiger Politikträger heraus. Unübersehbar waren aber deren strukturelle Schwächen im Vergleich zu den Schmalkaldenern. Letztere vereinten in sich die beiden Hauptelemente der politischen Auseinandersetzung im Reich. Sie verkörperten sowohl die konfessionelle Opposition gegen die Altgläubigen als auch die reichsständische Opposition gegen die politischen Machtansprüche Habsburgs. Den Nürnberger Bund hingegen einte lediglich die Ablehnung des Protestantismus. An der Kohärenz politischer Positionen mangelte es den katholischen Reichsständen, die sich zu einem Großteil nicht an dem Bund beteiligten. Außerdem zog sich die Trennungslinie zwischen kaiserlicher Politik und habsburgskeptischer, gar -feindlicher Ständeopposition, die in Bayern immer wieder prinzipiellen Rückhalt fand, quer durch den Nürnberger Bund.

Dem Kaiser lag noch immer an dem politischen Ziel der Einheit des Reiches und infolgedessen an der Suche nach einem Ausgleich, der diese Einheit auch in Glaubensfragen wiederherstellte. Dies entsprach seiner Herrschaftsidee ebenso wie den praktisch politischen Erfordernissen, welche sich aus dem Konflikt Habsburgs mit Frankreich, der nach dem erneuten Aufflammen des Krieges 1536 durch einen 1538 geschlossenen Waffenstillstand nur kurzfristig kaschiert werden konnte, und der Türkenbedrohung ergaben. Die weltlichen katholischen Reichsstände, voran Bayern, verfolgten hingegen eine sehr viel rigidere antiprotestantische Politik. Sie vereinten darin ihre Glaubensüberzeugung mit dem Interesse an der Homogenisierung ihrer Landesherrschaft und damit an der Stärke ihrer Position als Reichsstand. Der Nürnberger Bund blieb mithin schwach, wurde aber gleichwohl von den Schmalkaldenern als Bedrohung empfunden.

3.2 Die Münsteraner Täuferherrschaft

Wie ein Keil der Ungleichzeitigkeit ragte in den Prozess der protestantischen Identitätsbildung um das theologisch einigende Band der *Confessio Augustana* und um den politische Kohärenz stiftenden Schmalkaldischen Bund sowie in die vorerst zaghaften Ansätze der Formierung einer altgläubigen Gegenmacht die Entwicklung der Täuferbewegung hinein. Die einhellige Ablehnung und Verfolgung durch Katholiken wie durch Protestanten hatte die sich dem politischen System des Reiches entziehenden religiösen Gruppierungen des Täufertums nach 1530 nicht aufzulösen vermocht. Im Gegenteil! Die Erfahrung von Verfolgung und Isolation führte zu einer verstärkten Endzeithoffnung, die bei einem Teil der Täufer in ein militant apokalyptisches Handlungskonzept mündete.

Täufertum und Apokalypse

Melchior Hoffman   Der schwäbische Kürschner Melchior Hoffman entwickelte während seines unsteten Wanderlebens, das ihn zwischen 1523 und 1533 von Livland über Schweden, große Teile Norddeutschlands, die nördlichen Niederlande schließlich wiederholt in das Täuferzentrum Straßburg führte, seine Vorstellungen vom unmittelbar bevorstehenden Gottesreich. In Straßburg endlich bildeten sich bei ihm jene Elemente militanter Apokalyptik heraus, welche – in freilich pervertierter Form – die geistige Grundlage für die Münsteraner Täuferherrschaft von 1534/35 lieferten.

Die von Hoffman von den reichsstädtischen Obrigkeiten erwartete Ausrottung der Gottlosen bereits vor dem Jüngsten Tag und die Vorbereitung der Wiederkunft Christi durch eine Theokratie, in der „ein neuer Salomon nach dem Ratschlag seines Propheten, eines neuen Jonas, regieren wird" (K. Deppermann), machten sich die Münsteraner Täufer zu eigen. Sie errichteten seit Februar 1534 in der westfälischen **Münster als** Bischofsstadt, ihrem neuen Zion, eine Ordnung, die in ihrer radikalen **neues Zion** Abkehr von den sozialen und politischen Normen, bis hin zu Gütergemeinschaft und Polygamie, eine fundamentale Herausforderung an die geistlichen und weltlichen Autoritäten des Reiches, gleich welchen Bekenntnisses, darstellte.

Vorangegangen war dem in Münster eine durchaus nicht untypische städtische Reformation. Im innerstädtischen Konflikt zwischen dem Bischof, Domkapitel, Rat auf der einen und Teilen der Bürgerschaft wie der Geistlichkeit auf der anderen Seite setzte sich bis zum Frühjahr 1533 die Anerkennung der evangelischen Predigt durch, altgläubige Ratsmitglieder wurden abgelöst. Auch der Bischof erkannte die neuen Verhältnisse vertraglich an.

Gleichwohl blieben die Gegensätze zwischen obrigkeitlich und gemeindlich orientiertem Reformationverständnis in der Stadt bestehen. Der Prädikant Bernhard Rothmann, geistiger Kopf der Reformationsbewegung, kam „ausgehend von seiner spiritualistischen Abendmahlstheologie ... zu einer Kritik an der Praxis der Kindertaufe" (R. Klötzer). Niederländische Anhänger Melchior Hoffmans, denen Münster als die erwählte Stadt galt, von der das Erlösungswerk ausgehen sollte, trugen seit dem Beginn des Jahres 1534 wesentlich zur Neudefinition eines Gemeindeverständnisses bei, das in Gegensatz zu dem des Rates stand. In der Ratswahl vom Februar 1534 siegten die täuferischen Kräfte. Deren Gegner wurden zur Auswanderung genötigt. Zahlreiche täuferisch gesinnte Niederländer strömten in die Stadt. Bischof Franz von Waldeck begann noch im gleichen Monat mit der Belagerung der Stadt, die aber mehreren Sturmversuchen trotzte. Die Abwehr der Angriffe stützte das Bewusstsein der eigenen Auserwähltheit und die Gewissheit des baldigen Sieges über die Gottlosen. Im September 1534 wurde das Königtum des Jan van Leiden errichtet. Es setzte die Gesellschaftsordnung der Endzeit in einem erneuten Radikalisierungsschub um. Mit der Vorbereitung eines Feldzuges suchte man Münster zum aktiven Ausgangspunkt der Welterneuerung werden zu lassen. Unterdessen zog sich der Belagerungsring des Münsteraner Bischofs, der sich inzwischen der militärischen Unterstützung der Nachbarn Köln, Kleve und des protestantischen Hessen versichert hatte, immer enger. Indes, erst im Juni 1535 fiel die Stadt.

Mit der Wendung zum Täufertum, hervorgerufen durch endogene wie exogene Faktoren, trat Münster aus der Masse der städtischen Reformationen hervor und zog die Aufmerksamkeit des Reiches auf die Stadt. Die Vereinigung von altgläubigen wie reformatorischen Obrigkeiten im Kampf gegen den Umsturz der religiösen wie weltlichen Ordnung unterstrich nachhaltig, wie schon zehn Jahre vorher während des Bauernkrieges, die gemeinsame Handlungsfähigkeit der Reichsstände im Fall einer grundsätzlichen Bedrohung der politisch-sozialen Ordnung. Zu den Prinzipien dieser Ordnung gehörte die grundsätzliche Anerkennung des Handlungsprimats der Obrigkeit ebenso wie deren letztendliche Definitionshoheit über den normativen Rahmen jener Ordnung. Jene Prinzipien markierten auch in den 1540er Jahren die Eckpunkte des Konflikts um die Gestalt des Reiches unter den Bedingungen weitgehend formierter Konfessionsgruppen unter den Reichsständen.

<small>Reichsstände gemeinsam handlungsfähig</small>

3.3 Letzte Einigungsversuche und Konfrontationsverschärfung (1540–1548)

Zur normativen Voraussetzung der Religions- und Reichspolitik gehörte für alle Konfliktparteien weiterhin das religiöse Einheitsgebot. Die Koexistenz konkurrierender Letztwahrheitsangebote war noch nicht denkbar. Es boten sich verschiedene Lösungsmöglichkeiten an. Die große Konzilslösung war vorerst gescheitert. Altgläubige wie reformatorische Exklusivitätsabsichten stellten das Gebot des Reichsfriedens fundamental in Frage und waren mit hohen politischen Risiken verbunden. Sie erwiesen sich als hochgradig abhängig von den Konjunkturen der innerreichischen Kräfteverhältnisse und der europäischen Mächtekonflikte im Dreieck Habsburg, Frankreich und Osmanisches Reich. Eine dritte, von einer Mittelgruppe von Reichsständen und Theologen favorisierte Option stand noch immer im Raum: die Lösung der Glaubensfrage durch innerdeutsche Verhandlungen, an deren Ende

<small>Religiöses Einheitsgebot</small>

eine theologische Einigung oder zumindest eine vorläufige notrechtliche Neutralisierung der Konfessionsproblematik zugunsten der Wahrung des Reichsfriedens stehen konnte. Letzteres jedoch hätte bedeutet, „die Verbindlichkeit des religiös definierten Integrationsgedankens für die praktische Gestaltung der reichspolitischen Verhältnisse vorübergehend zu relativieren" (A. P. Luttenberger).

Es sollte sich zeigen, dass die Zeit für solch einen normativen Paradigmawechsel in den 1540ern noch nicht reif war. Gleichwohl wurden Versuche zu einer Einigung unternommen. Die Initiative ging dabei vom brandenburgischen Kurfürsten Joachim II. aus, dem wichtigsten weltlichen Repräsentanten jener Mittelgruppe, der in seinem Territorium einen kirchenpolitischen Vermittlungskurs steuerte, den nun noch einmal Karl V. wie sein Bruder Ferdinand stützten. Das prinzipielle Bekenntnis zum normativen Einheitsgebot spielte für diesen Entschluss eine ebenso große Rolle wie die aktuelle Gefahr eines antihabsburgischen Bündnisses zwischen protestantischen Reichsständen, Dänemark und Frankreich.

Frankfurter Anstand   Im April 1539 wurde der Frankfurter Anstand unterzeichnet, der den Augsburger Konfessionsverwandten einen sechsmonatigen, unter bestimmten Bedingungen auf 15 Monate auszuweitenden Religionsfrieden versprach. Außerdem wurden baldige Religionsgespräche in *Religionsgespräche* Aussicht gestellt. Nach Verzögerungen begannen sie im Juni 1540 im elsässischen Hagenau unter Vorsitz König Ferdinands. Mit Luther und Melanchthon sowie mit dem sächsischen Kurfürsten und dem hessischen Landgrafen fehlten auf protestantischer Seite jedoch deren wichtigste theologische und politische Repräsentanten. Auf katholischer Seite hielten sich Hardliner und Vermittlungsbereite die Waage. Die Verhandlungen scheiterten schon an Vorfragen. Man einigte sich lediglich auf eine spätere Wiederaufnahme des Gesprächs, zu der es im Oktober 1540 in Worms kommen sollte. Hier gelang es in Geheimverhandlungen immerhin, in zentralen theologischen Fragen zu einem Vergleichsentwurf zu kommen. Auf dem bevorstehenden Reichstag zu Regensburg sollte, so die Absicht der Verhandelnden, Kaiser Karl seinen Einfluss für eine reichsrechtlich bindende Übereinkunft geltend machen.

Im April 1541 begannen in Regensburg die den Reichstag begleitenden Gespräche unter Vorsitz des zur ständischen Mittelgruppe gehörenden Pfälzer Kurfürsten und des kaiserlichen Beraters Granvelle, der schon in Worms sein diplomatisches Geschick bewiesen hatte. Als Gesprächsteilnehmer von katholischer Seite bestimmte Karl die Theologen Eck, Gropper und Pflug – ausgleichsbereit die beiden letzteren –

und seitens der Protestanten Melanchthon, Bucer und den Hessen Pistorius. Beratend wirkte auf ausdrücklichen kaiserlichen Wunsch der päpstliche Legat Contarini, dessen Wille zur friedlichen Überwindung der Glaubensspaltung indes auf den Widerstand der intransigenten altgläubigen Opposition aus Bayern und Mainz stieß. In etlichen theologischen Fragen einigte man sich rasch, andere blieben offen. Dass man aber in der so sensiblen und zentralen Rechtfertigungslehre eine gemeinsame Formulierung fand, ließ hoffen. Deren Ablehnung sowohl durch Luther als auch durch die Kurie konterkarierte gleichwohl die kaiserlichen Ausgleichsbemühungen. Die theologischen Fronten verhärteten sich.

Trotzdem zeitigte der Reichstag für die Protestanten vordergründig nicht unvorteilhafte Ergebnisse. Dazu gehörten die Verlängerung des Frankfurter Anstandes um 18 Monate sowie im Gegenzug für eine Türkenhilfe in einer geheimen kaiserlichen Deklaration den Evangelischen gewährte Besitzstandsgarantien für eingezogene Kirchengüter. Jedoch entbehrten die wichtigsten Zugeständnisse jeglicher reichsrechtlichen Verbindlichkeit. Sie waren der sich erneut nach 1540 verschlechternden außenpolitischen Lage Habsburgs geschuldet, die im Juli 1542 wiederum in einen Krieg mit dem massiv durch die Osmanen unterstützten Franz I. von Frankreich mündete.

Krieg mit Frankreich

Karl V. musste aufgrund der theologisch gegründeten Idee des universellen Kaisertums an dem Ziel der Einheitskirche festhalten, wollte er sich nicht selbst der normativen Grundlagen seines Politikkonzeptes berauben. Es war deutlich geworden, dass dieses Ziel auf der Grundlage einer theologischen Verhandlungslösung vorerst nicht mehr zu erreichen war. Folglich gewann wieder säkular-machtpolitisches Kalkül die Oberhand.

Einen Erfolg verzeichnete der Kaiser, als er mit Philipp von Hessen den dynamischsten Vertreter des reichsständischen Protestantismus an sich zu binden verstand. Dieser hatte 1540 eine Nebenehe geschlossen und setzte sich damit dem Vorwurf der Bigamie aus. Um der Strafverfolgung zu entgehen und sich der kaiserlichen Gnade zu versichern, ließ sich Philipp im Juni 1541 auf einen Vertrag ein, in dem er auf neue auswärtige Bündnisse verzichtete und bei der Erneuerung bestehender Allianzen den Kaiser als Gegner ausnahm. Nicht gelten sollte der Gnadenerweis für Philipp jedoch für den Fall eines allgemeinen Krieges gegen alle Protestanten. Kurzfristig entlastete die Vereinbarung Karl, kühlten sich doch die Beziehungen des Schmalkaldischen Bundes zu Frankreich merklich ab. Langfristig blieb Philipp jedoch in der Religionsfrage einer der entschlossensten Gegner des Kaisers.

Philipp von Hessen und Karl V.

Außerdem bahnte sich im Reich eine weitere Verschiebung des Kräfteverhältnisses zugunsten der Protestanten an. In Kurköln schickte sich der Erzbischof Hermann von Wied 1542 an, die Stiftslande der Reformation zu öffnen. Gleiches tat der Herzog von Jülich-Kleve. Die machtpolitisch bedeutsame Niederrheinregion schien 1542/43 den Evangelischen zuzufallen. Im Sommer 1542 besetzten Hessen und Kursachsen Braunschweig-Wolfenbüttel, dessen Herzog Heinrich in ständigem Konflikt mit den Städten Braunschweig und Goslar, beide Mitglieder des Schmalkaldischen Bundes, gelegen hatte, und begannen dort mit der evangelischen Neuordnung. Als das Reichskammergericht einschritt, lehnten die Protestanten dessen Rechtsprechung ab und sprengten damit die reichseinheitliche Rechtspflege. Ein weiteres Indiz für die konfessionelle Konfrontationsverschärfung.

Die drei Reichstage von Speyer (1542) und Nürnberg (1542, 1543) brachten keine Bewegung. Es griff die Option militärisch gestützter Machtpolitik. Die Besetzung Braunschweig-Wolfenbüttels zeigte dies auf protestantischer Seite. Der kaiserliche Angriff vom Sommer 1543 auf Jülich-Kleve, das wegen des Abkommens zwischen Philipp von Hessen und Kaiser Karl nicht auf Hilfe durch die Schmalkaldener setzen konnte, auf altgläubiger. Im September kapitulierte der klevische Herzog und gab seinen Reformationsversuch auf. Zudem verlor er mit Geldern einen Teil seines Territoriums an den habsburgischen Herrschaftskomplex in den Niederlanden. Auch der Kölner Erzbischof Hermann von Wied erhielt keine Unterstützung durch die Schmalkaldener. Mit seiner Absetzung 1546 war auch in Köln das reformatorische Experiment gescheitert.

Mit dem im Herbst 1543 beginnenden Feldzug gegen Frankreich suchte Karl die Entscheidung im langen Ringen mit dem großen europäischen Machtkonkurrenten. Dazu brauchte er neben der finanziellen Unterstützung auch die politische Rückendeckung der Reichsstände. Auf dem Speyrer Reichstag von 1544 konnte er sich der Fürsprache Landgraf Philipps bei den protestantischen Ständen sicher sein. Konfessionsübergreifend wurden denn auch ansehnliche Hilfen gegen Frankreich und für eine künftige Offensive gegen die Osmanen bewilligt. Damit hatte sich Karl nicht nur die finanzielle Basis für den baldigen militärischen Sieg über Frankreich gesichert, sondern auch die Schmalkaldener ihrem wichtigsten potenziellen ausländischen Verbündeten entfremdet. Im Frieden von Crépy konnte er sich denn auch im September 1544 die Geheimzusage französischer Hilfe für die Möglichkeit eines entscheidenden Krieges gegen die deutschen Protestanten ausbedingen. Zwar hatte Karl auf dem Speyrer Reichstag diesen als

B. Der Ereigniskomplex Reformation

Gegenleistung für die Reichshilfe gegen Frankreich und die Osmanen weitgehende Zugeständnisse bezüglich der Suspendierung früherer antiprotestantischer Reichsabschiede und -prozesse sowie der Verwendung säkularisierten Kirchenvermögens gemacht und erneut ein Nationalkonzil in Aussicht gestellt. Dies erwies sich aber als diplomatischer Schachzug im sich nach dem Scheitern der Religionsgespräche der frühen 1540er Jahre verdichtenden Kalkül des Kaisers, eine Entscheidung zugunsten einer nun in seinem Sinn interpretierten Glaubenseinheit gewaltsam herbeiführen zu können.

Die kaiserliche Konzilszusage an die Reichsstände erhöhte den Druck auf den Papst, seinerseits mit der Einberufung eines Generalkonzils Ernst zu machen, wollte er eine deutsche Sonderlösung vermeiden. Noch im Herbst 1544 erfolgte denn auch die Zusage Pauls III., die Kirchenversammlung nach Trient einzuberufen. Im Sommer 1545 bot Rom Karl erhebliche finanzielle Unterstützung und Truppen für einen Krieg gegen die Protestanten an. Es war gelungen, die Kurie in die kaiserliche Politikstrategie einzubinden. Das Heft des Handelns lag bei Karl V.

Konzilszusagen

Karl V. bestimmt Handeln

Gegenüber den Protestanten spielte er indes noch die Verhandlungskarte, versprach auf dem Wormser Reichstag von 1545 nochmals baldige Religionsverhandlungen und forderte zur friedlichen Teilnahme am bevorstehenden Trienter Konzil auf. Ein von König Ferdinand mit dem Sultan geschlossener Waffenstillstand brachte vorerst Entlastung an der osmanischen Front. Das katholische, für den Kaiser indes ständig politisch unzuverlässige Bayern wurde unter dem Deckmantel wohlwollender Neutralität vertraglich in die kaiserlichen Konfrontationspläne integriert. Einige protestantische Fürsten wurden für den Kaiser gewonnen. Der wichtigste unter ihnen war Herzog Moritz von Sachsen. Er hatte sein Land zwar der Reformation zugeführt, sich dem Schmalkaldischen Bund jedoch ferngehalten. Außerdem zeigte er Ambitionen auf Territorium und Kurwürde seines Vetters Johann Friedrich von Sachsen, der auf dem im Juni 1546 eröffneten und von Konfrontation gezeichneten Reichstag zu Regensburg zusammen mit Philipp von Hessen wegen der Besetzung Braunschweig-Wolfenbüttels mit der Reichsacht belegt wurde. Der Kaiser stützte diese Ambitionen. Zuvor war im März 1546 das in Worms von Karl zugesagte Religionsgespräch in Regensburg ergebnislos abgebrochen worden. Dass mit dem Tod Luthers im Februar, während die Gespräche in Regensburg liefen, die deutschen Protestanten ihre Lichtgestalt verloren hatten, mag auf sie zudem wie ein psychologischer Schlag gewirkt haben.

I. Enzyklopädischer Überblick

Schmalkaldischer Krieg

Die Zeichen standen auf Sturm. Im Juli 1546 begann der Krieg gegen die Schmalkaldener, mit dem Karl die politische Macht der Protestanten im Reich brechen wollte. Zu Anfang stellten diese noch ihre militärische Schlagkraft unter Beweis. Seit Herbst 1546 zeigte sich aber die Überlegenheit der Kaiserlichen. Die Schmalkaldener verloren den Süden des Reiches und konzentrierten ihren Widerstand auf Kursachsen. Die Entscheidung des Krieges fiel am 24. April 1547, als unter Führung Karls die kursächsischen Truppen bei Mühlberg an der Elbe geschlagen wurden und Kurfürst Johann Friedrich in Gefangenschaft geriet. Wenig später ergab sich Philipp von Hessen und ging ebenfalls in Gefangenschaft. Die Schmalkaldener waren militärisch besiegt und ihrer politischen Führer beraubt. Lediglich die protestantischen Städte und Territorien im Norden des Reiches blieben weitgehend unbehelligt.

Karl V. schien im Reich und in Europa auf der Höhe seiner Macht. Im März war sein französischer Gegenspieler Franz I. gestorben. Der Sultan war als Faktor im europäischen Mächteringen für den Augenblick neutralisiert. Jedoch zeichneten sich neue Spannungen mit Papst Paul III. ab. Im März 1547 schon hatte das Konzil beschlossen, seine Tagungsstätte aus dem zum Reich gehörenden Trient in das im Kirchenstaat gelegene Bologna zu verlegen, um sich dem Einfluss des Habsburgers weitest möglich zu entziehen. Das konnte Karl indes nicht daran hindern, den Gesamtkomplex einer politischen und konfessionellen Neuordnung des Reiches mit dem Ziel einer deutlichen Profilierung des habsburgisch-dynastischen Führungsanspruchs in Angriff zu nehmen.

Reichsbundpläne Karls V.

Bereits während des Krieges kristallisierten sich Pläne zur Bildung eines Reichsbundes unter kaiserlicher Führung heraus, über die nach Absicht Karls noch vor dem kommenden Reichstag entschieden werden sollte, um dessen komplexes und für ihn schwer kalkulierbares Procedere zu umgehen. Im Juli 1547 übermittelte Karl den Reichsständen Pläne zur Bildung eines Reichsbundes unter seiner weitgehenden Kontrolle. Mit ihm sollten alle ständischen Sonderbünde im Reich außer Kraft gesetzt und ein schlagkräftiges Instrument gegen äußere Feinde geschaffen werden. Die ständische Opposition, zu der nun auch solche Fürsten gehörten, welche die Habsburger zuvor gegen die Schmalkaldener gestützt hatten, verzögerte die Verhandlungen jedoch so erfolgreich, dass schließlich die Bundes- neben der Religionsfrage doch zum Kernthema des für den September 1547 nach Augsburg einberufenen Reichstag werden sollte.

Augsburger Reichstag 1547/48

Auf jenem Reichstag, der später der ‚geharnischte' genannt werden sollte, scheiterte freilich das umfassende Bundesprojekt. Angesichts des Widerstandes vor allem der Kurfürsten und der größeren

B. Der Ereigniskomplex Reformation

Reichsstände gegen eine Zentralisierung der innerreichischen Politikkompetenzen in den Händen von Kaiser und König hatte Karl selbst das Interesse daran verloren. Die reichsrechtlich anerkannte Erweiterung der säkular-politischen Einflussmöglichkeiten des Kaisers hatte ihre Grenzen an der gewachsenen ständischen Struktur des Reiches gefunden.

Was blieb, war die für das in der universalen Kaiseridee wurzelnde herrscherliche Selbstverständnis Karls noch wichtigere Regelung der *causa religionis* im Geist der Wiederherstellung der Kirchen- und Glaubenseinheit. Im Mittelpunkt stand sein Bestreben, die Reichsstände auf die Anerkennung des Konzils zu verpflichten. Nach zähen Verhandlungen, in denen höchst unterschiedliche Vorstellungen der Stände formuliert wurden, kam es im Oktober 1547 zu einer Einigung im Sinn des Kaisers. Die Umsetzung dieses Erfolges hing jedoch von der Rückführung des Konzils aus dem päpstlichen Bologna in das reichische Trient ab. Zu ihr sollte es aber vorerst wegen der Verschärfung der Auseinandersetzung zwischen Habsburg und dem Heiligen Stuhl in Oberitalien nicht kommen. Wollte Karl die Chance nicht verstreichen lassen, die Früchte des Sieges über die Schmalkaldener in dieser zentralen Frage doch noch zu ernten, musste eine interimistische Lösung gefunden werden. Diese sollte für alle Seiten konsensfähig sein. In einem zu diesem Zweck eingerichteten reichsständischen Ausschuss prallten jedoch die konfessionellen Gegensätze so aufeinander, dass der Kaiser die Beratungen abbrechen ließ. Eine von ihm eingesetzte Kommission von vermittlungsbereiten Theologen aus beiden konfessionellen Lagern erarbeitete indes einen Entwurf, der zur Grundlage des Augsburger Interims werden sollte, das im Juni 1548 reichsrechtliche Wirksamkeit erlangte.

Augsburger Interim

Ursprünglich sollte das Interim für Altgläubige wie Protestanten gleichermaßen Gültigkeit besitzen. Nur so konnte es der Einheitsabsicht des Kaisers entsprechen. Inhaltlich orientierte es sich an reformkatholischen Konzepten, gestattete jedoch als wesentliches Zugeständnis an die Protestanten Priesterehe und Laienkelch. Außerdem wurde die für die Reichsstände politisch zentrale Frage des Umgangs mit dem durch die Protestanten säkularisierten Kirchenbesitz nicht berührt. Erreicht wurde mit dem Interim jedoch das Gegenteil der kirchlichen Einheit. Die katholischen Stände lehnten es größtenteils ab. Deshalb wandelte es sich von der verbindlichen Regelung für alle zu einem Sondergesetz für die Protestanten.

In Oberdeutschland, vor allem in den besonders stark politischem Druck seitens des Kaisers ausgesetzten Reichsstädten, wurde das Interim exekutiert, ohne indes wirklich akzeptiert zu sein. Im Norden konzentrierte sich der Widerstand erfolgreich auf Hamburg und vor allem auf Magdeburg. Herzog Moritz von Sachsen, dem nach der Niederlage der Schmalkaldener die Kurwürde seines gefangenen Vetters Johann Friedrich übertragen worden war, ließ unter Mitwirkung Melanchthons 1549 das stärker evangelisch geprägte Leipziger Interim ausarbeiten, das im Adiaphorastreit zu einer theologischen Zerreißprobe unter den Philippisten Protestanten führte. Die so genannten Philippisten um Melanchthon zeigten sich im Bereich der Adiaphora, den ethisch statthaften Mitteldingen von Kultus und Kirchenregiment, gegenüber dem Kaiser konzessionsbereit. Die orthodoxen Gnesiolutheraner um Matthias Flacius lehnten dies kategorisch ab, da die Durchführung der Adiaphora nicht der Entscheidung durch die Gemeinde entzogen werden dürfe. Erst in der Konkordienformel von 1577, die freilich nur von etwa zwei Dritteln der evangelischen Stände anerkannt wurde, wurde eine Einigung erzielt. „Die Konkordienformel stärkte indirekt die obrigkeitlichen Tendenzen im Luthertum, territorialpolitisch deshalb, weil die ‚Gnesiolutheraner' …, welche die Gemeindeautonomie hochgehalten hatten, nun ausgeschaltet waren" (H.R. Schmidt).

Folgen des Interims Die Folgewirkungen des Interims, die grundsätzliche Ablehnung durch die Katholiken als auch für sie geltende Regelung sowie die Verfestigung und Ausdifferenzierung der protestantischen Lehrgrundlagen als Konsequenz des Adiaphorastreites, beförderten die konfessionellen Abgrenzungen im Reich und markierten damit das definitive Ende religiöser Einheit. Die Entwicklung des Konzils und des innereuropäischen Machtkonflikts taten ein Übriges. Nachdem 1549 das Pontifikat des prohabsburgischen Julius III. begonnen hatte, trat das Konzil 1551 wieder in Trient zusammen. Auch einige protestantische Reichsstände hatten Delegationen zu den Verhandlungen entsandt. Mit der *Confessio Saxonica* Melanchthons und der *Confessio Virtembergica* der Süddeutschen legten die Evangelischen als Grundlage für die zu erwartenden theologischen Debatten Bekenntnisschriften vor. Über Monate wurde die Arbeit jedoch durch die Frage blockiert, unter welchen Bedingungen die Protestanten zuzulassen seien. Unmöglich schien den zunehmend selbstbewusst auftretenden Protestanten die Anerkennung der Rolle des Papstes als Leiter des Konzils. Unterdessen griffen die diplomatischen Bemühungen Frankreichs, das das Konzil boykottierte, erneut ein antihabsburgisches Bündnis auf breiter europäischer Basis zu schmieden. Es führte in den Fürstenkrieg des Jahres 1552 und in dessen Folge zur Vertagung des Konzils, das fortan nicht mehr mit protestantischer Beteiligung zusammentreten sollte.

4. 1552–1555

Die Jahre vom Fürstenkrieg bis zum Augsburger Religionsfrieden ließen die Idee einer Wiederherstellung der Religionseinheit endgültig obsolet werden. Friktionen im Haus Habsburg um die Regelung der Nachfolge Karls V. indizierten auf praktischer Ebene das Ende des kaiserlichen Herrschaftskonzeptes der Universalmonarchie. Die Religionsfrage geriet vollends in den Sog einer politischen Entwicklung, welche die Umwandlung des Reiches in ein System koexistierender ständischer Gruppierungen unter der kohärenzstiftenden Kuppel einer dem Reichsfrieden verpflichteten Rechtskonstruktion einleitete.

Religionseinheit endgültig obsolet

4.1 Fürstenkrieg und Passauer Vertrag 1552

Zwei Faktoren bestimmten um 1550 die Entwicklung des politischen Klimas in Deutschland: die habsburgische Erbfolgeregelung und die Position des neuen sächsischen Kurfürsten Moritz in der reichischen Kräftekonstellation.

Im März 1551 kam es bei den Habsburgern zum Abschluss eines Hausvertrages. In diesem wurde zwar der Anspruch König Ferdinands auf die Sukzession im Kaisertum anerkannt. Ihm sollte aber nicht sein Sohn Maximilian, sondern Karls spanischer Sohn Philipp folgen. Die Benachteiligung der von Ferdinand repräsentierten österreichischen gegenüber der spanischen Linie der Habsburger begünstigte in den Folgejahren eine Annäherung Ferdinands an die Reichsstände und infolgedessen eine fundamentale Schwächung gesamthabsburgischer Handlungsmöglichkeiten. Dies besaß für den Fortgang der *causa religionis* im Reich hochgradige Relevanz, da damit dem Konzept der kaiserlichen Universalmonarchie und dem damit aufs engste verzahnten Festhalten an der Einheit der Kirche eine wesentliche Grundlage entzogen wurde.

Habsburgische Erbfolgefrage

Moritz von Sachsen befand sich in einer delikaten politischen Lage. Als Gefolgsmann des Kaisers im Schmalkaldischen Krieg war er unter den protestantischen Reichsständen in die Isolation geraten. Da sich abzeichnete, dass die starke Position, die der Kaiser 1547 errungen hatte, nicht zu halten war, musste er diese Isolation durchbrechen, ohne indes vorerst bei Karl V. Zweifel an seiner Loyalität aufkeimen zu lassen. Moritz gelang es Ende 1550, sich zum Exekutor der Reichsacht gegen Magdeburg, in welche die Stadt wegen ihres beharrlichen Widerstandes gegen das Augsburger Interim geraten war, bestellen zu lassen. Ihm standen dadurch erhebliche finanzielle und militärische Mittel zu Gebote. Während der Belagerung der Stadt, die im November 1551 be-

Moritz von Sachsen

endet wurde, erreichte Moritz die Herstellung eines gegen den Kaiser gerichteten Bündnissystems protestantischer Reichsfürsten unter Einbeziehung Frankreichs. Im Vertrag von Chambord wurde das Bündnis im Januar 1552 besiegelt.

Vertrag von Chambord

Die Diskussion um das Interim und besonders die Vorgänge um Magdeburg führten seitens der Protestanten zur scharfen Profilierung eines theologisch fundierten Widerstandsrechts. Schon im Umfeld des Konflikts um die Durchsetzung des Wormser Edikts, vor allem aus Anlass des Speyrer Reichstages von 1529, war es heftig diskutiert worden, jedoch ohne einhelliges Ergebnis. Jetzt erlangte eine Position die Überhand, die eindeutig das Recht der Reichsstände als *magistratus inferiores* auf Widerstand gegen den Kaiser als *magistratus superior* für den Fall greifen lässt, dass den Untertanen das göttliche Wort mit Gewalt genommen werde. Auch der Vertrag von Chambord unterstrich das Recht auf Widerstand zur Wahrung der ständischen Libertät.

Widerstandsrecht

Die enge Verknüpfung der Religionsfrage mit dem Konflikt um die politische Gestalt des Reiches wurde kaum je so deutlich wie im Vorfeld und im direkten Nachwirken des Fürstenkrieges, der im März 1552 begann und für den Kaiser so desaströs verlief, dass bereits im Juni 1552 Verhandlungen in Passau begannen. Die dort versammelten Reichsstände einigten sich ohne den Kaiser mit dem als Vermittler auftretenden König Ferdinand, der in Ungarn dringend der Reichshilfe gegen die Osmanen bedurfte, auf die Freilassung der noch immer gefangenen Schmalkaldener Philipp von Hessen und Johann Friedrich von Sachsen. Außerdem verstand man sich auf die gegenseitige Anerkennung der konfessionellen Besitzstände und einen Religionsfrieden. Für den kommenden Reichstag wurde eine Einigung in Religionssachen in Aussicht gestellt. Der in Passau vereinbarte Religionsfrieden solle freilich auch dann Bestand haben, wenn diese Einigung scheiterte. Anders als sein Bruder zeigte sich der Kaiser lediglich bereit, den Religionsfrieden bis zum nächsten Reichstag gelten zu lassen. Gleichwohl kam es im August 1552 auf der Grundlage eines vorläufigen Religionsfriedens zum Passauer Vertrag. Trotz der Vorläufigkeit des Friedens waren das Interim und damit der Versuch einer Wahrung der Religionseinheit unter kaiserlicher Hoheit sowie der normative Alleinvertretungsanspruch des Universalmonarchen endgültig ad acta gelegt.

Fürstenkrieg

Passauer Vertrag

4.2 Reichstag und Religionsfriede 1555

Die brüchig gewordene Autorität des Kaisers war nicht wieder herzustellen. Resignation zeichnete sich ab, als Karl vor dem Reichstag seinem Bruder die volle Verantwortung für die anstehenden Religionsver-

B. Der Ereigniskomplex Reformation

handlungen zuschob. Ferdinand selbst war durch die Art seines Krisenmanagements im Umfeld des Fürstenkrieges in die zunehmend durch die Reichsstände geprägte Politikkultur Deutschlands eingebunden, die sich in Richtung auf eine dauerhafte Entkoppelung von Glaubens- und Reichseinheit entwickelte. Seine enge Verbindung mit dem protestantischen Moritz von Sachsen, die sich schließlich im Passauer Vertrag niedergeschlagen hatte, legt davon Zeugnis ab. Auch nach dem Tod des Kurfürsten im Juli 1553 änderte sich daran nichts. Evangelische wie auch katholische Reichsstände erkannten die Notwendigkeit jener Entkoppelung an. Die Mehrheit der Reichsstände schloss sich der von den regierenden Fürsten Sachsens, Brandenburgs und Hessens im März 1555 in Naumburg erhobenen Forderung an, den Abschluss eines dauerhaften Religionsfriedens zum vorrangigen Ziel des im gleichen Monat in Augsburg beginnenden Reichstages zu erklären. Diesem Ziel musste sich auch Ferdinand beugen. Noch während der Passauer Verhandlungen hatte er den Frieden zwischen konfessionsverschiedenen Reichsständen als Hilfskonstruktion für den Fall eines Scheiterns von theologischen Einigungsgesprächen erachtet. Jetzt war auch für ihn dieses Hilfsziel zum Primärziel mutiert. In den Verhandlungen ging es nicht mehr um das Ob eines *modus vivendi* konfessioneller Koexistenz unter den Reichsständen, sondern um das Wie. Entsprechend kompliziert waren die Verhandlungen.

Am Ende stand eine Lösung, welche den einzelnen Reichsständen die Konfessionshoheit zusprach. Sie blieb freilich auf die Angehörigen der alten Kirche und der Augsburger Konfession beschränkt. Das führte unter den verschiedenen Denominationen des Protestantismus zu einem Einigungszwang, der u. a. in die Konkordienformel einmündete. Die Tendenz zur Vereinheitlichung der Lehre und organisatorischen Durchdringung der Kirchentümer in den Territorien, in der Forschung gemeinhin als Konfessionalisierung bezeichnet, wurde durch das Augsburger Friedensinstrument verstärkt, wenn auch keineswegs initiiert. Schon während des Speyrer Reichstages 1526 hatte sich das reichsständische Selbstbestimmungsrecht bei der Konfessionswahl angedeutet. Mit dem Augsburger Religionsfrieden von 1555 wurde es zum Reichsgrundgesetz. Von entscheidender Bedeutung für die zukünftige Entwicklung des Verhältnisses von Religion, Kirche und staatlich-politischem Handeln war die faktische Entkoppelung von ontologisch-theologischer Wahrheitsfrage und Reichsrecht. Die Koexistenz konkurrierender Letztwahrheitsangebote wurde rechtlich sanktioniert, auch wenn diese im praktischen Politikhandeln und dessen ideeller Legitimation noch mindestens bis zum Ende des Dreißigjährigen Krieges

Entkoppelung von Glaubens- und Reichseinheit

Augsburger Reichstag 1555

Reichsständische Konfessionshoheit

Religionsfriede als Reichsgrundgesetz

eine wesentliche Rolle spielen sollten. Der Religionsfriede wurde als Kernbestandteil in eine allgemeine Landfriedensordnung eingeordnet. In anscheinend paradoxer Weise verquickte er das alte religiöse Einheitsgebot mit dessen faktischem Ende insofern, „als der Religionsfriede einstweilen (!) – bis zur gebotenen Wiedervereinigung – auf Dauer (!) galt" (M. Heckel). Gleichwohl, ein Anfang für die säkularisierte Verrechtlichung des Politikhandelns war gemacht.

5. Die Reformation als Prozess

Dauerhaft prägten die Handlungsfelder Theologie/Glauben, Politik und Gesellschaft den als Reformation bezeichneten historischen Prozess. Die Verschiebung der Gewichte zwischen diesen Handlungsfeldern ist offensichtlich. Den Beginn jenes Prozesses dominierte das Handlungsfeld Theologie/Glauben. „Die Reformation war zwar in ihren Anfängen, nicht jedoch in ihrem weiteren Vollzug, ein exklusiv religiöses Ereignis" (K. von Greyerz). Die innertheologische Kritik an Glaubensgrundsätzen und kirchlicher Praxis, die von Wittenberg und Zürich ihren Ausgang nahm, musste auf die anderen Handlungsfelder übergreifen.

Gewichtsverschiebung der Handlungsfelder

Leitfunktion der Theologie

Der Leitcharakter der Theologie für die normative Begründung von politischem und gesellschaftlichem Handeln bedingte dieses Übergreifen. Ein Übriges leistete die Integration altkirchlicher Autoritäten in die politischen Strukturen Europas und des Reiches. Das Papsttum war seit je ein Faktor europäischer Politik. Die geistlichen Fürsten spielten seit dem Hochmittelalter eine tragende Rolle im Reich. Die Kaiseridee, der sich das Herrschaftshandeln Karls V. verpflichtet fühlte, fußte in heilsgeschichtlicher Verankerung. Alle gesellschaftlichen Gruppen, von den politischen Funktionsträgern bis hin zur Masse der städtischen und ländlichen Bevölkerung, orientierten den Maßstab ihrer irdischen Existenz am Streben nach Heilsgewissheit. Folglich ging eine Neuformulierung fundamentaler Glaubensgrundsätze alle an und betraf alle Seinsbereiche.

Religionssache Kernelement der Reichspolitik

Die Entwicklung der *causa religionis* zum Kernelement der Reichspolitik und zu einem immerhin wesentlichen Argument auch auf der europäischen Politikbühne bedeutete nicht das Ende der Reformation als religiöses Ereignis. Im Moment der krisenhaften Bewusstwerdung der Bedeutung des Glaubens für das Muster irdischen Politik- und Sozialhandelns musste jenes Muster selbst konsequent ins Blickfeld geraten. Davon zeugt etwa, dass die Frage nach dem Charakter von Obrigkeit bei den wichtigen reformatorischen Theologen ebenso wie in programmatischen Äußerungen etwa aus dem Bauernkrieg so bedeutenden Stellenwert genoss. Da die Religionsfrage an den Kern des politisch-gesellschaftlichen Diskurses rührte, musste sich das praktische Handeln in diesem Bereich ihrer bemächtigen. Alte ideelle und politisch-materielle Besitzstände waren bedroht, neue galt es zu verteidigen. Alles jeweils verbunden mit einem letztwahrheitlichen Monopolanspruch.

Die überwiegend gewaltsame Marginalisierung theologischer und gesellschaftlicher Modelle, die – wie das etlicher täuferischer Gruppierungen – die Obrigkeit ausblendeten oder negierten, zeigte die gemeinsame Basis der Anhänger der alten Kirche wie der reformatorischen Hauptrichtungen in einem Ordnungsverständnis, welches die obrigkeitliche (Mit-)Verantwortung für die Heilsordnung in gleichwohl deutlich unterschiedlichen Akzentuierungen unterstrich. In diesen unterschiedlichen Akzentuierungen gründeten zu einem guten Teil die Konflikt- und Bruchlinien zwischen Altgläubigen und Reformatoren. Der Universalismus der Papst- und Kaiseridee als Voraussetzung einer durch eine umfassende Hierarchie gesicherten Glaubenseinheit unterschied sich nun einmal fundamental von einer Einheit aus dem Glaubensverständnis der für Luther wie Zwingli maßgeblichen *sola*-Theologie.

Die Dynamik des politischen Prozesses, die zeitliche und zum Teil auch systematische Koinzidenz der Diskurse um den Glauben und um die Reichsverfassung, fokussierte sich auf die Einheitsfrage. Der Konflikt um das Verständnis von Reich und Reichseinheit zwischen Ständen und Kaiser korrelierte mit dem Konflikt um die Glaubenseinheit. Die Versuche, in Religionsgesprächen einen Konsens zu erzielen, scheiterten letztlich an beidem. Der kaiserliche Lösungsversuch durch den Oktroi des Interims für die religiöse und durch den Bundesplan Karls V. für die säkular-politische Dimension des Einheitskonfliktes ließ die Machtpolitik als *ultima ratio* aufscheinen. Die letztliche Erfolglosigkeit dieser Versuche resultierte sowohl aus der fortgeschrittenen glaubensinhaltlichen und organisatorischen Abgrenzung von Altgläubigen und Reformationsanhängern, die mit den Bekenntnisschriften von 1530 und den territorialen bzw. städtischen Kirchenordnungen seit den späten 1520er Jahren begann, als auch aus dem sich im Vollzug des Reformationsprozesses verstärkenden Selbstbewusstsein der Reichsstände. Das Kirchenverständnis der protestantischen Reichsstände wie die theologisch-politischen Debatten um das Widerstandsrecht im Umfeld der Gründung des Schmalkaldischen Bundes und des Reichstages von 1548 hatten dieses Selbstbewusstsein zwar nicht evoziert, es jedoch maßgeblich weiterentwickelt.

Gemeinsamkeiten und Differenzen im Ordnungsverständnis

Einheitsfrage

II. Grundprobleme und Tendenzen der Forschung

A. Einleitung

Dass die Darstellung der wichtigsten Forschungsprobleme und -tendenzen zuerst die Periodisierungsproblematik aufgreift, gründet gleichermaßen in der Geschichte der Reformationsforschung und in der geschichtsmethodologischen Grundsatzfrage nach der Möglichkeit der Bildung von Periodenbegriffen schlechthin. Dass diese „zwar unvermeidlich, aber reine Konstrukte sind, will jedoch nicht besagen, dass auf diesem Gebiet vollständig willkürliche Kreationen möglich wären". Ihre Konstruktion hat sich an den „wissenschaftlichen Standard zu halten" [53: REINHARD, Probleme, 50]. Periodisierungsproblem

Das gilt auch für die Bewertung des Epochencharakters der Reformation. Angesichts neuerer Forschungsergebnisse löst sich erst neuerdings in den maßgeblichen Handbüchern zur Reformationsgeschichte die traditionelle Markierung der Zeit um 1500, namentlich des Stichjahres 1517 als Umbruch, als punktuell fixierbarer Beginn der Neuzeit, zugunsten einer flexiblen, vielschichtigen Langzeitperspektive des Wandels in Spätmittelalter und Frühneuzeit auf. Wenn die folgenden Ausführungen mit dem Problemfeld ‚Spätmittelalter und Reformation' beginnen, so basiert dies auf jener forschungsstrategischen Veränderung. Das Thema Umbruch und/oder Kontinuität zieht sich zu einem guten Teil leitmotivisch auch durch die weiteren zu behandelnden Forschungsbereiche. Epochencharakter

Der sich in den 1520er Jahren beschleunigende Wandel in Theologie und Kirche im Reich traf auf politisch-soziale Strukturen, welche einem vergleichbaren Muster folgten. Der Persistenz überkommener Elemente gesellschaftlicher und politischer Organisation standen solche der Neuordnung gegenüber. Die Analyse hat hier insbesondere auf die Beziehung lang-, mittel- und kurzfristiger Zeitebenen zu achten, will sie das Problem von Kontinuität und Umbruch in den Griff bekommen. Einige Argumentationselemente seien hier nicht zuletzt als Erklärung des Gliederungsschemas für die folgenden Ausführungen skizziert. Gleichzeitigkeit von Tradition und Neuordnung

So reflektiert etwa die Rolle des ritterlichen Niederadels in den politisch-religiösen Konflikten der frühen 1520er die Bedeutung jener Zeitebenen. Als soziale Formation war der ritterliche Niederadel ein Produkt des hohen Mittelalters. Um 1300 hatte sich sein normatives Selbstverständnis als Stand gefestigt. Spätestens seit der zweiten Hälfte des 15. Jahrhunderts geriet er angesichts der Stärkung fürstlicher Territorialherren, der Kriminalisierung der Fehde durch die Reichsgesetzgebung und des durch die spätmittelalterliche Agrardepression hervorgerufenen Strukturwandels der Grundherrschaft in die soziale und politische Defensive. Politischer wie sozialer Funktions- und Sinnverlust waren die strukturellen lang- und mittelfristigen Voraussetzungen dafür, dass die Reichsritter als erste weltliche Anhänger der Reformation namhaft gemacht wurden. Das spätmittelalterliche Prinzip der Ritterbünde wurde in Sickingens ‚Brüderlicher Vereinigung' aufgegriffen und programmatisch-handlungslegitimierend mit der von Luther inspirierten Berufung auf das Evangelium, einem höchst kurzfristig handlungsrelevant gewordenen Phänomen, angereichert.

Ein ähnliches Ineinandergreifen von ungleichzeitig entstandenen handlungsmotivierenden Strukturelementen zeichnete auch die Positionierung anderer gesellschaftlicher Gruppen, des städtischen Bürgertums und der Landbevölkerung, im Reformationsprozess vor allem der 1520er Jahre aus. Selbst die innerreichischen und europäischen Auseinandersetzungen um die *causa religionis*, die auf den ersten Blick als von der aktuellen Machtfrage dominiert erscheinen, sind ohne die lang- und mittelfristig ausgerichtete Retrospektive nicht zu verstehen. Das Konzept des kaiserlichen Universalismus, das einen guten Teil der Handlungsmotivik Karls V. ausmachte, wurzelte tief in mittelalterlicher Tradition. Gleiches gilt für die über den gesamten hier zur Debatte stehenden Zeitraum präsente Konzilsidee, die spätestens seit dem frühen 15. Jahrhundert die Definitionsmacht des Konzils in Fragen der Kirchenreform propagierte. Das politische Umfeld der Reformationsereignisse wurde maßgeblich von einem Prozess der Umstrukturierung des Reiches zugunsten des reichsständischen, vor allem reichsfürstlichen Einflusses geprägt. Hier schlug sich letztlich die Reichsreformdebatte des 15. Jahrhunderts nieder, die in den Ergebnissen des Wormser Reichstages von 1495 ihre ersten großen reichsorganisatorischen Konsequenzen fand.

Verlässt man die im weitesten Sinn politikgeschichtlichen Analysebereiche und richtet das Augenmerk auf die kultur- und mentalitätsgeschichtlichen Aspekte, wird man erneut mit der Frage nach dem Verhältnis von Kontinuität und Umbruch konfrontiert. Das umfassende

Kultur- und Mentalitätsgeschichte

Feld der Frömmigkeitsgeschichte stand in den letzten Jahrzehnten im Zentrum der Forschung. Auslösend wirkte nicht zuletzt das in den 1970er Jahren erwachte Interesse vor allem der französischen und angelsächsischen Geschichtswissenschaft an der so genannten Volkskultur. Wirkung zeigte aber auch die Auseinandersetzung mit der sich als marxistisch verstehenden Geschichtsforschung der vormaligen DDR, welche sich der ‚Volksreformation', der Rolle der Masse der Laien als Subjekt des Reformationsprozesses, annahm. Die historiographische Sicht auf die Persistenz populärer spätmittelalterlicher Frömmigkeits- und Welterklärungsmuster sowie deren Beeinflussung durch den Impuls des reformatorischen Kirchen- und Glaubensverständnisses verschränkt notwendigerweise die auf mentalitätsgeschichtliche Phänomene der langen und mittleren Dauer ausgerichtete Perspektive mit dem Blick auf kurzfristig auftretende Wandlungskatalysatoren.

In diesem Zusammenhang erlangt ein eigens zu betrachtendes Forschungssegment Bedeutung: die Frage nach der Beziehung von Reformation und Öffentlichkeit. Die Relevanz des Buchdruckes und des neuen Mediums der Flugschriften als Verbindungsglieder zwischen dem gelehrten theologischen Diskurs und der populären Sicht auf die reformatorische Herausforderung ist inzwischen vielfach herausgearbeitet worden. Die Bedeutung von Druckmedien für die schnelle Verbreitung reformatorischer Ideen und handlungsrelevant werdender Programmatik wird offensichtlich. Die längerfristige, über die Durchsetzungsphase der Reformation hinausreichende Wirkung hinsichtlich der Vereinheitlichung von Glaubensinhalten und deren Internalisierung durch die Gläubigen – z. B. durch die Verbreitung von Katechismen – wird als einer der Kernpunkte des Konfessionalisierungsprozesses gesehen.

Reformation und Öffentlichkeit

Angesichts einer Vielfalt von Möglichkeiten, die Komplexe von Kontinuität und Umbruch oder auch pluralisiert: von Kontinuitäten und Umbrüchen zu interpretieren, eröffnet sich schließlich die Frage nach dem *Proprium* der Reformation. Gab es, trotz aller spätmittelalterlicher Vorläufer und Voraussetzungen, die Reformation als um 1520 zeitlich fixierbaren „Systembruch" [85: HAMM, Reformatio, 7]? Oder handelte es sich vielmehr um einen Komplex von miteinander verzahnten religiösen und sozialen Wandlungsphänomenen, die in eine langfristige „kulturelle Umordnung von gewaltiger Größe" [95: JUSSEN/KOSLOFSKY, Reformation, 18] einflossen?

Systembruch oder langfristige kulturelle Neuordnung?

Die nach der Revitalisierung der Reformationsforschung in den 1970er Jahren im Zuge der auch wissenschaftlich geführten Systemauseinandersetzung zwischen Ost und West erneut seit der Mitte der

1990er, nicht zuletzt bedingt durch den *cultural turn* in der Geschichtswissenschaft, an Fahrt gewinnende Diskussion um die historische Qualität der Reformation besitzt zwei zentrale Dimensionen, die letztlich zum Kern der Epochenfrage führen. Zum einen fragt sie nach dem Zäsurcharakter der Jahre um 1520. Zum anderen nach den langfristigen und vielschichtigen Prozessen eines im weitesten Sinn kulturellen Wandels.

Hier erlangen auch Forschungsfelder zunehmende Bedeutung, welche die langfristigen soziokulturellen Wirkungen der Reformation beleuchten. Sie bleiben im vorliegenden Zusammenhang ausgeblendet, da sie die Frage nach Genese und Durchsetzung der Reformation nicht zentral berühren. Dazu gehört die kontroverse Debatte um ihren Einfluss auf den Wandel der Geschlechterverhältnisse [dazu der Forschungsüberlick: 35: EHRENPREIS/LOTZ-HEUMANN, Reformation, 92–99]. Sie wird überdies von HEIDE WUNDER in einem Band der EdG zur frühneuzeitlichen Frauen- und Geschlechtergeschichte behandelt werden.

Weitgehend ausgeblendet bleibt auch die langfristige wirkungsgeschichtliche Bedeutung der territorialstaatlichen Verfestigung der Reformation für die Reichsstruktur und die innere Organisation der Konfessionen mit ihren mentalitäts- und kulturgeschichtlichen Implikationen. Sie ist ein Kernelement des Konfessionalisierungsprozesses, mit dem sich im Rahmen der EdG HEINRICH RICHARD SCHMIDT [58: Konfessionalisierung] und MICHAEL MAURER [45: Kirche] befasst haben. Die Behandlung des Themenfeldes ‚Fürsten, Territorien und Reformation' beschränkt sich hier mithin auf seine genetischen Aspekte, seinen Einfluss auf die Motorik des engeren Reformationsprozesses sowie seine forschungsgeschichtliche Relevanz für die Interpretation des Staatlichkeitscharakters des Alten Reiches.

B. Spätmittelalter und Reformation

Leopold von Ranke

Am Anfang der modernen Reformationsgeschichtsschreibung steht LEOPOLD VON RANKES 1839 bis 1847 erschienene, mehrbändige ‚Deutsche Geschichte im Zeitalter der Reformation' mit ihrer weit bis in das 20. Jahrhundert reichenden Wirkungsgeschichte. Er führte die älteren Begriffsbestimmungen für ‚Reformation', die sich entweder auf den profanen Bereich der Rechtsverbesserung oder auf die kirchengeschichtliche Dimension in heilsgeschichtlicher Orientierung bezogen und erst um die Wende zum 19. Jahrhundert in Ansätzen in eine über-

B. Spätmittelalter und Reformation 71

greifenden Epochenbegriff einmündeten, auf eine verbindlichen Charakter gewinnende Periodenbezeichnung zu, welche „kirchengeschichtliche und politische Ereignisse der ersten Hälfte des 16. Jahrhunderts als Einheit ..., die nicht aufgelöst werden kann", markierte [64: WOLGAST, Art.: Reform, 333].

„Rankes Standpunkt war deutsch, territorialistisch, konservativ und lutherisch" [43: LUTZ, Reformation, 116]. Indem er in der lutherischen Reformation – einzig um diese ging es ihm – das Ziel sah, „die Reinheit der Offenbarung wiederherzustellen", und der „deutschen Nation" [107: RANKE, Geschichte 1, 165], die jene hervorgebracht hatte, damit eine Zentralposition für die geistige Erneuerung der christlichen Welt zusprach, verband er Welt- und Nationalgeschichte in einer spezifischen Perspektive, welche den zäsursetzenden Charakter der Reformation und die Rolle Deutschlands in einem letztlich universalgeschichtlichen Sinn deutlich werden ließ. Nationalgeschichtlich manifestierte sich der Zäsurcharakter dort, wo in der konfessionellen Blockbildung der „Ursprung der Spaltung in der Nation" [107: RANKE, Geschichte 2, 100] gelegt wurde. Diese sei der lutherisch-reformatorischen Intention eigentlich wesensfremd gewesen, machte sie sich doch die Abkehr von der „Verweltlichung" der spätmittelalterlichen Papstkirche zu eigen und zeigte sie ferner, „dass der in die Tiefe des germanischen Wesens gesenkte Geist des Christenthums ... sich nach seinem Ursprung zurückwandte" [Ebd., 101]. Erst die Unfähigkeit der Gegner Luthers, dies zu erkennen, und das Kräftespiel, in dessen Zentrum das politische Papsttum stand, trügen die Verantwortung für das Ergebnis der Spaltung.

<small>Verbindung von Universal- und Nationalgeschichte</small>

Jene Formulierungen RANKEs bergen in der Verbindung von Politik- und Geistes- bzw. Theologiegeschichte zwei der Grundelemente, die den Zugang zum historischen Phänomen Reformation langfristig prägen sollten. Es ist zum einen die theologiegeschichtliche Traditionslinie, die in der Reformation den im Sinn der Hinwendung zu dem Eigentlichen des christlichen Glaubens notwendigen Bruch mit der alten Kirche sah. Es ist zum anderen die politikgeschichtliche Traditionslinie, die im Ereigniskomplex zwischen den 1520er Jahren und 1555 die Erklärung für den angesichts der Dominanz der nationalen Einheitsfrage in der politischen Geschichtsschreibung des 19. und weiter Strecken des 20. Jahrhunderts als desaströs angesehenen Charakter des Alten Reiches gefunden zu haben glaubte.

<small>Drei historiographische Traditionslinien</small>

Eine dritte Traditionslinie der Reformationsgeschichtsschreibung, die Kultur- und Sozialgeschichte verbindende, kam noch im 19. Jahrhundert hinzu. Sie speiste sich aus zwei Quellen.

Zum einen aus der Gegenbewegung zur lutherisch-etatistischen in der Tradition RANKES. Hierfür stehen maßgebliche Teile der mehrbändigen, in der Zeit des Kulturkampfes erschienenen ‚Geschichte des deutschen Volkes seit dem Ausgang des Mittelalters' des katholischen Theologen und Historikers JOHANNES JANSSEN. Für JANSSEN wird mit der Reformation ein Prozess des Niederganges nach der kulturellen Blüte des Spätmittelalters eingeleitet. Opfer dieses Niederganges war das Volk, für das der Augsburger Religionsfrieden von 1555 zur „Quelle unsäglichen Jammers" [91: JANSSEN, Geschichte 2, 723] wurde. Seine Einbeziehung frömmigkeits- und sozialgeschichtlicher Aspekte sollte in ihrer Bedeutung für die Reformationsgeschichtsschreibung lange verkannt bleiben [59: SCHORN-SCHÜTTE, Reformation, 99]. Die – nunmehr negativ gewendete – Epochenqualität der Reformation wird hier ebenso offensichtlich, wie in anderen Werken der katholischen Kulturkritik an der Wende des 19. zum 20. Jahrhundert [dazu der Überblick bei: 123: BECKER, Reformation, 23–26].

Zum anderen war es FRIEDRICH ENGELS' 1850 veröffentlichte Bauernkriegsstudie [80: Bauernkrieg], die, impulssetzend für die marxistische Interpretation von Reformation und Bauernkrieg in der zweiten Hälfte des 20. Jahrhunderts, den Blick auf das Volk als historisches Subjekt eines zumindest versuchten revolutionären Prozesses lenkte, der mit den religiösen und politischen Traditionen des Spätmittelalters brach.

Kurz: Für die Historiographie des 19. Jahrhunderts, so unterschiedlich deren Motive auch immer gewesen sein mögen, schien die epochale Scheide zwischen Spätmittelalter und Reformation geklärt zu sein. Das qualitativ Neue nahm, folgt man diesen Interpretationen, seit den 1520ern in allen Bereichen, Theologie, Politik sowie Kultur und Lebenswelt, seinen Lauf. An der Schwelle zum 20. Jahrhundert regte sich freilich ernsthafte Kritik an der Umbruchs- und Revolutionsthese, wurde der Blick auf die Kontinuitätselemente gelenkt.

Der Antagonismus beider Positionen löste sich erst in jüngster Zeit zugunsten einer beide Perspektiven integrierenden Sicht auf. Der Kirchenhistoriker HEIKO A. OBERMAN betonte in einem programmatischen Aufsatz schon 1977 die „Epochenpolyvalenz" der Reformation im Bezug auf die Stellung Luthers und seiner Theologie im historischen Prozess: „Die ... Methode der Epochenpolyvalenz ermöglicht es ..., Entwicklungen, die Luthers Zeit vorausgehen, zuerst in sich selbst, dann aber auch in ihrer positiven, anziehenden und abstoßenden Wirkung auf Luther als ‚epochemachend' anzuerkennen, ohne dass damit Luthers eigenes Profil verdunkelt oder relativiert werden müsste" [104:

B. Spätmittelalter und Reformation

OBERMAN, Epoche, 87, Zitat: 95]. Der Begriff der Epochenpolyvalenz und das mit ihm verbundene Plädoyer für die analytische Kombination von geistig-kulturellen, gesellschaftlichen sowie politischen Strukturbedingungen und dem Element der individuellen Entscheidung, sei es bei den theologischen Leitfiguren wie Luther und Zwingli, sei es bei den Laien, sind mitzudenken, wenn es im Folgenden um die Epochenqualität der Reformation geht.

Gehen wir von den drei *sola*-Prinzipien – *sola fide*, *sola gratia*, *sola scriptura* – aus, die den Kern der reformatorischen Rechtfertigungstheologie der 1520er Jahre, sowohl bei Luther wie auch bei Zwingli, bildeten. Die Konzentration der Reformatoren auf das biblische Wort als alleinige und autonome Autorität der christlichen Lehre scheint gegenüber der sich vor der Reformation durchsetzenden Fixierung der Theologie auf die „Doppelautorität von ‚Schrift und Kirche' mit Hilfe eindeutiger Theorien der Lehrgewalt und Unfehlbarkeit" des Papstes oder der Konzilien [115: SCHÜSSLER, Primat, 297] die Umbruchsthese im Bereich des theologischen Denkens zu rechtfertigen. Ebenso das *sola fide* und das *sola gratia* in ihrer Gegenüberstellung zu den differenzierten Artikulationsformen der von der alten Kirche als heilsentscheidend angesehenen Guten Werke.

Auf den ersten Blick erscheint folglich die Lage auf dem theologischen Handlungsfeld eindeutig: Die reformatorische Rechtfertigungstheologie stand in deutlichem Gegensatz zu den theologischen Normen der alten Kirche. Der Bruch vollzog sich, wählt man eine Analyseebene, die lediglich die Grundelemente des alten und neuen Glaubensverständnisses gegenüberstellt, radikal und ohne Übergang. Der revolutionäre Umbruch im theologischen Denken ließe sich als das eindeutige Ende des Alten und den ebenso eindeutigen Beginn des Neuen definieren.

Dieser Eindeutigkeit entzogen sich allerdings schon etliche der älteren Reformationsinterpreten. Der katholische Kirchenhistoriker JOSEPH LORTZ konstatierte Ende der 1930er Jahre das „Schwinden der abendländischen christlichen Einheit" im Spätmittelalter auch in der Theologie [99: LORTZ, Reformation 1, 8]. Anders als JANSSEN sah LORTZ in der Reformation nicht den Keim umfassender Dekadenz, sondern wies auf die Defizite der alten Kirche hin. Im „werdenden Reformator" [Ebd., 211] Luther – Zwingli gehört ein eher marginales Interesse – erkannte er denjenigen, der mit seiner Theologie- und Kirchenkritik an spätmittelalterlichen Reformdebatten innerhalb der alten Kirche, dem Nominalismus der *via moderna* des Franziskaners William von Ockham (c. 1285–c. 1349), ansetzte und daraus seine eigenen Positio-

Joseph Lortz

Spätmittelalterliche Reformdebatten

nen entwickelte [Ebd., 172–177], die ihn freilich in der Folge aus der alten Kirche herausführten. LORTZ' Werk gilt zu Recht als epochemachend, weil es als erstes aus katholischer Sicht das theologische Anliegen des Wittenbergers anerkannte und in einen Entwicklungskontext setzte, der die spätmittelalterlich-katholische Verwurzelung des frühen reformatorischen Denkens würdigte. Gleichwohl betont auch LORTZ den Charakter der Reformation als „revolutionärer Aufstand gegen die Papstkirche durch eine theologische Laienbewegung". Dessen Wurzeln reichten jedoch in das Spätmittelalter zurück, denn „alles, was die Feindschaft gegen das Papsttum und die Kirche vorbereitet, gehört zu den Ursachen der Reformation" [Ebd., 10]. Frei von vordergründiger antilutherischer Polemik schuf LORTZ von katholischer Seite die Voraussetzung für eine von der Konfessionsbindung unabhängige Diskussion der Entstehungs- und Wirkungsgeschichte der Reformation.

Diese Linie der katholischen Kirchenhistoriographie setzte HUBERT JEDIN mit seiner umfassenden ‚Geschichte des Konzils von Trient' [92] fort. „Die Dialektik von institutionellem Verfall auf Seiten des päpstlich-spätmittelalterlichen Systems, von reformistischen Versuchen und reformatorischer Antwort wird deutlich gezeigt" [43: LUTZ, Reformation, 121]. Im Einklang mit der protestantisch geprägten Geschichtsschreibung erkannte er die aus der Krisenhaftigkeit der spätmittelalterlichen Kirche resultierende Notwendigkeit des Wandels an. Er kam jedoch zu einem anderen Ergebnis, indem er die Reformfähigkeit der katholischen Kirche selbst auf theologischem und institutionellem Feld, die freilich erst nach dem 1563 endenden Trienter Konzil zum Tragen kam, zum Kern seines Arguments machte [auch: 93: JEDIN, Katholische Reformation].

Flexibilisierung der Epochendiskussion

Die Forschungen von LORTZ und JEDIN trugen wesentlich zu einer Flexibilisierung der Epochendiskussion bei, indem sie den Epochenbegriff selbst dynamisierten. Zum einen nahmen sie Abschied von der punktuell fixierbaren Epochenzäsur, indem sie Genese und Wirkung des reformatorischen Theologie- und Kirchenverständnisses einen zentralen Platz einräumten. Zum anderen wies vor allem LORTZ auf eine strukturelle Querverbindung zwischen der Genese des reformatorischen Denkens und der vorreformatorischen Kirchenkritik hin, ohne die fundamentalen Differenzen zu verwischen und von der Interpretation Luthers als Häretiker abzuweichen. In der Beziehung der humanistischen Kirchenkritik zu Luther um 1520 fand er ein wichtiges Element jener Querverbindung, das sowohl die Schnittmengen im ursprünglichen Anliegen als auch die Trennungslinien in der aus der Kirchenkritik folgenden Konsequenz offen legte [99: LORTZ, Reformation 1, 296–299].

Die Betonung des Zusammenhanges von Humanismus und reformatorischen Anfängen gehört zu den Standards der neueren Reformationsforschung [97: KITTELSON, Humanism; 101: MEUTHEN, Charakter; 118: SPITZ, Course; 119: STUPPERICH, Humanismus]. MOELLER brachte die Beziehung in einem 1959 publizierten Vortrag auf die griffige Formel: „Ohne Humanismus keine Reformation" [102: MOELLER, Humanisten, 59]. Er sieht die Reformatoren in der humanistischen Gedankenwelt verwurzelt, nimmt jedoch Luthers Theologie- und Frömmigkeitsverständnis ausdrücklich davon aus. Gerade in der Betonung dieses Spannungsverhältnisses zeigt sich freilich die Unmöglichkeit der Konstruktion einer unilinearen theologischen Kausalkette, die zur Reformation führte. MOELLER setzte damit bis heute wirkende Bewertungsmaßstäbe. In Bezug auf Luther arbeitet JUNGHANS die komplexe und widersprüchliche Beziehung zum Humanismus heraus: „Luther ist sehr abhängig vom Humanismus und verdankt ihm Entscheidendes. Luther ist ganz unabhängig vom Humanismus und verdankt ihm nichts" [94: JUNGHANS, Beziehungen, 33]. Verschmähung der Scholastiker und Bevorzugung der Heiligen Schrift markieren nach JUNGHANS Luthers humanistisches Erbe, zentrale Lehraussagen „wie z. B. das bewusste Erleiden des Handelns Gottes ... und einer Rechtfertigung aus dem Glauben" stellten ihn hingegen in deutlichen Gegensatz zur humanistischen Tradition [Ebd., 48].

MEUTHEN und SPITZ [101: MEUTHEN, Charakter, 221; 118: SPITZ, Course, 374] verweisen auf die gemeinsamen Frömmigkeitsideale bedeutender Humanisten wie Erasmus und dem durch den Nominalismus der *via moderna* geprägten Niederländer Rudolf Agricola, dessen Werk ‚De inventione dialectica' die Denkmethodik Melanchthons maßgeblich formte [54: REINHARD, Reichsreform, 250], und der spätmittelalterlichen religiösen Erneuerungsbewegung der *devotio moderna*. Von sekundärer Bedeutung erscheint dabei letztlich die Tatsache, dass die humanistischen Zeitgenossen Luthers und Zwinglis keineswegs eine einheitliche Position zur kirchlichen Erneuerung einnahmen. Wandelten sich vor allem junge Humanisten wie Melanchthon, Zwingli und Bucer zu Reformatoren, vertraten andere, wie zeitweilig Erasmus, der sich gleichwohl bald gegen Luther und den reformatorischen Wandel wenden sollte, eine vermittelnde Position, so blieben dritte auf Seiten der alten Kirche [100: LUTZ, Humanismus, auch: 76: AUGUSTIJN, Humanisten]. Wichtiger ist die Bedeutung des Humanismus für die Charakterisierung eines intellektuellen Szenarios im Vor- und Umfeld der Reformationsereignisse, das Impulse aus den theologischen und philosophischen Debatten des Spätmittelalters empfing und diese in den Reforma-

Humanismus und reformatorische Anfänge

Brücken- und Abgrenzungsfunktion des Humanismus

tionsdiskurs selbst einbrachte. Die Brücken- und Abgrenzungsfunktion des Humanismus für das Verhältnis von alter Kirche und Reformation beschränkte sich nicht auf die Frühphase des Reformationskonfliktes. Sie wirkte im Konfessionalisierungsprozess vor allem in Bezug auf die Reform des Bildungswesens auf protestantischer wie katholischer Seite [58: SCHMIDT, Konfessionalisierung, 23 f., 43 f., 54]. Auch dies relativiert die von protestantischen wie katholischen Historikern des 19. Jahrhunderts vertretene These vom reformatorischen Umbruch als einer theologischen Stunde Null – sei es in positiver, sei es in negativer Bedeutung.

Die sich häufenden Hinweise auf gleichermaßen Kontinuitäts- und Diskontinuitätselemente in der neueren Humanismusforschung halten sich freilich bezüglich einer expliziten Bewertung der Epochenfrage bedeckt. Eindeutiger äußerten sich JOSEPH ENGEL und ERNST WALTER ZEEDEN, die Gründer des in den 1970er Jahren in Tübingen entstandenen Sonderforschungsbereiches ‚Spätmittelalter und Reformation', in einer programmatischen Einführung zum ersten Band der Publikationsreihe des Projektes. Sie betonen die Einheit von Spätmittelalter und Reformation: „Der Umbruch, der durch Renaissance, Reformation, Entdeckungen, durch Erfindungen und Wandlungen in Gesellschaft, Wirtschaft, Kirche und Staat zwischen dem 15. und 16. Jahrhundert geschehen ist, hat offensichtlich nicht die Tiefendimension, die ihm seit Jahrhunderten beigelegt worden ist. Angesichts der fundamentalen Veränderungen, die seit der Mitte des 18. Jahrhunderts durch Industrialisierung und Revolutionen eingeleitet worden sind, schrumpft der vermeintliche Graben um 1500, der gar zwei Weltalter voneinander trennen soll, zusammen: das Verbindende, Gemeinsame ... tritt durch alle Veränderungen der Zeiten hindurch immer stärker zutage" [ENGEL/ZEEDEN, Einführung zu: K. TRÜDINGER, Stadt und Kirche im spätmittelalterlichen Würzburg. Stuttgart 1978].

Einheit von Spätmittelalter und Reformation

Damit stehen sie in einer Forschungstradition, die sich seit dem Ende des 19. Jahrhunderts neben den eindeutig konfessionell geprägten Bewertungen der Reformation vor allem im Umfeld der sich formierenden Soziologie etabliert hatte und die Umbruchsthese grundlegend problematisierte. Für den Theologen, Religionssoziologen und Historiker ERNST TROELTSCH ist, wie er 1906 schrieb, „der alte, echte Protestantismus des Luthertums und des Calvinismus ... durchaus im Sinn des Mittelalters kirchliche Kultur", da er sämtliche Bereiche von Staat und Gesellschaft nach den „supranaturalen Maßstäben der Offenbarung" ordne [120: TROELTSCH, Bedeutung, 14]. Er habe sich überdies nur durch äußeren Zwang als Kirchenwesen etablieren können und „die

Ernst Troeltsch

B. Spätmittelalter und Reformation 77

alte Grundidee einer durch und durch autoritativen rein göttlichen Heilsanstalt bewahrt" [Ebd., 20]. Erst der Impulse aus Täufertum und Spiritualismus empfangende „Neuprotestantismus" seit dem Ende des 17. Jahrhunderts sei modern, da sich in ihm die Prinzipien der Entkoppelung von Staat und Kirche und der Gemeinschaftsbildung auf der Basis von Freiwilligkeit und Überzeugung durchgesetzt hätten [Ebd., 14 f.]. Gleichwohl birgt für TROELTSCH das 16. Jahrhundert eine das Mittelalter zersetzende Dynamik und damit ein auf die Moderne gerichtetes Potenzial, da u. a. aus der Gleichzeitigkeit der katholischen, lutherischen und reformierten Kirchentümer, die jeweils einen sich gegenseitig ausschließenden, alle Seinsbereiche umfassenden Geltungsanspruch erhoben, die langfristige Auflösung der Möglichkeit dieses Geltungsanspruches resultiere [Ebd., 29].

In den Thesen TROELTSCHS deuten sich zwei forschungsstrategische Elemente an, die langfristig wirken sollten. Erstens die Betonung der Persistenz politisch-gesellschaftlicher Organisationsformen und eines damit im engen Zusammenhang stehenden Kirchenverständnisses – über die christlichen Konfessionsgrenzen hinweg – vom Mittelalter bis in die Aufklärungsepoche. Zweitens die Positionierung der Reformation in einem auf Säkularisierung ausgerichteten Prozess der Modernisierung, der im 18. Jahrhundert an Durchsetzungskraft gewann, dessen Impuls aber im 16. Jahrhundert gesetzt wurde.

Säkularisierungsprozess

Das erste Element wird vom so genannten Alteuropakonzept aufgenommen, das DIETRICH GERHARD seit den 1950er Jahren entwickelte. Der Alteuropabegriff GERHARDS markiert eine grundsätzliche Epocheneinheit vom 11. bis zum Ende des 18. Jahrhunderts, die sich vor allem auf der Kontinuität politisch-sozialer Konzepte und Institutionen gründete. Seine Bewertung der Reformation nimmt Argumentationselemente von TROELTSCH auf, bleibt im Unterschied zu diesem jedoch skeptisch gegenüber der modernisierenden Rolle des ‚Neuprotestantismus' [82: GERHARD, Abendland, 15–24, 152–158].

Alteuropakonzept

Das zweite Element, die Modernisierungsdebatte, erhielt wesentlichen Antrieb durch die religionssoziologischen Thesen MAX WEBERS, deren Verwandtschaft zu denen TROELTSCHS evident ist, die jedoch in ein umfassendes Modell von der Entstehung der okzidentalen Moderne in universalgeschichtlicher Perspektive eingebunden sind. Im argumentativen Zentrum seines Konzeptes steht der Prozess der Wirtschaft, Staat und Kultur erfassenden Rationalisierung, der nach WEBER der abendländischen Kultur vorbehalten blieb und Voraussetzung ihrer universalhistorischen Wirkung wurde [dazu noch immer informativ die Einleitung zu: D. KÄSLER (Hrsg.), Max Weber. Sein Werk und seine

Max Weber

Rationalisierungsprozess

Wirkung. München 1972, 7–33]. Einen Kernbestandteil jenes Konzeptes, dargestellt in dem 1921 posthum veröffentlichten Werk ‚Wirtschaft und Gesellschaft', bildet das Kapitel zur Religionssoziologie [122: WEBER, Wirtschaft, 245–381], dem eine Vielzahl von Einzelstudien vorgearbeitet hatte. Darunter der 1904 in erster Fassung publizierte Beitrag ‚Die protestantische Ethik und der Geist des Kapitalismus' [121: WEBER, Ethik, 17–206]. Die Entstehung des Kapitalismus als ökonomisch-gesellschaftlicher Organisations- und Ausdrucksform eben jenes Rationalisierungsprozesses setzt WEBER in ursächlichen Zusammenhang mit „der Berufsethik des asketischen Protestantismus" von Calvinismus, Pietismus, Methodismus und aus der Täuferbewegung hervorgegangenen Sekten. Mit dieser Ethik seien die „religiösen Grundlagen der innerweltlichen Askese" geschaffen worden, die ihrerseits als verhaltensnormierende Grundbedingung des Kapitalismus zu gelten habe [Ebd., 84].

Webers Wirkung

WEBERS direkte Wirkung auf die historische Reformationsforschung war bis in die jüngste Zeit hinein bescheiden. Gleichwohl betont HARTMUT LEHMANN in seinem Überblick zu dessen Wirkungsgeschichte die Bedeutung der Protestantismus-Kapitalismus-These als Ferment für die Reflexion der Rolle der Reformation im umfassenden Transformationsprozess, den der Okzident bis zum 19. Jahrhundert durchlaufen hat [98: LEHMANN, Max Weber]. Das eigentliche Faszinosum der These scheint aber in dem heuristischen Angebot zu liegen, das WEBER mit seinem Modernisierungsmodell der Reformationsforschung unterbreitet. Es verbindet die theologie- und geistesgeschichtlichen mit den politik-, sozial- und kulturgeschichtlichen Dimensionen in der präzisen Fragestellung nach der Entstehung der modernen Welt insgesamt. Zudem befreit es die Reformationsforschung aus der Beschränkung auf eine nationalstaatlich-metaphysische Perspektive, in die sie in Deutschland im 19. Jahrhundert angesichts der politisch virulenten Einigungsfrage geraten war und die im 1871 entstandenen Kaiserreich die Vollendung einer mit der Reformation beginnenden nationalen Sendung sah [Forschungsüberblick: 59: SCHORN-SCHÜTTE, Reformation, 91–93].

Modernisierungs-
paradigma

Wie wenig freilich von dem heuristischen Angebot Webers Gebrauch gemacht wurde, hat LEHMANN gezeigt. In der aktuellen Epochendebatte hat es aber zumindest implizit und auf dem Umweg über das Modernisierungsparadigma, zu dessen Quellen der webersche Rationalisierungsbegriff gehört [informativ dazu: C. SEYFARTH, Protestantismus und gesellschaftliche Entwicklung: Zur Reformulierung eines Problems, in: 117: SEYFARTH/SPRONDEL, Religion, 338–366; H. U.

WEHLER, Modernisierungstheorie und Geschichte. Göttingen 1975, 44–46], seinen Platz gefunden. ‚Moderne' und ‚Modernisierung' gehören inzwischen zum anerkannten Begriffsinstrumentarium der Frühneuzeitgeschichte. So empfing der in engstem Zusammenhang mit der Reformationsgeschichtsschreibung stehende Forschungsleitbegriff ‚Konfessionalisierung' existenzielle Impulse vom Modernisierungskonzept [dazu präziser Überblick: 35: EHRENPREIS/LOTZ-HEUMANN, Reformation, 62–79, bes. 71–73]. HEINZ SCHILLINGS in Anlehnung an die These REINHARD KOSELLECKS vom ausgehenden 18. Jahrhundert als einer Sattelzeit der Moderne geprägte Charakterisierung des späten 16. und frühen 17. Jahrhunderts als „Vorsattelzeit" der Moderne zeigt dies deutlich. Ein dort einsetzender jahrhundertelanger Transformationsprozess habe „am Ende zur neuzeitlichen Rationalität und Modernisierung" geführt [55: SCHILLING, Aufbruch, 315].

Da nach SCHILLING der Konfessionalisierungsprozess erst im späten 16. Jahrhundert zur vollen Entfaltung gelangte [112: SCHILLING, ‚Zweite Reformation', 401–411; 113: DERS., Konfessionalisierung im Reich; grundsätzlich kritisch gegenüber dieser Spätdatierung: 58: SCHMIDT, Konfessionalisierung, 110–113], scheint hier eine Neudatierung der Zäsur zwischen Spätmittelalter und Frühneuzeit auf, der gemäß eine Neuformierung in Richtung auf die Moderne in eben jener ‚Vorsattelzeit' einsetzte. WOLFGANG REINHARD lässt im Unterschied zu SCHILLING den Formierungsprozess konfessioneller Abgrenzung und Selbstorganisation in den 1520ern beginnen und mit der Formulierung der *Confessio Augustana* 1530 einen ersten Höhepunkt erreichen [109: REINHARD, Konfession, 188].

Diese Differenz mag auf den ersten Blick als nebensächlich erscheinen, ist jedoch von weit tragender Konsequenz für die Periodisierungssystematik des Reformationsgeschehens. Indem nämlich der Beginn der auch von REINHARD als Modernisierung interpretierten Konfessionalisierung [108: REINHARD, Gegenreformation] in den 1520er Jahren angesiedelt wird, berühren sich die auf die Zukunft der Moderne verweisenden Elemente der Konfessionalisierung in engstem zeitlichen Konnex mit dem Reformationskonflikt, in dem sich die reformatorische Theologie in Auseinandersetzung mit Theologie und Kirchenorganisation des Spätmittelalters konturierte. Wenn der Kirchenhistoriker THOMAS KAUFMANN 1996 darauf verweist, dass „Reformation und Konfessionalisierung ... zutiefst ineinander verwobene Prozesse" gewesen seien, so hat das für ihn die Konsequenz, „auf dem epochalen Umbruchcharakter der Reformation zu beharren" [96: KAUFMANN, Konfessionalisierung, 1115, 1119]. Schon zuvor plädierte ebenfalls RICHARD

Konfessionalisierungskonzept

Reformation und Konfessionalisierung

VAN DÜLMEN unter Einbeziehung auch der refomatorischen Auswirkungen auf die Sphäre der Alltagswelt, auf Frömmigkeit und Sozialverhalten, für die wirkungsgeschichtliche Einbindung der Reformation „in den Formierungsprozess der neuzeitlichen Gesellschaft" [79: VAN DÜLMEN, Reformation und Neuzeit, 25].

In der Diskussion der 1980er und frühen 1990er Jahre um den Epochencharakter des 16. Jahrhunderts schien zumindest in der deutschsprachigen und angelsächsischen Forschung die Konfessionalisierungsdebatte mit ihrer zukunftsgerichteten Modernisierungsperspektive diejenige um Genese und Durchsetzung reformatorischen Denkens und Handelns und deren wirkungsgeschichtliche Verklammerung mit dem Spätmittelalter in den Hintergrund gedrängt zu haben. Es entsteht der Eindruck, dass das auf Phänomene der langen Dauer ausgerichtete Kontinuitätsmodell, wie es im Alteuropakonzept am deutlichsten Profil erlangt hat, und das Modell von der frühneuzeitlichen Epochenzäsur, sei es auf einen kurzfristigen Umbruch in den 1520er Jahren oder einen mittelfristigen Modernisierungsschub im späteren 16. und im 17. Jahrhundert orientiert, von einer tiefen Kluft getrennt werden.

Kontinuitäts- und Zäsurmodell im Konflikt

Jüngst hat noch einmal KONSTANTIN FASOLT den Gegensatz beider Konzeptionen aus einer Perspektive aufgebaut, die implizit am Alteuropakonzept anknüpft und den Zäsurcharakter der Reformation grundsätzlich bestreitet. Er baut sie in einen kontinuierlichen Prozess der europäischen Gesellschaft seit dem 10. Jahrhundert ein, den er als „Laizisierung" aller Lebensbereiche bezeichnet. „Sie ist nur der bewusste deutsche Ausdruck für einen unbewussten gesellschaftlichen Wandel, der in ganz Europa stattfand und sich ebenso deutlich in Renaissance und Humanismus abzeichnet..." [81: FASOLT, Geschichte, 246f.]. Die extreme Zuspitzung der These lenkt den Blick auf das grundsätzliche Problem einer umfassenden europäischen Periodisierung. Freilich richtet sie sich im argumentativen Kern gegen eine längst überholte Interpretation, welche die – wie auch immer geartete – Verbindung der Reformation mit kulturellen, politischen und sozialen Strukturen und Prozessen des Spätmittelalters negiert.

Trotz dieses anregend flammenden Plädoyers für ein Kontinuitätsmodell mit extrem langwelligen Wandlungsprozessen scheinen die Gewichte zwischen den beiden Makrokonzepten der Periodisierung, dem Frühneuzeitkonzept und dem Alteuropakonzept, klar verteilt. Letzteres habe sich gegenüber ersterem, so WINFRIED SCHULZE 1993, nicht durchsetzen können [116: SCHULZE, ‚Von den großen Anfängen', bes. 10].

B. Spätmittelalter und Reformation

Und doch zeichnen sich gerade in der Reformationsforschung neuerdings Tendenzen ab, die nicht länger von einem Antagonismus beider Konzepte ausgehen. Anlässlich einer gemeinsamen Tagung des Vereins für Reformationsgeschichte und der amerikanischen Society for Reformation Research, die sich 1990 aktuellen Forschungsansätzen zur deutschen und europäischen Reformation widmete, fasste HANS-CHRISTOPH RUBLACK in einer weit gespannten Übersicht soziologische, theologische und historische Interpretationen der Beziehung von Reformation und Moderne zusammen. Er positioniert die wirkungsgeschichtliche Qualität der Reformation in einen durch die Leitbegriffe Modernisierung, Säkularisierung und Bürokratisierung markierten langfristigen Prozess und plädiert für die Flexibilisierung der „Dichotomie von Traditionalität und Modernität" als Möglichkeit ihrer Auflösung zugunsten einer „multiplen Peridiodisierung". „Innovation kann in wechselnder Perspektive als Durchbruch und als Selektion der Tradition erscheinen. Die Spielräume verschiedener kulturellen Ebenen überschneiden sich, sie sind nicht gegeneinander abgeschlossen" [111: RUBLACK, Reformation und Moderne, 35, 37]. Diese Grundaussage belegt er mit Hinweisen auf die Überlagerung, das Ineinandergreifen und die Ambivalenz kultureller und institutioneller Strukturen, welche den Reformationsprozess prägten.

Eines der Beispiele, mit denen RUBLACK jene komplex verzahnte Parallelität von Tradition und Moderne verdeutlicht, ist die prophetisch-charismatische Qualität, die Luther von den reformatorischen Zeitgenossen und der lutherischen Orthodoxie zugeeignet wurde [311: BORNKAMM, Luther, 11; 77: BARNES, Prophecy]. In Anlehnung an MAX WEBERS Idealtyp für historische Bewegungen, den „prophetisch-charismatischen Durchbruch durch Tradition", entwickelt er eine Argumentation, die einerseits verdeutlicht, „dass Luthers Verwerfung der traditional gefassten Religion" wirkungsgeschichtlich Neues induzierte, dass andererseits die „Potenz prophetischer Neuerung ... wieder in den Schatten der Strukturen langer Dauer" trat. Die Traditionalität der lutherschen Stände- und Wirtschaftsethik kann nach RUBLACK erklären, warum die durch Luther evozierte mentale Bereitschaft zum Durchbruch durch eben jene traditional gefasste Religion nicht in die kausale Verkettung der „Genese kapitalistischer Moderne" einmündete [111: RUBLACK, Reformation und Moderne, 23f.].

Es kann hier nicht darum gehen, diese Position als verbindliche Wertung der Beziehung von Traditionalität und Modernität, von Kontinuität und Epochenbruch zu markieren. Gleichwohl legt sie die Komplexität des Problems offen, dessen sich die Reformationsforschung in

Annäherung von Frühneuzeit- und Alteuropakonzept

den 1990er Jahren bewusst geworden ist. So wurde z. B. noch Ende der 1980er Jahre von HEINZ SCHILLING die Reformation emphatisch als „Aufbruch in die Neuzeit", so die Überschrift eines der beiden Reformationskapitel seiner Geschichte Deutschlands von 1517 bis 1648, gefeiert [55: SCHILLING, Aufbruch, 85]. 1998 relativierte er die Um- und Aufbruchqualität der Reformation zugunsten eines Modells, das die „Sandwichlage" der Reformation zwischen einer spätmittelalterlichen Reformepoche und „eigentlicher frühneuzeitlicher Formierung im Zeichen des Konfessionalismus seit dem ausgehenden 16. Jahrhundert" betont [114: SCHILLING, Reformation, 24]. Er positioniert die Reformation damit in einen langfristigen Reformprozess, einen ‚Temps des Réformes', wie er in Anlehnung an einen Titel des französischen Historikers PIERRE CHAUNU formuliert, der dieses Prädikat der kirchen- und kulturgeschichtlichen Entwicklung zwischen 1250 und 1550 zuspricht [238: CHAUNU, Temps]. Innerhalb des phasengegliederten langfristigen Wandlungsprozesses eignet nach SCHILLING der Reformation freilich eine herausgehobene Innovationsleistung, da sie dem Reformprozess neue Dynamik einhauchte. Sie habe die älteren Reformimpulse in Kirche, Staat und Gesellschaft „im dialektischen Sinne" aufgehoben und letztlich in die Formierungswirkungen des Konfessionalisierungsprozesses des späten 16. und 17. Jahrhunderts überführt. In der „langgestreckten ‚Zeit der Reformen' oder auch Reformationen" wurde „die *societas christiana* umgewandelt in die in sich differenzierte, multikonfessionelle Gesellschaft der frühen Neuzeit, die dann ihrerseits in einem ähnlich langfristigen Wandel die säkularen pluralistischen Gesellschaften der Moderne hervorbrachte" [114: SCHILLING, Reformation, 29].

SCHILLINGS programmatischer Aufsatz stützt sich im Wesentlichen auf makrohistorische Analysen, die sich selbst der Langzeitperspektive gesellschaftlicher und politischer Prozesse widmen. Dieser Ansatz scheint das Ergebnis des Abschieds vom Umbruchcharakter der Reformation und die Hinwendung zu deren Einordnung in einen Jahrhunderte währenden Strukturwandel – hier freilich in durchaus herausgehobener, weil den Wandel beschleunigender Funktion – insofern zu präformieren, als die Langzeitperspektive zwingend den Blick auf Kontinuitäten wie gleitenden Wandel gleichermaßen lenkt, denn diese Ambivalenz ist „geradezu der historische Normalzustand" [53: REINHARD, Probleme, 48]. Gleichwohl unterbreitet SCHILLING ein Angebot, die Reformation in jenem ambivalenten Langzeitprozess des Wandels vom 13. bis zum 18. Jahrhundert präziser zu verorten als dies seitens der älteren Vertreter des Alteuropakonzepts geschehen ist. Zu diesen

B. Spätmittelalter und Reformation 83

zählt neben DIETRICH GERHARD auch ERICH HASSINGER, der in seinem 1959 erstmalig vorgelegten Buch ‚Das Werden des neuzeitlichen Europa 1300–1600' zwar noch recht unspezifisch, gleichwohl deutlich aus ebenfalls makrohistorischer Perspektive darauf verweist, dass die reformatorischen Veränderungen „partielle Wandlungen, nicht eine totale und in die letzten Tiefen reichende Umwälzung" darstellten [90: HASSINGER, Werden, 121].

Die grundsätzliche Kontinuität in der Argumentation von HASSINGER zu SCHILLING, aber auch und gerade der Fortschritt in der Präzisierung der systematisierenden Begrifflichkeit, der sich bei letzterem abzeichnet, belegt, dass SCHULZEs Feststellung von 1993, das Alteuropakonzept habe sich gegenüber dem Frühneuzeitkonzept nicht durchgesetzt, sich in dieser Eindeutigkeit nicht halten lässt. Vielmehr führt die Verbindung beider zu einer Neubewertung von Genese und Wirkungsgeschichte der Reformation, die deren periodisierungsrelevante Vielschichtigkeit im Sinn eines „Sowohl-als-auch" [35: EHRENPREIS/LOTZHEUMANN, Reformation, 17 f., 23–25] apostrophiert.

Vielschichtigkeit von Genese und Wirkung der Reformation

Für die konkrete Füllung dieses „Sowohl-als-auch" bietet SCHILLING indes nur eine Möglichkeit unter anderen an, die zudem in ihrer durchaus beabsichtigten thesenhaften Allgemeinheit noch nicht hinreichend deutlich werden lässt, was denn das Spezifische der herausgehobenen Position der Reformation im langfristigen Wandel vom Spätmittelalter zur Moderne ausmacht.

Eine weitere Möglichkeit eröffnet seit 1992 der Kirchenhistoriker BERNDT HAMM mit einer Folge von Aufsätzen [84: HAMM, Reformation; 85: DERS., Reformatio; 86: DERS., Einheit; 87: DERS., Normative Zentrierung; 88: DERS., Wie innovativ war die Reformation?], die – wie SCHILLINGS ‚Temps des Réformes'-Aufsatz – zunächst den Aspekt des langfristigen, im Spätmittelalter einsetzenden Wandels betonen. Mit dem Begriff der „normativen Zentrierung" setzen sie jedoch einen Akzent, der die Umbruchqualität der Reformation wieder in die geschichtswissenschaftliche Debatte einbringt, ohne den langfristigen Wandel aus dem Auge zu verlieren. In seinem Buch ‚Bürgertum und Glaube' testet HAMM diese ‚normative Zentrierung' – gestützt im Wesentlichen auf Nürnberg – empirisch aus [155: HAMM, Bürgertum, bes. 73–76]. Er versteht darunter die sich seit dem Spätmittelalter andeutende und in Reformation und Konfessionalisierungsprozess zum Durchbruch gelangende Tendenz, Religion und Gesellschaft „auf ein grundlegend orientierendes und organisierendes Zentrum, auf eine Mitte von normierender, legitimierender und regulierender Kraft hin" auszurichten [Ebd., 73]. Die Reformation habe zu einem „System-

Normative Zentrierung

Reformation als Systembruch

bruch" geführt, da sie „in der Rückbesinnung auf die Norm und das Legitimitätsprinzip der Hl. Schrift" die Grundlage für normative Zentrierung im Sinn der Aufhebung „der Variationsbreite kirchlich tolerierter mittelalterlicher Theologien, Frömmigkeitsformen und Reformmodelle" gelegt habe [85: HAMM, Reformatio, 7], die im Konfessionalisierungsprozess zum verallgemeinerten Signum von Kirchlichkeit, Theologie und Frömmigkeit wurde.

Durchdringung geistlicher und weltlicher Zentrierungsprozesse

Der geistliche Zentrierungsprozess und die „weltliche Zentrierung des Rechts, der Sozialordnung und der Politik ... durchdringen und verstärken (sich) in einer Wechselseitigkeit der Einflussgefälle". Dies ist nicht bloß chronologische Koinzidenz, sondern Ausdruck einer strukturellen Verflechtung, die im „System einer Gesellschaft" gründet, „die sich als geistlich-weltliches corpus christianum versteht" und die „im 16. Jahrhundert mit einer gewissen sachlogischen Folgerichtigkeit zur obrigkeitlichen Reformation, zum landesherrlichen bzw. städtischen Kirchenregiment und zum Konfessionsstaat führen wird" [Ebd., 64 f.].

Die Zitate lassen *in nuce* deutlich werden, wie sich langfristige Strukturen und Entwicklungen sowie der Umbruch aufeinander beziehen. Die Zuführung einer langfristigen gesellschaftlichen Gesamtentwicklung auf deren normative Grundlage als ‚corpus christianum', die – schon vorher als gedachte Möglichkeit durchaus vorhanden – mit der Reformation als religiös-gesellschaftliches Gesamtphänomen erst allgemeine und durch die Verbindung von Konfession und Staat bis an die Schwelle zur Moderne reichende, ja diese in komplexen Zwischenschritten selbst mitgenerierende Wirkmächtigkeit erlangte, legt gleichsam eine Entwicklungsmotorik offen, die das Sowohl-als-auch-Modell methodologisch präzisiert und faktologisch unterfüttert.

Langfristige kulturelle Transformation

Dass HAMMs Modell der normativen Zentrierung einen mit ebenfalls erheblichem hermeneutisch-methodologischem und faktengeschichtlichem Aufwand verbundenen Widerspruch in Gestalt eines Gegenmodells hervorgerufen hat, spricht für sein gegenwärtig forschungsleitendes Potenzial. Es dient in der Einleitung des von BERNHARD JUSSEN und CRAIG KOSLOFSKY herausgegebenen Bandes ‚Kulturelle Reformation' [95: bes. 22–27] als die wesentliche Abgrenzungsfolie. Von ihr aus wird ein kulturwissenschaftlicher Ansatz entwickelt, der die Möglichkeit des reformatorischen Systembruchs, des „Sturzes des bisher gültigen Normensystems" [86: HAMM, Einheit, 69], negiert. Vielmehr sei von einer „umfassenden kulturellen Transformation" seit dem 14. Jahrhundert auszugehen, die in unterschiedlichen Zeitspannen und unterschiedlicher Intensität kulturelle Teilbereiche erfasse, die sich nicht der Kohärenz eines normativen Zentrums unterwürfen und deren „Zusammenhang auf Anhieb nicht ersichtlich" sei [95: JUSSEN/KOS-LOFSKY, Reformation, 16 f.]. Die Darstellung des Prozesses der semantischen und sozialen Umordnung zwischen 1400 und 1600 als ‚kulturelle Reformation' „erfasst epochalen Wandel als die Neuordnung der symbolischen Formen oder der institutionellen ‚Darstellung'" [Ebd., 16]. Das spezifisch Theologische, das im Zentrum der Argumentation HAMMS steht, wird seines normativ zentrierenden Charakters entkleidet, indem die Beiträge des Bandes auf eine Vielzahl von Aspekten eingehen, die allesamt „Phänomene des Religiösen im 15. und 16. Jahrhundert in jenem größeren Zusammenhang, der mit dem Stichwort ‚kulturelle Semantik' angedeutet ist", beleuchten [Ebd., 20]. Die Transformation jener komplexen kulturellen Semantik entzieht sich, so ist zu folgern, der Möglichkeit einer Fixierung auf das Umbruchhafte, sie ist *per se* Prozess.

HAMM reagierte darauf mit einer Präzisierung seiner Sicht auf die Beziehung von langfristigem Wandel und Umbruch in Gestalt eines „zweifach integrativen Innovationsmodells des in den Umbruch integrierten langfristigen Wandels und des in den langfristigen Wandel integrierten Umbruchs" [88: HAMM, Wie innovativ war die Reformation?, 492]. Sein nunmehr flexibilisierter Innovationsbegriff reicht, je nach konkretem theologie- oder frömmigkeitsgeschichtlichem Problemfeld, von der Möglichkeit des Umbruchs als „grundlegender Richtungsänderung" über die Innovation als „Verstärkung" oder „Beschleunigung" kontinuierlicher Prozesse und die „kontinuierliche Veränderung ohne gravierende Verstärkung und Beschleunigung" bis hin zur „Fortsetzung eines spätmittelalterlichen Wandels in der gleichen Veränderungsrichtung ..., aber nun mit einem qualitativen Sprung" [Ebd., 485–489].

Zweifach integratives Innovationsmodell

In diesem aktuellen Versuch HAMMS werden wesentliche inhaltliche Elemente der These vom langfristigen Wandel kultureller Muster und deren Zuführung auf Problemfelder von Theologie, Kirche und Frömmigkeit aufgenommen – dies nicht zu tun, hieße, die Ergebnisse der diesbezüglichen Forschungen, die inzwischen zum wissenschaftlichen Standard gehören [beispielhaft: 32: BRADY u. a., Handbook 2], zu ignorieren. Das von ihm angebotene begrifflich-methodologische Instrumentarium bietet aber ein Modell zur Ordnung des historischen Kontinuums, in welches das Ereignis- und Strukturfeld Reformation eingebettet ist, an. Dieses Modell bündelt scheinbar widersprüchliche Periodisierungsansätze [302: MOELLER, Frühe Reformation; 78: BRADY, Reformation]. Es bezieht sie dergestalt aufeinander, dass die

Bündelung widersprüchlicher Ansätze

Debatte eine neue Qualität erreicht, die sich von einseitigen methodologischen Fixierungen und von aus ihnen folgenden ebenso einseitigen Interpretationen bezüglich des Epochenwertes der Reformation löst.

Der Erkenntniswert des von HAMM eingeführten Begriffes der ‚normativen Zentrierung' hat durch die Flexibilisierung seines Periodisierungsmodells zwar prinzipiell nichts von seinem Potenzial zur Markierung des besonderen Stellenwertes der Reformation im Prozess des langfristigen Wandels vom Mittelalter zur Neuzeit verloren. Er wird nunmehr freilich deutlicher als in HAMMs früheren Deutungsversuchen in ein erweitertes Muster von Verlaufsformen des historischen Prozesses mit unterschiedlichen Qualitäten des Wandels eingeordnet, die Genese und Wirkung der Reformation zu erklären trachten. Die Zukunft wird zeigen, ob und wie der Begriff für das Generalthema Reformation und Periodisierung zu operationalisieren ist.

Schon jetzt jedoch wird deutlich, wie er auf Fragestellungen der Forschung zu historisch-konkreten Spezialproblemen der Reformation wirkt und diese in das Generalthema der Epochenrelevanz integriert. PETER BLICKLE bezieht sich in der neuesten Auflage seines Buches ‚Die Reformation im Reich' auf die Konkretion der ‚normativen Zentrierung' in der städtischen Reformationsbewegung. Sie sei geeignet, „das Gemeinsame der religiösen und politischen Interessen in der Stadt zu bezeichnen, das sich durch einen Zug zur Vereinfachung und zur Reduktion von Komplexität zu erkennen gibt" [31: BLICKLE, Reformation, 129]. Er orientiert dabei auf eine Konfiguration von reformatorischem Denken und kommunalen Wertbezügen, von Evangelium als göttlichem Gesetz und politisch-sozialer Ordnung, die das Denken um städtische und ländliche Ordnung neu organisierte.

Indem BLICKLE damit ein zentrales und wirkungsgeschichtlich umfassendes – stellen Stadt und Land schließlich die großen Sozialformationen der Zeit dar – Problemfeld benennt, das gleichwohl regional und entwicklungsgeschichtlich fixier-, differenzier- und eingrenzbar ist, öffnet er den Blick auf die konkrete Operationalisierbarkeit von HAMMs Ansatz.

Historiographische Konzepte mit allgemeinem Aussageanspruch – und damit auch solche, die den Epochencharakter der Reformation und das damit aufs engste verzahnte Problem der Beziehung von Mittelalter und Neuzeit zum Gegenstand haben – zeigen ihren Erkenntniswert vor der Folie konkreter Analyse von Teilbereichen historischer Entwicklung. Wenn zahlreiche dieser Analysen, auf die im Folgenden einzugehen ist, ihren Gegenstand in der ersten Hälfte des 16. Jahrhunderts finden, so bedeutet dies nicht zwangsläufig ein Bekenntnis zu

Konkretion der normativen Zentrierung

B. Spätmittelalter und Reformation

einer Epocheneinheit im Sinn RANKES, sondern basiert neben forschungspraktischen Gründen auf der von allen an der Periodisierungsdebatte beteiligten Forschern geteilten Sicht, dass es in jenem Halbjahrhundert zu einer Verdichtung von wirkungsgeschichtlich bedeutsamen Sachverhalten in den Bereichen von Theologie, Kirche, Politik und Gesellschaft kam. Die Bewertung ihrer genetischen und wirkungsgeschichtlichen Qualität kommt freilich um die interpretative Rückbindung an die skizzierten makrohistorischen Modelle nicht herum, will man sich nicht vor der Frage drücken, ob und wie ein Zusammenhang jener Sachverhalte bestand, ob und wie dieser Zusammenhang eine wirkungsgeschichtliche Motorik entfaltete, welche die Differenz und/oder die Übereinstimmung von Nachher und Vorher erklärt. Dabei geht es jedoch nicht nur um die Alternative der Affirmation oder der Ablehnung jener makrohistorischen Modelle.

Verdichtung wirkungsgeschichtlicher Sachverhalte

In Betracht kommt auch eine dritte Möglichkeit, die sich der Rationalität des zielgerichteten Wandels entzieht, die letztlich all jenen Modellen eigen ist, seien sie umbruchorientiert oder dem Paradigma der Langfristigkeit verpflichtet. Diese Möglichkeit richtet sich nicht auf ein eindeutiges Interpretationsschema aus, das dem Generalthema ‚Fortschritt' im Sinn der Entstehung von Moderne verpflichtet ist. Sie findet sich vor allem in jenen Studien zur historisch-anthropologischen Dimension der Reformationsgeschichte, die davon ausgehen, „dass Religion im weit gefassten Sinn die Welt ordnete, in der die Menschen des frühneuzeitlichen Europa ihren Anspruch auf Menschlichkeit geltend machten. Ihre Umwelt ermöglichte ihr Handeln und nötigte sie dazu. Dennoch dürfen die vielgestaltigen Möglichkeiten ihres Tuns nicht einfach als Widerspiegelungen einer determinierenden Welt verstanden werden" [313: BRADY, Scribner, 40].

Vielfalt der Perspektiven und Themenfelder charakterisiert die gegenwärtige Reformationsforschung. Die Verzahnung von Kirchen- und Profangeschichte zeigt sich insbesondere in der theologie- und frömmigkeitsgeschichtlichen sowie der kirchlich-institutionellen Dimension. Sie reicht aber auch in das Forschungsfeld des Verhältnisses von Reformation und gesellschaftlich-politischen Strukturen hinein, das seit längerem weit über den Bereich der klassischen ereignisorientierten Politikgeschichte [für diese steht noch beispielhaft: 62: SKALWEIT, Reich] hinausweist. In deren Mittelpunkt standen und stehen die großen politischen Auseinandersetzungen um die Reformationsfrage im Umfeld der Reichstage von 1521 bis 1555 und deren Folgen für die Territorialisierung und Föderalisierung des Alten Reiches.

C. Reformation und gesellschaftlich-politische Strukturen

Perspektiven der Politikgeschichte

Das politikgeschichtliche Forschungsfeld besitzt weiter Relevanz. Es wird jedoch zunehmend in die Analyse der gesellschaftsgeschichtlichen Tiefenstruktur des Reiches eingebunden, die lokale, regionale und reichische Handlungsebenen verbindet und so den Einfluss der Reformation auf die politische Kultur des Reiches und deren Wechselwirkung offen zu legen trachtet [so jüngst in biographischer Orientierung auf den protestantischen Straßburger Politiker Jacob Sturm: 125: BRADY, Protestant Politics].

Die unterschiedlichen Handlungsebenen scheinen in der ereignisgeschichtlichen Darstellung dort auf, wo die Rolle der Reichsritterschaft in der Sickingenfehde, die der Städte und der ländlichen Welt als Orte der Formulierung und Durchsetzung reformatorischer und mit ihnen verbundener politisch-sozialer Anliegen von Geistlichen und Laien gleichermaßen, die der deutschen Territorialherren als Akteure der durch die *causa religionis* aufgeladenen Reichspolitik zur Sprache kommt. Vor allem seit den 1970er Jahren zeigt sich eine forschungsgeschichtliche Dynamik, die von einer immer stärkeren Integration kirchen-, sozial- und politikgeschichtlicher Fragestellungen zeugt. Seit den 1980er Jahren gesellte sich das wachsende Interesse an kulturgeschichtlichen und im weitesten Sinn historisch-anthropologischen Fragestellungen hinzu. Dadurch erhielt die Forschung Anstöße für eine lange Reihe von Arbeiten zu Einzelfragen der Reformationsgeschichte. Dies wiederum führte zu neuen Synthesen, die mit einer gewissen Folgerichtigkeit in die gegenwärtig virulente Debatte um das Epochenproblem sowohl unter der Fragestellung von Umbruch und/oder langfristigem Wandel als auch unter der nach der inneren Einheit eines Zeitalters der Reformation einmündeten.

Historiographische Entwicklung nach 1945

Seit den 1970ern wirkte die auch auf dem Feld der Geschichtswissenschaft ausgetragene Systemkonkurrenz zwischen den beiden deutschen Staaten stimulierend auf das Interesse an der Reformation als Phänomen einer das Politische integrierenden Sozialgeschichte. Nach 1945 hatte zunächst eine Phase des Desinteresses der deutschen Geschichtswissenschaft an der Erforschung der Reformation eingesetzt. Sie resultierte zum guten Teil aus der Diskreditierung einer nationalistischen Interpretation, welche die Reformation als „Großtat des deutschen Geistes" der ideologischen Instrumentalisierung durch den Nationalsozialismus öffnete, zugleich aber eine „wahrhaft moderne reformationshistorische Forschung" einforderte, „in der sich theologische, politische, juristische, sozialökonomische und philosophische Betrachtungsweise miteinander zu vereinigen hat", so das von GERHARD RITTER, HEINRICH BORNKAMM und OTTO SCHEEL verantwortete Editorial des Archivs für Reformationsgeschichte von 1938 [Zur Neugestaltung unserer Zeitschrift, in: ARG 35 (1938) 7]. Die Rückbindung des dort formulierten interdisziplinären Zugriffs auf die Reformation, dessen grundsätzlich innovatives Potenzial für einen methodologischen Neuzuschnitt der Reformationsforschung HEINZ SCHILLING betont [Profiles of a ‚New Grand Narrative' in Reformation History? Comments on Thomas A. Brady Jr.'s Lecture, in: 312: BRADY, Protestant Reformation, 35–47, hier: 38–40, 45 f.], an die Überlegenheit des deutschen Geistes als Zentralelement nationalsozialistischer Ideologie machte offenbar nach 1945 eine interdisziplinäre und die Reformation in einen weit gespannten Kontext von Genese und Wirkungsgeschichte setzende Perspektive in der deutschen Forschung zunächst unmöglich. Um 1960 zeigte diese Abstinenz erste Risse.

Ein Indiz dafür markiert ein Versuch politischer Geschichtsschreibung in der DDR, der zunächst auf die historische Begründung der Identitätsbildung nach innen zielte, dessen Wirkung aber in den 1970er Jahren auf die Reformationsforschung insgesamt auszustrahlen begann. 1964 skizzierte der Ostberliner Historiker JOACHIM STREISAND das quasi-offizielle Programm, in das sich das neue Interesse an der Reformation einordnete: Die DDR sei der Staat, „in dem die revolutionären Traditionen der Arbeiterklasse verwirklicht wurden und in dem die progressiven Ideen und Bewegungen unserer Vergangenheit lebendige Gegenwart sind" [Geleitwort zu: Deutsche Geschichte in drei Bänden, Bd. 1, 2. Aufl. Berlin (DDR) 1967, V]. Wesentliches Element dieser historischen Traditionsstiftung in politischer Absicht [dazu auch: 140: STEINMETZ, Entstehung, 1171 f.] sollte die These von Reformation und Bauernkrieg als „frühbürgerlicher Revolution" werden. Sie wurde 1960 zuerst von dem Leipziger Historiker MAX STEINMETZ [139: STEINMETZ, Frühbürgerliche Revolution. Thesen] in Anknüpfung an FRIEDRICH ENGELS' Bauernkriegsstudie von 1850 [80: ENGELS, Bauernkrieg] formuliert und bildete bis in die 1980er Jahre das Leitmotiv der marxistischen Reformationsforschung in der DDR. 1985 wurden die aus Sicht der offiziösen DDR-Geschichtsschreibung wichtigsten Aufsätze zum Thema in einem Sammelband veröffentlicht [141: STEINMETZ, Frühbürgerliche Revolution].

Frühbürgerliche Revolution

Dieser Versuch der Positionierung von Reformation und Bauernkrieg an zentraler Stelle eines revolutionären Prozesses im Übergang von der feudalen zur bürgerlichen Gesellschaft ist in theoretischer Verdichtung und diachron wie synchron vergleichender Perspektive besonders von GÜNTER VOGLER herausgearbeitet worden [144: VOGLER, Marx; 145: DERS., Revolutionäre Bewegung; 196: DERS., Gewalt]. Die schon von STEINMETZ hervorgehobene Bedeutung des Zusammenhanges von Reformation und Bauernkrieg als frühbürgerliche Revolution für das – gleichwohl vorerst erfolglose – Konzept eines deutschen Nationalstaates [139: STEINMETZ, Frühbürgerliche Revolution. Thesen, passim] ist zu Recht als historisch-materialistische Wendung von RANKES Reformationsdeutung gesehen worden [312: BRADY, Protestant Reformation, 20]. Auch wenn der frühbürgerlich-revolutionäre Charakter der Reformation in der ostdeutschen Historiographie selbst nicht unwidersprochen blieb [142: TÖPFER, Frage], so hielt er sich doch dort durchgehend als im Grundsatz unhinterfragter Topos.

Interesse am ‚Volk' als Subjekt der Geschichte

Die forschungsstrategische Bedeutung der These von der frühbürgerlichen Revolution lag jedoch längerfristig und die Grenzen der marxistischen Geschichtsinterpretation überschreitend auf einem anderen Feld. Es artikulierte sich hier das Interesse an der Rolle des ‚Volkes', der Laien, als Subjekt des Reformationsprozesses und damit an einer umfassenden Sozialgeschichte der Reformation.

Ranke zum Bauernkrieg

Schon RANKE hatte 1839 in seiner Reformationsgeschichte den sich 1525 erhebenden Bauern durchaus die Fähigkeit zur Entwicklung von „Plänen zur einer Reformation des Reiches" und damit zu eigener Gestaltungsabsicht zugesprochen [107: RANKE, Geschichte 2, 142]. Dass diese Absicht im Bauernkrieg scheiterte, gründete ihm zufolge nicht zuletzt in der Unfähigkeit der Masse zu rationaler Beschränkung dieser Gestaltungsabsicht, in der Entladung von „Hass und Rachsucht", angestachelt durch den „Fanatismus der schwärmerischen Predigt" des Thomas Müntzer. Die Errichtung eines „neuen himmlischen Reiches" im Sinn Müntzers sei „glücklicherweise" nicht gelungen, denn damit wäre „alle ruhige Entwicklung nach den dem Geschlechte der Menschen nun einmal vorgeschriebenen Gesetzen am Ende gewesen" [Ebd., 148 f.]. Historisch zielgerichtete Gestaltungsabsicht und -fähigkeit der „Menge" standen für RANKE in prinzipiellem Gegensatz zueinander. Damit und auch dadurch, dass FRIEDRICH ENGELS, der frühe Antipode RANKES, den Bauernkrieg in politisch instrumentalisierender Absicht positiv in das marxistische Klassenkampfthema einband, war der Komplex ‚Reformation und Volk' für lange Zeit aus dem Diskurs der in der rankeschen Tradition stehenden deutschen Geschichtswissenschaft gebannt.

Dass dieser Komplex, ja die sozialgeschichtliche Dimension der Reformation insgesamt, wieder zum allgemein anerkannten Thema

C. Reformation und gesellschaftlich-politische Strukturen 91

werden konnte, verdankt sich mehreren Strängen historiographischer Entwicklung. Der eine mündet direkt in das marxistische Forschungsparadigma von der frühbürgerlichen Revolution, das bewusst an ENGELS anknüpft, ein. Mit dem Begriff der ‚Volksreformation' führte der sowjetische Historiker MOISEJ MENDELJEWITSCH SMIRIN in seinem 1947 vorgelegten und 1952 erstmals in deutscher Übersetzung erschienenen Werk ‚Die Volksreformation des Thomas Münzer und der große Bauernkrieg' die Laien auf die Bühne der deutschen Reformationsgeschichtsschreibung zurück. Sein Deutungsversuch enthielt bereits die Kernelemente, die im Modell der frühbürgerlichen Revolution systematisch zusammengeführt wurden. In der gleichsam protoproletarischen Rolle des „bäuerlich-plebejischen Lagers" als Avantgarde einer revolutionären Volksreformation, „die in der Lehre Münzers ihren deutlichsten Ausdruck fand", deren Ziel „in der Umgestaltung der materiellen Welt ... und in der Errichtung des ‚Reichs Gottes' auf Erden" lag und die sich mithin deutlich von der Position Luthers unterschied, dessen antipäpstliches Auftreten zwar von „großer nationaler Bedeutung" gewesen sei, dessen Lehre jedoch „den Stimmungen des konservativen Teils des deutschen Bürgertums" entsprach [195: SMIRIN, Volksreformation, 5 f.], steckte SMIRIN seine Interpretation vom politisch wirksamen programmatischen Potenzial der Theologie Müntzers ab. Von dem theoretischen Angebot Müntzers hing ihm zufolge die Handlungsfähigkeit des bäuerlich-plebejischen Lagers im Bauernkrieg ab.

Konzept der Volksreformation

PETER BLICKLE sieht im Konzept der Volksreformation den Vorzug, dass sie, „wie sonst kein Entwurf von Gesellschaft und Reformation, die Abhängigkeit der Theologie von der historischen Erfahrung und die Abhängigkeit des historischen Bewusstseins von der Theologie herzuleiten" versucht. Kritisch merkt er jedoch u. a. die Reduktion des Gleichheitsideals als politisch-gesellschaftlicher Handlungsmaxime der Volksreformation auf die Herkunft aus Müntzers Theologie an. Sei dieses doch auch bei den oberdeutschen Reformatoren und im Bewusstsein der reformatorisch handelnden Laien in der Schweiz, in Österreich und in Süddeutschland unabhängig von Müntzer vorhanden gewesen. Außerdem gehe das „Konzept der Volksreformation ... von der apriorischen Annahme aus, dass das Volk seine Ängste, Nöte, Bedürfnisse, Hoffnungen und Sehnsüchte theoretisch nicht verarbeiten und nutzbar machen könne", mithin von theoretischen und politisch-praktischen ideologischen Leitfiguren abhängig sei [31: BLICKLE, Reformation, 169–172, Zitat: 171 f.]. Mit diesen kritischen Anmerkungen verweist BLICKLE auf das eigene Konzept der Gemeindereformation

Von Volks- zur Gemeindereformation

[124: BLICKLE, Gemeindereformation], welches ein komplexes „Interaktionsmodell von Reformation und Gesellschaft" einfordert, „das erklärt, warum die Theologie der Reformatoren von der Gesellschaft rezipiert wurde" [31: BLICKLE, Reformation, 173], und den eigenständigen Beitrag der Laien zu dieser Interaktion betont.

Günther Franz Der zweite Strang wird durch GÜNTHER FRANZ markiert, der 1933 das zum Klassiker gewordene Buch ‚Der deutsche Bauernkrieg' vorlegte. Sein genuin sozial- und politikgeschichtliches Interesse an den Beschwerdeschriften der Bauern blendete die theologischen und frömmigkeitsgeschichtlichen Elemente zwar aus, schuf jedoch nicht zuletzt durch seine Materialorientierung, die sich in zwei umfänglichen Quelleneditionen [1: FRANZ, Bauernkrieg, Aktenband; 13: FRANZ, Quellen] niederschlug, die Grundlage für eine Zusammenführung sozial- und theologie- wie frömmigkeitsgeschichtlicher Interpretamente zur Reformation, die gerade der Rolle der Laien, namentlich der ländlichen Bevölkerung, zu forschungsgeschichtlich wirksamer Aufmerksamkeit verhalf. FRANZ sieht den Bauernkrieg als „politische Revolution, deren Träger der deutsche Bauer war" [191: FRANZ, Bauernkrieg, 287]. Ziel sei der Erhalt der dörflichen Autonomie, des genossenschaftlichen Prinzips gegen das herrschaftliche Prinzip des vordringenden Territorialstaates gewesen. Die Bauern wurden bei FRANZ „zu Subjekten des Geschehens. Sie handelten aus einem klaren Rechtsbewusstsein und aus einem politischen Willen" [187: BUSZELLO, Deutungsmuster, 21]. Indem er im Alten und im – allerdings in seiner Wirksamkeit begrenzten – Göttlichen Recht die legitimatorische Grundlage bäuerlicher Aktion sah, öffnete FRANZ eine argumentative Schneise für eine Interpretation des Bauernkrieges, die über seinen eigenen Ansatz hinausgeht und die Verarbeitung des theologisch-reformatorischen Impulses in Gestalt des Evangeliums bzw. des Göttlichen Rechts „als gesellschaftsgestaltender Norm" [188: BUSZELLO, Legitimation, 288] als eigenständige Leistung der Aufständischen würdigt und damit die „Revolution von 1525 als eine Entfaltung der Reformation" [182: BLICKLE, Revolution, 244] versteht.

Nicht nur die ereignisgeschichtliche Schnittmenge ‚Bauernkrieg' bildet die Brücke zwischen der franzschen Interpretation und dem Konzept der frühbürgerlichen Revolution. Eine weitere Brücke markiert die von beiden Ansätzen betonte revolutionäre Qualität – im Sinn eines säkular-teleologischen Geschichtsverständnisses in der marxistischen Historiographie, bei FRANZ im Sinn einer politisch-gesellschaftlichen Neuordnung des Reiches auf der Basis „der kleinen genossenschaftlichen Verbände", einer „Besinnung auf ursprüngliches deutsches Staatsdenken" [191: FRANZ, Bauernkrieg, 287]. Das militärische Scheitern der Aufständischen steht jeweils für das Scheitern eines gesellschaftlichen Konzeptes. Das Ende der Volksreformation und der Siegeszug der obrigkeitlichen Fürstenreformation, resp. das Ende genossenschaftlicher Selbstorganisation der ländlichen Sozialformation und die Freigabe des Weges zum „modernen absoluten Territorialstaat" [Ebd., 298] benennen das Jahr 1525 als Datum eines grundlegenden Bruchs sowohl im Reformationsgeschehen selbst als auch in der langfristigen politischen und gesellschaftlichen Gestaltung des Reiches. Die in diesen Gegenüberstellungen zum Ausdruck kommende Polarisierung der Entwicklung vor und nach 1525 ist zwar schon früh kritisiert worden [193: NIPPERDEY, Bauernkrieg], erwies sich jedoch als forschungsstrategisch wirksame Folie zur Diskussion des Problems der periodisierenden Ordnung der Reformation sowohl bezüglich der Frage nach ihrer inneren Einheit als auch bezüglich ihrer Positionierung im Übergang vom Mittelalter zur Neuzeit.

1525 als Bruch

1. Städtische Reformation

Ein kirchenhistorischer Perspektivenwechsel kennzeichnet den dritten Strang, aus dem sich die neuere, im weitesten Sinn sozialgeschichtliche Interpretation der Reformation speist. Er wurde zuerst durch den Göttinger Kirchenhistoriker BERND MOELLER präsentiert, der 1962 das Büchlein ‚Reichsstadt und Reformation' vorlegte, das eine lang anhaltend stimulierende Wirkung auf die deutschsprachige und angelsächsische Forschung entfaltete. Er betont das „sakralgenossenschaftliche Selbstverständnis der spätmittelalterlichen Stadt" in Deutschland und deren Neigung, „sich als corpus christianum im Kleinen zu verstehen" [158: MOELLER, Reichsstadt, 15]. Dieses Selbstverständnis kollidierte mit der seit dem späteren 15. Jahrhundert zu beobachtenden oligarchischen Entwicklung der sich zunehmend als Obrigkeit verstehenden Magistrate der Reichsstädte. Die sich daraus ergebenden politischen und sozialen Spannungen mündeten in den Prozess der reichsstädtischen Reformation ein. Antioligarchische Positionen der Bürgerschaft verbanden sich in den 1520er Jahren mit reformatorisch motivierten Forderungen. „An nicht wenigen Orten forderten Bürger von ihren Räten in einem Atemzug einen evangelischen Prediger, Einstellung der Zinszahlungen an die Kirche und stärkere Beteiligung am Stadtregiment" [Ebd., 19].

Reichsstadt und Reformation

Stadtbürgerliche Forderungen

Die Magistrate mussten auf die reformatorisch-bürgerlichen Forderungen reagieren, wollten sie ihre Legitimation als Wahrer des inner-

Reaktionen der Räte

städtischen Friedens nicht aufs Spiel setzen. Sie taten dies in durchaus unterschiedlicher Weise. Patrizisch geführte Räte zeigten sich in der Regel widerständischer als zünftisch geprägte. Gleichwohl vollzog sich die Einführung des reformatorischen städtischen Kirchenwesens unter „unmittelbarer Teilnahme der Gemeinde" [Ebd., 26]. Die Interpretation der Stadt als *corpus christianum*, als Sakralgemeinschaft, bedingte die Wiederherstellung der Stadt als Friedens- und – nunmehr evangelisch gewendeter – Glaubensgemeinschaft. Hier, so MOELLER, zeige sich die Verwurzelung der reichsstädtischen Reformationsbewegung im Rekurs auf eine „mittelalterlich geschlossene Sozialordnung und eine in ihr begründete, selbstgewisse Gedankenwelt" [Ebd., 31].

<small>Differenzen zwischen Städtelandschaften</small>

Freilich sieht er deutliche Differenzen im Verhältnis von Kirche und Stadt, von Obrigkeit und Bürgergemeinde zwischen den lutherisch geprägten Hansestädten, den fränkischen und einigen schwäbischen Reichsstädten auf der einen und der Mehrzahl der durch Zwingli und Bucer beeinflussten schweizerisch-südwestdeutschen Städte. Zwingli wie Bucer seien in „ihrer Verbundenheit mit dem städtischen Leben" und in ihrer Beeinflussung durch den Humanismus „ein gutes Stück weit Politiker gewesen" – dies in deutlicher Abgrenzung zu Luther. Auf den städtischen Impuls ließen sich auch die theologischen Unterscheidungsmerkmale zu Luther – „die allgemeine Hochschätzung der äußeren Ordnung der Kirche, das Interesse an der Zusammengehörigkeit von Kirche und Staat, die Gemeinschaftsidee" – zurückführen [Ebd., 46 f.]. Die gemeindlich-genossenschaftliche Tradition der eidgenössischen und südwestdeutschen Städte sei mithin dafür verantwortlich gewesen, dass sich dort die „evangelische Bewegung" nicht nur zunächst „im Volk" artikulierte, was nach MOELLER in Anlehnung an FRANZ LAU [129: LAU, Bauernkrieg, 119; 158: MOELLER, Reichsstadt, 23] ein allgemeines Merkmal der städtischen Reformation in Deutschland gewesen sei, sondern dass sich die Gemeinde – Magistrate wie Bevölkerung – auch an der Ausgestaltung und Erhaltung des neuen Kirchenwesens dauerhaft beteiligte [158: MOELLER, Reichsstadt, 51, 58 f.].

MOELLERS ‚Reichsstadt und Reformation' lenkte unabhängig vom etwa zeitgleich entwickelten Modell ‚frühbürgerliche Revolution' das Interesse auf die Subjektrolle der städtischen Laien und der Stadt als Sozialformation insgesamt für den Reformationsprozess. Der britische Reformationshistoriker ARTHUR G. DICKENS formulierte gar prägnant: „The Reformation was an urban event" [34: DICKENS, German Nation, 182]. Seit den 1970er Jahren etablierte sich die Stadtreformationsforschung als maßgeblicher Bestandteil einer Reformationsgeschichtsschreibung, in der profan- und kirchengeschichtliche Aspekte zusam-

<small>Reformation als *urban event*</small>

menflossen und welche die traditionelle Orientierung auf die Rolle der Landesfürsten als politischen Trägern der Reformation korrigierte. „Immer deutlicher zeigt diese Forschungsrichtung, dass Verfassungs-, Sozial- und Wirtschaftsstruktur der Stadt für Rezeption, Durchführung und Erfolg der Reformation von höchster Bedeutung waren" [31: BLICKLE, Reformation, 101]. Evident wurde überdies schon bei MOELLER die Relevanz des Rekurses auf spätmittelalterliche Strukturen der Beziehung von Kirchenwesen, Frömmigkeit und städtischer Sozialformation. Auch diesem Aspekt trägt die neue Stadtreformationsforschung verstärkt Rechnung. Sie leistet damit einen Beitrag zur Diskussion über das Problem des Epochencharakters der Reformation, der die theologie- und geistesgeschichtlichen Dimension dieses Problemfeldes mit einem umfassenden gesellschaftsgeschichtlichen Problemraster verbindet, in dem kultur-, politik- und sozialgeschichtliche Elemente auf der Basis quellengestützter Fallstudien zu einzelnen Städten oder Städtegruppen zusammenfließen [zur Literatur bis in die frühen 1990er Jahre die Forschungsberichte: 154: VON GREYERZ, Stadt; 166: RUBLACK, Forschungsbericht; 169: RÜTH, Reformation].

MOELLERs Konzept blieb freilich nicht unhinterfragt. THOMAS A. BRADY setzte 1978 mit seinem Straßburgbuch [149: BRADY, Ruling Class] einen methodischen Kontrapunkt. Der ideell-normativen Modellierung der Stadt als *corpus christianum* stellt er einen Ansatz gegenüber, der das Reformationsgeschehen vorrangig als Ausdruck eines politischen, sozialen und ökonomischen Interessen- und Strukturkonfliktes in einer auch normativ hochgradig segmentierten Stadtgesellschaft interpretiert.

Kritik an Moellers Konzept

Kritik regte sich auch gegen die regionale und typologische Trennung in eine stärker bürgergemeindlich orientierte Stadtreformation im zwinglianisch-bucerisch geprägten Südwesten und eine stärker obrigkeitlich ausgerichtete Stadtreformation in den lutherisch dominierten Regionen sowie gegen die Charakterisierung der norddeutschen Stadtreformation als „geistig viel weniger vorbereitet als im Süden" und deshalb „konservativer" [158: MOELLER, Reichsstadt, 55], als sehr viel weniger aus eigenständigem Gestaltungsvermögen der städtischen Sozialformation resultierend. SCHILLING destillierte aus einer umfassenden Untersuchung der Reformationsvorgänge in den autonomen Landstädten des nordwestdeutschen Raumes den Typus der Hansestadtreformation [171: SCHILLING, Elite, 241 u. passim]. In zahlreichen Fällen konnte er dort ein Verlaufsmodell nachweisen, das einerseits die reformatorische Initiative der Bürgerschaft gegen den Rat – ganz im Sinn MOELLERs – und eine altgläubige Landesherrschaft hervorhebt, das

Hansestadtreformation

andererseits aber auch die längerfristig wirksame Allianz von Bürgergemeinden und Magistraten bei der Ausgestaltung des neuen Kirchenwesens gegen die landesherrlichen Versuche, die landstädtische Autonomie zu untergraben, herausarbeitet [dazu als differenzierte Fallstudie: 134: SCHILLING, Konfessionskonflikt]. Sein Fazit, dass „nur die Bürgerschaften und die Landesherren ... als relativ autonome Größen" handelten, „während die Ratsgremien in den seltensten Fällen agierten, sondern reagierten" [171: SCHILLING, Elite, 246], streicht die Bedeutung des gemeindlichen Elementes für den Reformationsprozess auch im Norden des Reiches heraus und setzt diesen Prozess in enge Beziehung zum territorialen Umfeld und zu der längerfristigen Tendenz landesherrschaftlicher Herrschaftsintensivierung.

Die Monographien von MÖRKE zu Lüneburg, Braunschweig und Göttingen [160: Rat] und MÜLLER zu Hannover [162: Stadt] sowie die vergleichende Studie von EHBRECHT zu Köln, Osnabrück und Stralsund [150: Köln] zeigen das breite Spektrum der Wirkmöglichkeiten dieses Beziehungsgeflechts auf das innerstädtische Reformationsgeschehen in Norddeutschland. MÖRKE interpretiert in seiner sozialgeschichtlich orientierten Analyse die Auseinandersetzung zwischen Bürgern und Räten um Einführung und Ausgestaltung des neuen Kirchenwesens als innerstädtischen Konflikt, der in gleichsam ritualisierter Verlaufsform und Begründungsmotivik an die spätmittelalterlichen Stadtkonflikte anknüpfte, in denen es um Partizipation am Stadtregiment und um die differente Interpretation des Gemeinen Nutzens als Zentrum des stadtbürgerlichen Wertekanons ging. Die religiös-reformatorisch begründete Forderung der Bürger nach kirchlicher Erneuerung und Änderung des politischen Regiments indiziert freilich eine neue Qualität. „Das Verlangen nach Reformation trifft mit einem latent vorhandenen Potenzial an materiellen – sozialen und politischen – Änderungsdesideraten ... zusammen. Letztere wirken nicht durch ihren akut bedrängenden Charakter konfliktauslösend, sondern werden durch die sozialspezifische Verarbeitung reformatorisch-religiöser Grundmuster aktualisiert und aktiviert" [160: MÖRKE, Rat, 305; auch: 159: DERS., ‚Konflikt'].

Dieses in Anknüpfung an die Untersuchungen von OZMENT, der die Bedeutung des sozialpsychologischen Motivs der Hinwendung zur Reformation als Akt der Befreiung von Angst vor der Verdammnis unterstreicht [163: OZMENT, Reformation, 12, 55, 77, 120], und RAMMSTEDT, der Stadtunruhen im Umfeld des Bauernkrieges als „soziale Bewegung", als Reaktion auf eine umfassende Krise soziologisch systematisiert [164: RAMMSTEDT, Stadtunruhen], formulierte Resümee kenn-

C. Reformation und gesellschaftlich-politische Strukturen

zeichnet eine Haupttendenz der Stadtreformationsforschung vor allem der 1980er Jahre [zum Charakter der Stadtreformation als sozialer Bewegung mit grundsätzlichen methodologischen Bemerkungen: 137: SCRIBNER, Reformation]. Auf breiter Quellenbasis und mit sozialwissenschaftlich-theoretisch unterfüttertem Systematisierungsanspruch untersuchen die dieser Tendenz folgenden Arbeiten das komplexe Bedingungsgefüge sozialer, politischer und ideeller Faktoren im Prozess der städtischen Reformation [Beispiele: 149: BRADY, Ruling Class; 153: VON GREYERZ, Late City Reformation; 167: RUBLACK, Reformation; 172: SCHMIDT, Reichsstädte, 173: SCOTT, Freiburg; 178: WEYRAUCH, Krise].

Das Forschungsfeld Stadtreformation wurde durch derartige Studien geographisch auf den Norden des Reiches, städtetypologisch auf die autonomen Landstädte sowie systematisch durch die Ausweitung des Analyseraumes von den innerstädtischen Verhältnissen auf die Stadt-Umland-Beziehungen erweitert und fortentwickelt [zur Landstadtreformation grundsätzlich: 157: MERZ, Landstadt]. Dies legte auch grundsätzliche Differenzen in der Beurteilung der normativ-religiösen und politisch-sozialen Motivik der Stadtreformation offen und entfachte damit eine Diskussion um die prinzipielle Möglichkeit, Reformationsgeschichte als im weitesten Sinn Sozialgeschichte schreiben zu können.

Das von MOELLER profilierte Bild von der städtischen Sakralgemeinschaft wurde als zu statisch [174: SCRIBNER, Civic Unity, 29] bzw. als „idealized, romantic conception of urban society" [149: BRADY, Ruling Class, 12] kritisiert. In seiner Untersuchung zu Straßburg unterstrich BRADY den Klassenkonfliktcharakter der Auseinandersetzung zwischen der politischen Elite, der „ruling class", und Teilen der Bürgerschaft um die Einführung der Reformation. Das Konzept der Sakralgemeinschaft, die „highly communitarian form of Evangelical religion represented by a Zwingli or a Bucer", stelle lediglich ein vor allem von den „small independent artisans and tradespeople" verfochtenes Gesellschaftsmodell dar, das sich in der Konkurrenz mit anderen nicht dauerhaft etablieren konnte. „The great Lutheran reaction of the 1560s and 1570s represents the return to full dominance of the most aristocratic elements of the city, symbolized and reinforced by the ascendancy of the most nearly feudal form of Evangelical religion" [Zitate: 149: BRADY, Ruling Class, 295]. Die sich in Straßburg manifestierende Auseinandersetzung zwischen den unterschiedlichen reformatorischen Richtungen zeigt nach BRADY letztlich die Rückbindung der theologischen und kirchenorganisatorischen Konzepte der städtischen Refor-

Reformation und säkulare Interessen

mation an säkulare Interessen, deren Durchsetzung konflikthaft betrieben wurde.

MOELLER kritisierte darauf an BRADY, dass er die Funktion der sozialen Spannungen für „den Erfolg der Reformation in einer Stadt wie Straßburg weit überschätzt" und warnte davor, dass „der ‚Theologismus' und der ‚Politizismus' früherer Forschergenerationen" nunmehr von einem „Soziologismus" abgelöst werde. Er beharrte darauf, dass die städtische Reformation ihren Erfolg einem „Verständigungsprozess" über die normativen Grundlagen der städtischen Gesellschaft verdanke [301: MOELLER, Stadt, 29]. Die Sorge, dass als Folge der Überbetonung der Rolle materieller politisch-gesellschaftlicher Konfliktfaktoren die Bedeutung der geistigen, zumal der religiösen Komponente in den Hintergrund gedrängt werde, wurde bald nach Erscheinen des Buches von BRADY auch von anderen Autoren geteilt [dezidiert bei: 134: SCHILLING, Konfessionskonflikt, 376; Überblick über die Kontroverse: 154: VON GREYERZ, Stadt, 9–14].

Kontroverse Brady/Moeller

In der Rückschau erweist sich die um 1980 geführte Kontroverse vor allem als Reflex auf den Gebrauch von unter Ideologieverdacht stehenden Begriffen wie ‚Klasse' und ‚Gemeinschaft' sowie auf die dem anderen jeweils unterstellte Verabsolutierung von einerseits materialistischen, andererseits idealistischen Erklärungsansätzen, die so allerdings, trotz der wechselseitigen Kritik, weder bei MOELLER noch bei BRADY zu finden ist. Gleichwohl wirkte sie insofern klärend und stimulierend, als fortan diese Betrachtungsweise sehr viel stärker die Forschungsperspektive bestimmte, die materielle wie ideelle Elemente der Reformation als gesellschaftsgeschichtlichem Gesamtphänomen gewichtete. Das Buch des Kirchenhistorikers BERNDT HAMM zur Nürnberger Reformation [155: Bürgertum] legt von dieser Entwicklung ebenso beredt Zeugnis ab wie die schon 1982 vorgelegte Untersuchung zur gleichen Stadt des marxistischen Historikers GÜNTER VOGLER [176: Nürnberg].

Städte ohne Reformation

Die zunehmende Einsicht in das komplexe Bedingungsgefüge der städtischen Reformation, in das langfristige soziale und normativ-ideelle Strukturelemente der urbanen Gesellschaft und politische Umweltbedingungen ebenso einflossen, wie dynamisierende krisenhafte Zuspitzungen dieser Elemente [im Überblick: H. SCHILLING, Die Stadt in der Frühen Neuzeit. 2. Aufl. München 2004, 94–98], legt die Frage nahe, warum es in zahlreichen Städten zu erfolgreichen Reformationsversuchen kam, in anderen jedoch nicht. SCRIBNER untersuchte schon 1976 dieses Problem am Beispiel Kölns [175: Cologne]. Er stellt fest, dass die Grundbedingung einer reformationsfreundlichen Bürgerschicht durchaus gegeben war, dass aber eine relativ homogene oligarchische politische Elite vereint mit der humanistisch-altgläubigen Elite der Universität deren Reformationsbegehren zu verhindern wusste. In Köln dürfte folglich die innerstädtische Macht- und Interessenkonstellation für die Aufrechterhaltung des Status quo verantwortlich gewesen sein.

Außen- und machtpolitische Interessen bedingten laut ENDERLE, der sich diesem Problem vergleichend gewidmet hat, in katholisch bleibenden Reichsstädten wesentlich das Scheitern reformatorischer Ansätze in der Bürgerschaft [151: ENDERLE, Reichsstädte; 152: DERS., Konfessionsbildung]. „Die Katholizität einer Reichsstadt ging nahezu exklusiv auf die Entscheidung der politischen Führung zurück", so ein wichtiges Ergebnis seines Vergleiches [152: ENDERLE, Konfessionsbildung, 393]. RUBLACK fasst das Scheitern der reformatorischen Ansätze in acht fürstbischöflichen Residenzstädten West- und Süddeutschlands als Ausdruck eines politischen Strukturelements: „Die fehlende Ausbildung der Selbständigkeit gegenüber dem bischöflichen Landesherrn war eine Bedingung des Scheiterns sowohl der frühreformatorischen als auch der protestantischen Bewegung" [165: RUBLACK, Gescheiterte Reformation, 127]. Gescheiterte Versuche landstädtischer Reformation in einem geistlichen Territorium analysiert methodisch ambitioniert LAUX [156: LAUX, Reformationsversuche]. Deutlich wird auch in den von ihm untersuchten kurkölnischen Städten die enge Verbindung des Aufkommens der innerstädtischen Reformationsbewegung und des Scheiterns ihrer politisch-organisatorischen Verankerung mit den territorialen Entwicklungen.

In der kleinen schwäbischen Landstadt Mindelheim, Mittelpunkt der gleichnamigen Herrschaft, ließen die Bindung des Rates an den altgläubigen Landesherrn und das Fehlen sich krisenhaft verschärfender sozialer Antagonismen die vereinzelt auftretenden reformatorischen Impulse nicht in eine stadtbürgerliche Reformationsbewegung übergehen. Es fehlten hier die für den Erfolg einer solchen Bewegung notwendige soziale, politische und religiös-kulturelle innerstädtische Dynamik sowie die Handlungsspielräume und die Motivation für erfolgreiche Autonomiekonflikte mit der Landesherrschaft bzw. – allgemeiner gesprochen – die Handlungsautonomie gegenüber dem Umland als politischem und kulturellem Einflussfaktor [161: MÖRKE, Ruhe]. Allesamt Gründe, die sich als Erfolgsbedingungen für städtische Reformation verallgemeinern lassen.

Die Untersuchungen zu fehlgeschlagenen oder gar nicht erst erfolgten Reformationsversuchen legen besonders nachdrücklich die Be-

Bedeutung der Rahmenbedingungen

deutung der materiell-sozialen und politischen Rahmenbedingungen für die Stadtreformation offen. Freilich nicht in Gestalt eines soziologistischen Determinismus und vermeintlicher sozialgeschichtlicher Betriebsblindheit gegenüber dem ideell-normativen und religiösen Impuls. Vielmehr wird am negativen Beispiel der Nichtreformation deutlich, wie sehr dieser Impuls spezifischer sozial- und politikgeschichtlich verifizierbarer Dispositionen bedurfte, um sich im Sinn reformatorischen Wandels entfalten zu können.

2. Ländliche Reformation

Dass sich die Reformation als von gesellschaftlich-politischen Strukturen beeinflusstes und auf diese nachhaltig zurückwirkendes Phänomen nicht auf die Stadtkultur beschränkte, sondern wesentlich auch in der ländlichen Gesellschaft wirksam wurde, ist eine Erkenntnis, die sich zunächst der systematischen Erforschung des Bauernkrieges seit den 1970er Jahren verdankt. Vor allen Dingen hat PETER BLICKLE mit der Orientierung auf die Rolle des ‚Gemeinen Mannes' [182: BLICKLE, Revolution, 192–195] im Reformationsprozess und mit dem Begriff der Gemeindereformation [124: BLICKLE, Gemeindereformation] ein heuristisches Instrumentarium erarbeitet, das in den umfassenden Versuch einer Interpretation der Wirkweise alteuropäischer Gesellschaften einmündete. Das von ihm in zahlreichen Arbeiten in den letzten 20 Jahren entwickelte Kommunalismuskonzept verklammert städtische und ländliche „Verfasstheit des Alltags" [185: BLICKLE, Kommunalismus 1, 15] im Hervorheben der Bedeutung von Gemeinde als politisch-sozialem Prinzip auf der Basis eines Wertekanons, in dessen Zentrum der von der Gemeinde selbst definierte und praktizierte Gemeine Nutzen steht [Ebd., 88–106]. Bezüglich der Reformation stellt er fest, „dass sie rezeptionsgeschichtlich nicht hinreichend ... als *urban event* beschrieben werden könne, sondern auf ein *dörfliches Ereignis* erweitert werden müsse, weil sich die ländliche Gesellschaft vernehmlich in den reformatorischen Prozess einmischte und sich die reformatorischen Botschaften über die Gemeinde aneignete, nicht individuell" [Ebd., 11]. Überdies belege „der Vergleich städtischer und ländlicher Reformationsvorstellungen ... deren hohe Kompatibilität, ja weitestgehende Identität" [180: BLICKLE, Dialektik, 77].

Seine zunächst aus dem Ereignisfeld Reformation und Bauernkrieg in Süd- und Südwestdeutschland gewonnene These belegt die enge funktionale, genetische und argumentative Verzahnung der kommunalen Vorstellungen von politischer, rechtlicher und sozialer Ord-

Gemeiner Mann und Gemeindereformation

C. Reformation und gesellschaftlich-politische Strukturen 101

nung mit dem biblizistisch gegründeten Göttlichen Recht [182: BLICKLE, Revolution, passim, bes. 145–149]. Deutlich tritt in der Argumentation BLICKLES die zentrale Position des Ideell-Normativen als programmatische Legitimation für kollektives politisch-soziales Handeln hervor. Damit löst er ein von MOELLER in seiner Kritik an BRADY formuliertes Desiderat ein.

Ideell-normative Handlungslegitimation

Auch in einer weiteren Hinsicht schließt er argumentativ an MOELLERS Buch ‚Reichsstadt und Reformation' an. Die „umfassende und totale Kommunalisierung der Kirche" [124: BLICKLE, Gemeindereformation, 48] als reformatorische Zielvorstellung um 1525 knüpft er nämlich an das theologische Konzept der oberdeutsch-schweizerischen Reformation zwinglischer Prägung und setzt es damit deutlich von der obrigkeitlichen Prägung des lutherischen Konzeptes ab.

VON GREYERZ wendet dagegen ein, ähnlich wie die Kritiker MOELLERS, dass BLICKLES Ansatz, das Reformationsbedürfnis des Gemeinen Mannes aus der Kommunalisierungsabsicht zu erklären, „soziale Spannungen, die nicht nur in der Stadt, sondern auch im Dorf vorkommen konnten, weit gehend außer acht lassen muss, obwohl wir ... davon ausgehen, dass am Beginn der Reformation religiös-kirchliche, soziale und politische Forderungen eng miteinander verzahnt waren". Es falle zudem aus dem Interpretationsrahmen des Zusammenhanges von Reformation und Kommunalismus heraus, „dass sich individuelles Heilsbedürfnis nicht notwendigerweise im kollektiven Seelenheil erschöpfte" [39: VON GREYERZ, Religion, 176, 178]. In den Bemerkungen VON GREYERZ' manifestiert sich das Interesse der historischen Anthropologie, die in den letzten Jahren auch in der Reformationsgeschichtsschreibung immer stärker an Gewicht gewinnt, an der nicht zwingend deckungsgleichen und konfliktlosen Beziehung von individuellen und kollektiven Heilserwartungen. Die Zielrichtung dieser Kritik spricht jedoch ein Problemfeld an, das zu klären sich das Forschungskonzept Gemeindereformation nicht zur Aufgabe stellt. Es geht diesem letztendlich um den Nachweis der legitimatorischen Triebfedern für kollektives Handeln vornehmlich im Rahmen der alteuropäischen ländlichen, aber auch der städtischen Politikkultur unter den Bedingungen einer die politische und soziale Integrationskraft jener Politikkulturen herausfordernden Sinnkrise. Diese sei das Resultat der Konfrontation des reformatorischen Impulses mit den politisch-sozialen Folgen der grund- und landesherrlichen Offensive auf dem Land und der Verobrigkeitlichung städtischer Magistrate gewesen.

Kritik am Konzept der Gemeindereformation

SCHILLINGS ausführliche Besprechung von BLICKLES ‚Gemeindereformation' [135: SCHILLING, Gemeindereformation; auch: 127: ED-

WARDS, Gemeindereformation; 168: RUBLACK, ‚New History', 125–127] hebt die grundsätzliche forschungsstrategische Bedeutung des Konzeptes hervor, fordert jedoch Korrekturen ein. Zunächst beharrt er darauf, „dass der bäuerliche Kommunalismus qualitativ hinter dem städtischen zurückstand. ... Evident scheint ... weiterhin, dass die bäuerliche ‚Gemeindereformation' von der Stadt und dem Bürgertum stimuliert wurde" [135: SCHILLING, Gemeindereformation, 326f.]. Ferner sei die Konzentration der Gemeindereformation auf das zwinglisch geprägte Oberdeutschland nicht haltbar. Gerade im Hanseraum habe sie sich in 1520er und 1530er Jahren als Bürgerbewegung durchgesetzt. Gemeindeautonome Strukturen hätten sich in den großen Landstädten des Nordens bis in das 17. Jahrhundert hinein gehalten. Damit sei auch die Markierung des Jahres 1525 als „reformatorische Wende" [124: BLICKLE, Gemeindereformation, 204] nicht aufrechtzuerhalten. Die Dichotomisierung der politischen Kulturen Ober- und Niederdeutschlands entlang der theologischen Trennungslinie zwischen zwinglisch und lutherisch geprägten Räumen müsse als hinfällig angesehen werden, denn die Identität von kirchlicher und politischer Gemeinde sei kein Kennzeichen zwinglischen Kirchen- und Theologieverständnisses, sondern „Strukturmerkmal der Zeit, besonders in den Städten" [135: SCHILLING, Gemeindereformation, 331].

Die Kritik an BLICKLES Gemeindereformationskonzept wirkte auf dieses insofern zurück, als Modifikationen dessen grundsätzliche Positionen nicht in Frage stellten, sondern gerade seine Erweiterungsfähigkeit unter Beweis stellten. So kommt BLICKLE in der neuesten Auflage seiner Reformationsgeschichte unter sehr viel stärkerer Berücksichtigung der norddeutschen Entwicklung zu dem dezidierten Schluss, dass das „was in der Stadtreformation vorliegt ... gesellschaftlich gesehen eine Gemeindereformation" ist [31: BLICKLE, Reformation, 129]. Das Konzept hat sich etabliert. Es hat die ältere, noch bis in die 1980er Jahre vorherrschende Interpretation abgelöst, welche die Stadtreformation als zwischen den Typologisierungsbegriffen ‚Ratsreformation' [123: BECKER, Reformation, 82–104; 177: WETTGES, Reformation, 118–123] und ‚Volksreformation' [129: LAU, Bauernkrieg] oszillierende fasste.

<small>Integration der bäuerlichen Welt in Reformationsforschung</small>

Die Essenz des Konzepts ‚Gemeindereformation' liegt jedoch nicht in den Modifikationen der Sicht auf die Stadtreformation, sondern in der Integration der in Alteuropa sozialgeschichtlich-quantitativ dominierenden bäuerlichen Welt in den gesellschafts-, politik- und kulturgeschichtlichen Horizont der Reformationsforschung. Und zwar nicht im Sinne eines ‚Auch' neben den Sphären des Stadtbürgertums, des

Adels und der Fürsten, sondern als essenzielles, in den Gesamtprozess ‚Reformation' integriertes Element.

Die aus der Schule BLICKLES hervorgegangenen Einzelstudien belegen dies nachdrücklich. FRANZISKA CONRAD untersucht die Rezeption reformatorischer Theologie in der elsässischen Landbevölkerung um 1525 im Rekurs auf die vorreformatorische Frömmigkeitspraxis einerseits, auf die Konfrontation mit der reformatorischen Predigt andererseits. Dabei weist sie spezifische bäuerliche Wahrnehmungs- und Selektionsmuster reformatorisch-theologischer Inhalte nach, die aus der „Erkenntnis der Kongruenz von gemeindlicher Praxis und Gottes Willen" [190: CONRAD, Reformation, 106] in gesellschaftlich-politisches Handeln einmündeten. Obwohl CONRAD die Eigenständigkeit der bäuerlichen Verarbeitung des reformatorischen Impulses betont, weist sie wiederholt auf die Bedeutung der Städte als Ausgangspunkt der reformatorischen Lehre und deren Vorbildfunktion für eine im Sinn der Gemeinde gesellschaftlich wirksame Programmatik hin [z.B.: Ebd., 49, 76]. Ob man darin einen Nachweis der prinzipiellen Verklammerung städtischer und dörflicher Interpretation der religiös gegründeten Legitimationsmuster für gesellschaftlich-politisches Handeln im Gemeindeprinzip oder ein Indiz für den qualitativen Rückstand des bäuerlichen gegenüber dem städtischen Kommunalismus [135: SCHILLING, Gemeindereformation, 326f.] sieht, mag letztlich unerheblich sein. Diese unterschiedlichen Interpretationsmöglichkeiten deuten jedoch auf noch immer virulente Differenzen in der Perspektive auf die politisch-sozialen Dimensionen der laikalen Reformationspraxis hin.

Bäuerliche Wahrnehmungsmuster von Theologie

Für Tirol kann PETER BIERBRAUER schon vor 1520 auch auf dem Land eigenständige gemeindliche Bestrebungen nachweisen, in die bestehende Kirchenorganisation hineinzuwachsen und „eine alternative ‚Nebenkirche' zu organisieren". Den Tiroler Bauernkrieg markiert er wesentlich „als Kampf um die gesellschaftliche Ausgestaltung der Kirchenverfassung" [179: BIERBRAUER, Reformation, 180f.] durch die Gemeinden, der jedoch obrigkeitlich niedergeschlagen und in den täuferischen Untergrund abgedrängt wurde.

Tirol

Mit Graubünden stellt IMMACOLATA SAULLE-HIPPENMEYER [194: Nachbarschaft] ein Territorium vor, in dem sich die Gemeinden schon im Spätmittelalter zur dominierenden Regimentsform entwickelt und ihre Kompetenzen – inklusive der freien Pfarrerwahl – weit in den kirchlichen Bereich hinein ausgedehnt hatten. Entsprechend unabhängig von äußerem Druck der Landesherrschaft fielen in den 1520ern die kommunalen Entscheidungen über Einführung oder Ablehnung des neuen Kirchenwesens aus. In beiden Fällen blieb jedoch die kirchliche

Graubünden

Gemeindehoheit gewahrt bzw. wurde ausgebaut. Unter den kommunalistischen Idealbedingungen Graubündens manifestierte sich die Option für die eine oder die andere Kirche nicht als Reaktion auf eine übergeordnete herrschaftliche Instanz, die in der Lage gewesen wäre, die Selbstbestimmungsmöglichkeiten der Kommunen in innergemeindlich kirchlichen Angelegenheiten einzuschränken. Dies bestätigt die These BLICKLES, dass es zur Gemeindereformation nur dort kam, wo zwei Grundbedingungen erfüllt waren: die Tradition einer ausgeprägten kommunalen Selbstverwaltung einerseits, schwache Entfaltungsmöglichkeiten gemeindlicher Autonomie in Kirchensachen andererseits [183: BLICKLE, Innerschweiz]. Der Fall Graubünden zeigt aber auch, dass die lokale Entscheidung für oder gegen die Reformation sich nicht nur aus den politisch-sozialen Rahmenbedingungen erklärt, sondern auch aus der Entscheidung der Einzelsubjekte. SCRIBNER bringt dies auf den Punkt: „The acceptance of the Gospel was always an individual event, a personal conversion, but in its totality the Reformation was as much a social as a religious phenomenon. It was brought about not simply by a mounting aggregation of individual convictions, but because it struck roots in communal and corporate forms of the society" [175: SCRIBNER, Cologne, 240].

<small>Grundbedingungen der Gemeindereformation</small>

Die seit den 1970er Jahren zu beobachtende Konzentration der Forschungen zu den sozialen und politisch-kulturellen Entstehungs- und Durchsetzungsbedingungen der Reformation auf die städtische und bäuerliche Gesellschaft erweckt in ihren frühen Ausprägungen bisweilen den Eindruck der wechselseitigen Isolation beider Sphären. Die Debatte um die Gemeindereformation hat diese Isolation überwunden.

3. Exkurs: Täufer und gemeindliche Reformationsprogrammatik

Die neuere Täuferforschung weist die Verklammerung von städtischer und ländlich-bäuerlicher Reformationsrezeption und -verarbeitung nach [überblickshaft zu Entwicklung und Stand der Täuferforschung: 31: BLICKLE, Reformation, 157–168; 38: GOERTZ, Bewegungen, 75–89; 35: EHRENPREIS/LOTZ-HEUMANN, Reformation, 52–62]. CLASEN zeigt 1972 in seiner sozialgeschichtlichen Langzeituntersuchung, wie sich das Täufertum von einer anfangs dominant städtischen zur ländlichen Bewegung entwickelte, die wesentlich von städtischen Handwerkern und Bauern mitgetragen wurde [200: CLASEN, Anabaptism, bes. 324–330], ohne indes angesichts der obrigkeitlichen Verfolgung zu einem Massenphänomen zu werden [126: VAN DÜLMEN, Reformation, 182 f.]. Die Unterstützung der Münsteraner Täuferherrschaft durch das Stadt-

<small>Verländlichung</small>

C. Reformation und gesellschaftlich-politische Strukturen

bürgertum bis in den Kreis der ratsfähigen Familien hinein untermauert diesen Befund [203: KIRCHHOFF, Täufer], auch wenn die radikalisierende Wirkung, die von einheimischen und zugezogenen unterbürgerlichen Gruppierungen ausging, deren Bedeutung die marxistische Forschung hervorhebt [199: BRENDLER, Täuferreich], nicht grundsätzlich bestritten wird.

Neben der sozialgeschichtlichen Verortung sind für die Bewertung der Rolle des Täufertums im städtischen und ländlichen Reformationsgeschehen dessen programmatische Positionen von Bedeutung, deren historisch-genetische, theologische und gesellschaftskonzeptionelle Pluriformität [Überblick: 38: GOERTZ, Bewegungen, 81–86; zur ‚Polygenese': 210: STAYER u. a., Monogenesis; zu den fundamentalen Differenzierungen des Obrigkeitsverständnisses: 207: STAYER, Anabaptists] sich freilich gegen eine eindeutige Charakterisierung sperrt [programmatische Schnittstellen betont neuerdings stärker: 205: PACKULL, Hutterer, 20–22]. Gesichert erscheint jedoch für die 1520er Jahre die enge Beziehung zwischen täuferischem Welt- und Theologieverständnis und einem auf die theologische und sozialgestalterische Kompetenz der Stadt- und Landgemeinden ausgerichteten Reformationshandeln und damit die strukturelle Integration des Täufertums in den Reformationsprozess. STAYER hebt für das schweizerische Täufertum dessen anfängliche Verwurzelung im gemeindlichen Emanzipationsstreben hervor [208: STAYER, Anfänge]. GOERTZ und STAYER betonen den engen Konnex von Bauernkrieg und der Entstehung der Täuferbewegung im „sozialen Substrat" [31: BLICKLE, Reformation, 165] wie auch in der Programmatik [201: GOERTZ, Bauern; 209: STAYER, Peasants' War; auch: 206: SEEBASS, Bauernkrieg]. SEEBASS und STAYER arbeiten im speziellen Fall des Täuferführers Hans Hut die enge Verbindung seiner Theologie zu der Müntzers und der Tradition mystischer Apokalyptik heraus [verschiedene Beiträge in: 138: SEEBASS, Reformation; 209: STAYER, Peasants' War, 107–122]. In Münster paarte sich die Apokalyptik Melchior Hoffmans [68: DEPPERMANN, Hoffman] mit einem „kommunal-genossenschaftlichen" Politikverständnis und wurde zum „Motor der Radikalität" der dortigen Täuferherrschaft [204: KLÖTZER, Täuferherrschaft, Zitat: 202 f.]. Die normative Ausgangsbasis der in ihrer radikalen Praxis exzeptionellen Münsteraner Entwicklung bildete die auch anderwärts evidente „Affinität zwischen dem theologisch fundierten Gemeindebegriff der Reformation und den genossenschaftlichen Verfassungsvorstellungen des Stadtbürgertums" [170: SCHILLING, Aufstandsbewegungen, 214].

Marginalia:
- Pluriformität
- Strukturelle Integration in Reformationsprozess
- Hut und Müntzer
- Münster

4. Adel und Reformation

Das Spektrum sozialgruppenspezifischer Reformationsrezeption beschränkte sich nicht auf die städtische und bäuerliche Gesellschaft. Schließlich manifestierte sich in der Sickingenfehde von 1523 sehr früh der Einfluss des reformatorischen Impulses auf die politisch-soziale Bewegung des ritterlichen Niederadels. VOLKER PRESS wies 1979 auf die gleichwohl defizitäre Behandlung des Forschungsfeldes ‚Adel und Reformation' hin [212: PRESS, Adel, 330]. Für die Beziehung von Adel und Reformation entwirft er ein Dreiphasenmodell, das sich vor allem an dem Verhältnis von konfessioneller Option bei Reichsritterschaft und Territorialadel und kaiserlicher wie landesherrlicher Adelspolitik orientiert. Die erste Phase, „die durch das spontane Verhalten einzelner Adliger gekennzeichnet ist", setzt er mit der Sickingenfehde in eins. Zweite und dritte Phase, geschieden durch den Augsburger Religionsfrieden von 1555, sehen den Adel in den Prozess der „territorialen Reformationen bzw. die Abwehr des neuen Glaubens" und die reichspolitischen Aktivitäten des Kaisers integriert. Das „Verhalten des deutschen Adels" zur Reformationsfrage sei, so PRESS zusammenfassend, „ohne die prägenden Strukturen von Reichs- und Territorialverfassung nicht zu begreifen" [Zitate: 212: PRESS, Adel, 380–382].

Zu diesen prägenden Strukturen gehörte vor allem der seit dem Spätmittelalter voranschreitende Prozess der Territorialisierung des Reiches, der den reichsunmittelbaren wie den territorialen Niederadel bezüglich seiner Position im politischen und sozialen System in eine Krise stürzte, die erst durch die soziale wie politische Neupositionierung des Adels im sich nach 1555 weiter institutionalisierenden ständisch-monarchischen und konfessionellen Dualismus des Reiches sowie durch die Übernahme neuer Funktionen im fürstlichen Territorialstaat gelöst wurde [als Überblick: R. ENDRES, Adel in der Frühen Neuzeit. München 1993, passim, bes. 9–37].

In der langfristigen Perspektive erweist sich die Rolle des Niederadels im Reformations- und Konfessionalisierungsprozess als eine von der Reaktion auf säkulare Umstrukturierungen geprägte. Einen eigenständigen, dauerhaft politisch und sozial wirksamen normativen Impuls für die Durchsetzung der Reformation vermochte der Niederadel nicht zu setzen. Nur bei Franz von Sickingen scheint er punktuell und kurzzeitig auf. Er bot in seinem Territorium einen Fokus, in dem die Kombination von Adelsopposition, durch Ulrich von Hutten verkorperter humanistischer Fürsten- und Kirchenkritik, verbunden mit einem „‚verfrühten' Nationalismus" [211: HARDTWIG, Hutten, 33], sowie reformatorischer Lehre kurzfristig politisch wirksam werden konnte [213: PRESS, Sickingen; 214: DERS., Hutten]. Ob man freilich so weit gehen kann, Sickingen als „einen der frühesten Organisatoren eines evangelischen Landeskirchenwesens" [225: PRESS, Bewegung, 23] zu bezeichnen, mag bezweifelt werden.

In der Forschung ist freilich unbestritten, dass „eine eigenständige politische Umsetzung der Reformation durch den ritterschaftlichen Adel ... nach 1523 kaum mehr möglich" war [31: BLICKLE, Reformation, 101]. Der Grund dafür ist in der bezüglich der reichischen Verfassungsentwicklung anachronistischen Position des Niederadels zu finden. Dieser, so betont WINFRIED SCHULZE, „musste den entwürdigenden Weg in die Territorien gehen und sich unterordnen, oder er musste das Gewirr der lokalen Einungen überwinden, sich dem Kaiser unterstellen, aber dafür sich selber organisieren und dafür auch Geld bezahlen" [61: SCHULZE, Geschichte, 116]. Angesichts dieser anachronistischen Position und angesichts der, trotz einiger Koalitionsversuche während des Bauernkrieges, weitgehenden Isolierung gegenüber Bauern und Bürgern als den neben den Fürsten gesellschaftlichen Hauptstützen des Reformationsprozesses der 1520er und 1530er Jahre, erscheint es überdies höchst fraglich, ob für den ritterlichen Niederadel jemals die Chance zu einer eigenständigen Rolle im politischen Prozess der Reformation bestand.

Niederadel anachronistisch

5. Territoriale Reformation und das Reich

Dass das Problemfeld ‚Fürst, Territorium und Reformation' in der Forschung zu den politisch-gesellschaftlichen Strukturbedingungen des kirchlichen Wandels einen ungleich größeren Stellenwert als der Komplex ‚Niederadel und Reformation' besaß und besitzt, hat seine Ursachen einerseits in der Forschungstradition, andererseits aber auch in der objektiven Bedeutung des politischen Prozesses der Territorialisierung des Reiches und der Ausformung des ständisch-monarchischen Dualismus für die deutsche Geschichte des Spätmittelalters und der Frühneuzeit. Die forschungsaktuelle Bedeutung des Zusammenhanges von Reformation und Konfessionalisierung mit dem Territorialisierungsprozess des Reiches findet ihren Niederschlag u. a. in dem von ANTON SCHINDLING und WALTER ZIEGLER herausgegebenen Überblickswerk ‚Die Territorien des Reichs im Zeitalter der Reformation und Konfessionalisierung' [56; grundsätzliche Überlegungen dazu: 233: ZIEGLER, Territorium].

Territorialisierung und ständisch-monarchischer Dualismus

Die Forschungstradition orientierte sich bezüglich der Bewertung der politischen Bedeutung der Reformation seit RANKE bis in die Wei-

Forschungstradition

marer Republik am im 19. Jahrhundert vorherrschenden Diskurs um die Nation und den Staatsgedanken sowie den Zäsurcharakter, welcher der Reformation diesbezüglich eigen sei [Forschungsüberblicke bei: 59: SCHORN-SCHÜTTE, Reformation, 91–97; 318: DIES., Religion; 35: EHRENPREIS/LOTZ-HEUMANN, Reformation, 3–9; die staatsidealisierende Reformationshistoriographie des 19. und frühen 20. Jahrhunderts präzise in den geistesgeschichtlichen Kontext setzend: 123: BECKER, Reformation, 11–26]. Das politisch instrumentalisierte und das populäre Bild von Luther als Heros der Nation [316: LEHMANN, Luther] und der Reformation als nationaler Befreiungstat, mithin eines revolutionären Neubeginns deutscher Geschichte, wurde vom politisch dominierenden Protestantismus kleindeutsch-borussischer Spielart in den Kontext der sich im zweiten Kaiserreich nach 1871 vollendenden Nationsbildung gesetzt [314: BURKHARDT, Reformation; 315: FLACKE, Deutschland, 111–115; 319: TÜMPEL, Geschichte].

Reformation und Nation

Die Kontextualisierung von Reformation und Nation im Sinn einer durch erstere hervorgerufenen Zäsur beschränkte sich freilich nicht auf die bürgerliche Geschichtsschreibung des 19. und frühen 20. Jahrhunderts. Sie findet sich auch in der Tradition der marxistischen Historiographie von ENGELS bis zu den Forschungen im Umfeld der These von der frühbürgerlichen Revolution, die wie ihr bürgerliches Pendant mit den Topoi zur Markierung der vorreformatorischen Situation des Reiches – Zersplitterung, kulturelle, ökonomische und politische Überfremdung durch das Papsttum – arbeitet und dem die Perspektive einer, freilich gescheiterten, Überwindung jener Negativelemente durch die frühbürgerliche Revolution gegenüberstellt [139: STEINMETZ, Frühbürgerliche Revolution, Thesen 10, 12, 16, 23; 66: BRENDLER, Luther, 186–216]. Die Nationsidee als Hintergrund einer politikgeschichtlichen Deutung von Genese und Durchsetzung der Reformation als Revolution spielt in den jüngsten Forschungen zum Themenfeld Reich und Reformation eine allenfalls untergeordnete Rolle. Die Überhöhung einer idealistischen Staatsidee, die sich noch 1928 bei dem sonst eher nüchtern analysierenden Profanhistoriker PAUL JOACHIMSEN findet, als er die Gegenwartsbedeutung der Reformation für die „sittliche Persönlichkeit" des Staates betont [P. JOACHIMSEN, Die Bedeutung der Reformation für die Gegenwart, in: Zeitwende 4 (1928) 405], ist einer Deutung gewichen, die nicht mehr explizit von der teleologisch auf den deutschen Einheitsstaat orientierenden Kombination von Staat und Nation geprägt ist.

Das, was von jener älteren Interpretation als eine der großen negativen – weil die Zersplitterung und damit den Zerfall des Reiches besie-

C. Reformation und gesellschaftlich-politische Strukturen 109

geltenden – Folgen der Reformation angesehen wurde, nämlich die Stärkung des territorialen Fürstenstaates im Reichsverband und dessen konfessionelle Segmentierung, wird nunmehr entweder als Strukturelement der historischen Entwicklung gleichsam wertneutral analysiert oder in einen neuen Kontext der Bewertung der politischen Kultur und der institutionellen Verfasstheit des Reiches gesetzt.

Am dezidiertesten verfolgte jüngst GEORG SCHMIDT letztere Perspektive in seiner ‚Geschichte des Alten Reiches'. Er betont grundsätzlich die institutionelle Funktionsfähigkeit und die normative Integrationskraft des Reiches als „komplementärer Reichsstaat" [57: SCHMIDT, Geschichte, 33–54] in der frühen Neuzeit und sieht nicht zuletzt aus dessen konfessioneller Spaltung den fruchtbaren Zwang zur institutionell-kommunikativen Verständigung erwachsen, die gerade den protestantischen Norden erst recht in den Reichsverband einbettete. Zu dessen Signum wurden die föderativ-ständische Struktur des Reiches als Herrschaftsordnung und die sich normativ um den nach außen – Abwehr der dominanten Beeinflussung durch ausländische Mächte – und nach innen – durch die Ausgestaltung des reichischen Rechtssystems – gewandten Begriff der Freiheit gruppierende kollektive Werteordnung [Ebd., 347–354]. SCHMIDTS Sicht auf die Rolle Luthers und der Reformation als gleichsam Initialzündung einer deutschen Nationsbildung, seine Einordnung des Schmalkaldischen Krieges „in die Reihe nationaler Einigungskriege" [Ebd., 350], wendet die traditionelle, durch RANKE geprägte Sicht von der Spaltung der Nation [historiographiegeschichtlich aufschlussreich: 317: LUTZ, Ursprung] durch die konfessionelle Blockbildung ins Positive. Dies freilich in einer Betonung des Nations- und Staatscharakters des Alten Reiches, die als anachronistisch kritisiert worden ist, ohne indes SCHMIDTS Sachbefunde grundsätzlich in Frage zu stellen [mit aufschlussreicher Diskussion der neuen Reichsgeschichtsschreibung: 227: SCHILLING, Reichs-Staat].

Konfessionelle Spaltung und Verständigungszwang

Vor diesem Hintergrund bekommt die zentrale Bedeutung der Territorien und der Reichsfürsten für die politische Durchsetzung und organisatorische Ausgestaltung der Reformation eine in dieser Akzentsetzung so deutlich vor SCHMIDT nicht vertretene wirkungsgeschichtliche Dimension. Der Begriff der Fürstenreformation ist in seiner Zuführung auf die lutherische Theologie zwar problematisch, da er nach OBERMAN von einer „falschen Deutung von Luthers Zwei-Reiche-Lehre" ausgeht [50: OBERMAN, Reformation, 21–24; Zitat: 133: DERS., Stadtreformation, 88]. Seine politik- und rechtsgeschichtliche Stichhaltigkeit steht jedoch in der Forschung außer Frage.

Fürstenreformation

Das gilt für die Bedeutung der organisatorischen Sicherung und Verfestigung der Reformation im evangelischen Landeskirchenwesen für die innere Konsolidierung des fürstlichen Territorialstaates durch das landesherrliche Kirchenregiment [allgemein: 31: BLICKLE, Reformation, 191–197; 40: HECKEL, Deutschland, 65; 47: MOELLER, Deutschland, 116–121; detailliert: 217: HÖSS, Episcopus Evangelicus; 219: KRUMWIEDE, Kirchenregiment; 234: ZIMMERMANN, Einführung], das auf der Grundlage von Kirchenordnungen und Kirchenvisitationen [143: TRÜDINGER, Luthers Briefe, 68–92; 148: ZIMMERMANN, Reformation, 47–56] die Territorien organisatorisch durchdringt. Das gilt aber auch für die Verfasstheit des Reiches insgesamt.

Konzentration auf reichische Obrigkeiten

Mit der Konsolidierung reichsständischer Konfessionsblöcke seit dem Speyrer Reichstag von 1526 konzentrierte sich die große reichspolitische Auseinandersetzung um die Durchsetzung der Reformation auf die Obrigkeiten, auf die Reichsstände, Kaiser Karl V. und seinen Bruder Ferdinand. Das gemeinsame Interesse aller Reichsstände, auch der Gegner der Reformation, am „Ausschluss des ‚Gemeinen Mannes' aus dem gesellschaftlichen Kommunikationsprozess" [232: WOHLFEIL, Reichstag, 19] nach dem Aufstand von 1525 [231: VOGLER, Bauernkrieg], wie es sich 1526 äußerte, sowie der damit aufs engste verbundene Prozess der Marginalisierung reformatorischer Bewegungen, die sich, wie Täufer und Spiritualisten, nicht dem „um die Mitte des 16. Jahrhunderts" erreichten „Zustand obrigkeitlicher Konformität" beugten [grundlegend, mit ausführlicher Diskussion der Forschung: 38: GOERTZ, Bewegungen, Zitat: 3; 37: DERS., Pfaffenhaß], führten die politische Gestaltung des Reformationsprozesses den Reichsständen und den Organen der Reichsverfassung zu. An erster Stelle stand dabei

Reichstag

der Reichstag. Er „hat mit dem Aufgreifen der Reformationsfrage in hohem Maße beigetragen zu ihrer Politisierung und damit zu ihrer Rettung" [225: PRESS, Bewegung, 19–22, Zitat: 22] und hierdurch den eigenen langfristigen Bedeutungszuwachs als politisches Instrument der ständischen Konfliktregulierung unterstrichen [218: KOHNLE, Reichstag; bes. 439–446; 220: LUTTENBERGER, Glaubenseinheit; 221: DERS., Reichspolitik; 226: PRESS, Reformation]. Darüber herrscht in der Forschung weitgehende Übereinstimmung.

Verrechtlichung der Reformationsfrage

ARMIN KOHNLE bringt die Beziehung zwischen Verrechtlichung und säkularisierter Politisierung der Reformationsfrage durch die Religionsabschiede der Reichstage von 1521 bis 1532 und dem Prozess der Territorialisierung der Reformation als Zentralelement ihrer politischen Durchsetzung auf den Punkt: „Macht und Ohnmacht des Reiches werden in der Rezeptionsgeschichte der Religionsabschiede besonders deutlich. Das Ausweichen der Reichstage in dissimulierende Formeln stellte zwar einen scheinbaren Konsens her, eröffnete in der territorialen Anwendung der Beschlüsse aber erhebliche Interpretationsspielräume. ... Deshalb blieb es letztlich der Entscheidung der einzelnen Fürsten überlassen, wie sie mit den Religionsabschieden umgingen" [218: KOHNLE, Reichstag, 445 f.].

Die *causa religionis* erhöhte seit den 1520er Jahren den politischen Konsensdruck im Reich, sollte dessen Funktionsfähigkeit grundsätzlich gewahrt bleiben. Die allfällige Praxis des Dissimulierens „als grundlegendes methodisches Prinzip" politischen Handelns [40: HECKEL, Deutschland, Zitat: 37, 44], um jenen Konsens zu ermöglichen, zählt nicht nur zu den wirkungsgeschichtlich bedeutsamen Elementen der Politikkultur des Alten Reiches, die sich durch den Reformationskonflikt verstärkten. Sie ist auch Bedingung der politischen Durchsetzung der Reformation selbst, gehört sie doch wesenhaft zur bündischgenossenschaftlichen Organisation, mit der die reformatorischen Reichsstände ihre Position zu sichern und auszubauen trachteten. GABRIELE HAUG-MORITZ hat dies jüngst für den Schmalkaldischen Bund eindrücklich gezeigt [216: HAUG-MORITZ, Der Schmalkaldische Bund, bes. 28–38, 586–595]. — Dissimulation

Der Nachweis der Bedeutung bündischer Organisations-, Handlungs- und Kommunikationsformen für die Durchsetzung und Sicherung der neuen Kirche, ja für den politischen Prozess ‚Reich' insgesamt [dazu auch: 222: LUTTENBERGER, Kurfürsten; 228: SCHMIDT, Städtetag] lenkt die Aufmerksamkeit auf zweierlei. Erstens auf eine methodische Differenzierung der Politikgeschichte, die auch für die politikgeschichtliche Reformationsforschung von Bedeutung ist und in Zukunft verstärkt sein wird. Diese Differenzierung schlägt sich in der Kombination der klassischen Institutionengeschichte und der Geschichte politischer Theorie mit einer heuristischen Orientierung auf die Bedeutung symbolischer Handlungen und Zeichen für die Konstituierung politisch-sozialer Ordnung im kommunikativen Handlungsvollzug nieder. In der Mittelalter- und Frühneuzeitforschung ist dies ein inzwischen anerkannter Ansatz [zum Forschungsstand: G. ALTHOFF, Zur Bedeutung symbolischer Kommunikation für das Verständnis des Mittelalters, in: Frühmittelalterliche Studien 31 (1997) 370–389; B. STOLLBERG-RILINGER, Zeremoniell, Ritual, Symbol. Neue Forschungen zur symbolischen Kommunikation in Spätmittelalter und Früher Neuzeit, in: ZHF 27 (2000) 389–406]. — Bündische Organisationsformen

Zweitens gerät die Positionierung der politischen Durchsetzung der Reformation in einem prozesshaften Kontext politischer Kultur ins — Reformation und politische Kultur

Blickfeld, der nicht erst mit der Reformation seinen Ausgang nimmt, aber durch sie beschleunigt und intensiviert wird. Wenn mit dem bündisch-genossenschaftlichen Handlungsmuster, dessen Bedeutung in der Reformationszeit HAUG-MORITZ für den Schmalkaldischen Bund, CARL für den Schwäbischen Bund [215: CARL, Der Schwäbische Bund] und PRESS für die Reichskonzeption Karls V. [224: PRESS, Bundespläne] nachgewiesen haben, ein politisches Praxiskonzept aufgegriffen wurde, das nicht Ergebnis des Reformationskonfliktes war, sondern seine Ausprägung im Spätmittelalter fand [R. KOSELLECK, Bund, Bündnis, Föderalismus, Bundesstaat, in: O. BRUNNER u. a. (Hrsg.), Geschichtliche Grundbegriffe. Historisches Lexikon zur politisch-sozialen Sprache in Deutschland, Bd. 1. Stuttgart 1972, 582–671, hier: 583–618; 223: MORAW, Funktion], so ist dies ein wichtiges Indiz für die Positionierung der Reformation in einem langfristig wirksamen Muster der Politikkultur. Angesichts der *causa religionis* als politischem Konflikt wurde von den Akteuren auf etablierte Organisationsformen genossenschaftlicher Ordnung zurückgegriffen, die freilich im komplexen Spannungsfeld einer sich wandelnden politischen Ordnung des Reiches standen, welche in Richtung auf institutionelle Verdichtung reichischer Gesamtstaatlichkeit drängte, die eine „grundlegende Strukturveränderung der politischen Interaktion zwischen Kaiser und Reichsständen" indiziert [216: HAUG-MORITZ, Der Schmalkaldische Bund, 590; die neuen Elemente des Schmalkaldischen Bundes betonend: 125: BRADY, Protestant Politics, 142 f.].

Langfristige Transformation

Die im ‚Handbook of European History 1400–1600' und anderwärts erkenntnisleitende These vom 15. und 16. Jahrhundert als Kernphase eines langfristigen Transformationsprozesses, der durch „a gradual, fluctuating, highly contextualized blending of ‚late medieval' with ‚early modern'" gekennzeichnet ist [32: BRADY u. a., Handbook 1, XVII], stellt auch auf dem Feld der Beziehung von Reichsgeschichte und Reformation seine Plausibilität unter Beweis. Dies nicht nur hinsichtlich der Organisationsformen politischen Handelns im reichischen Gesamtrahmen, sondern auch hinsichtlich der weithin als *Proprium* der Reformation angesehenen Territorialisierung des Kirchenwesens in Gestalt der ‚Fürstenreformation' und des landesherrlichen Kirchenregiments.

Der Kirchenhistoriker MANFRED SCHULZE hat in einer Theologie- und Politikgeschichte integrierenden Untersuchung die Parameter territorialfürstlicher Kirchenpolitik im 15. Jahrhundert ausgeleuchtet. Seine vor allem am Beispiel der thüringisch-sächsischen Wettiner exemplifizierte Untersuchung legt klar, „dass im 15. Jahrhundert in den entwickelten Territorien des Reiches von einem landesherrlichen Kirchenregiment gesprochen werden muss, auch wenn dieses Regiment die voll ausgebildete Kirchenhoheit noch nicht erreicht hat. Unbestreitbar ist, dass sich im 15. Jahrhundert neben den geistlichen auch weltlichfürstliche oder weltlich-städtische Kirchenregimente fest etabliert haben ..." [230: SCHULZE, Fürsten, 7].

SCHULZE weist überdies auf die Untrennbarkeit von politischer Zielsetzung und geistlichem Anliegen in der kirchlichen Reformpolitik der wettinischen Landesherren hin, deren Aufmerksamkeit sich vor allem auf die Klosterreform richtete, und belegt den Zusammenhang mit guten Gründen, indem er auf die Verankerung theologisch begründbarer politischer Leitvorstellungen, etwa des Gemeinen Nutzens, verweist, die – unabhängig von der Bewertung individueller Frömmigkeit – die fürstliche Reformtätigkeit prägten [Ebd., 48, 79, 194]. „Die Verflechtung des Gottesdienstes mit der Landeswohlfahrt erklärt die Nähe der territorialen Reform zur Praxis des Lebens und Regierens. ... Die Landesherren wollen die Besserung vor allem der Mönche und über die Mönche hinaus auch der Weltpriester und Laien, deshalb befassen sich ihre Mandate vornehmlich mit der Abstellung von Missständen. ... Weil die Suche nach der Sittenbesserung und der Rechtshoheit staatsbauend ist, muss man die kirchliche Reformpolitik der Landesherren zu den Faktoren der frühneuzeitlichen Staatsbildung zählen" [Ebd., 195].

Mit dem Hinweis SCHULZEs auf die außerordentliche Bedeutung, welche etliche weltliche Landesherren des späten 15. Jahrhunderts der Klosterreform und der Abstellung von kirchlich-seelsorgerischen Missständen als Maßnahmen der Landeswohlfahrt beimaßen, rückt ein für die Interpretation der Genese der Reformation forschungsgeschichtlich wie aktuell höchst bedeutsamer Problemkomplex ins Blickfeld, der überdies die Positionierung der Reformation in der Periodisierungsdebatte nachhaltig berührt. Vorreformatorische Kirchenkritik als Kleruskritik sowie laikale Frömmigkeitsmuster spielten und spielen als Gegenstände der Forschung zu den Entstehungs- und Durchsetzungsbedingungen der Reformation eine maßgebliche Rolle.

D. Frömmigkeit, laikale Kirchenkritik und die Reformation als Kommunikationszusammenhang

Eine zentrale Frage, der sich die Reformationsforschung zu stellen hat, ist die nach den kollektiven und den individuellen, freilich durch Kommunikation kollektiv wirkenden kulturellen Prädispositionen, welche die Bereitschaft zum Bruch mit den theologischen und institutionellen Mustern der alten Kirche beförderten und schließlich zur Etablierung und Akzeptanz reformatorischer Theologie und Kirche führten. Die sozialgeschichtliche Neuorientierung der Reformationsforschung und das wachsende theologiegeschichtliche Interesse an den geistlichen Reformbewegungen des Spätmittelalters sowie die neuen Ansätze zur Interpretation der politischen Strukturen des Alten Reiches seit den 1970er Jahren, ausgerichtet auf die langfristigen Kontinuitätsstränge zwischen Spätmittelalter und früher Neuzeit [programmatisch zu Letzterem: 48: MORAW/PRESS, Probleme], ermöglichten die Bündelung von reformationsgeschichtlich relevanten Problemstellungen, welche die trennenden Grenzen der traditionellen Teildisziplinen Kirchen-, Sozial- und Politikgeschichte und der wissenschaftsorganisatorischen Scheidung von Mittelalter- und Neuzeitforschung zugunsten einer sowohl synchron als auch diachron integrativen Sicht überwanden.

Chancen der Interdisziplinarität

Ein Übriges trug die wachsende Vernetzung deutscher und internationaler Geschichtsforschung zum verstärkten Interesse an den Rezeptions- und Verarbeitungsbedingungen sowie den Kommunikationsmustern von Glaubensfragen vor und während der Reformation bei. Die französische Kultur- und Mentalitätsgeschichtsschreibung der 1970er Jahre lenkte das Interesse auf die langfristige Entwicklung von Denk- und Handlungsstrukturen im Prozess der Verchristlichung Europas und auf die Beziehung von Volks- und Elitekultur in Alteuropa [beispielhaft: 238: CHAUNU, Temps; 240: DELUMEAU, Peur; 239: DERS., Catholicisme; 242: MUCHEMBLED, Culture]. Formen und Inhalte populärer Frömmigkeit, die Beziehung von magischen Praktiken und Theologie gerieten um 1970 ins Blickfeld auch der englischsprachigen Forschung [244: THOMAS, Religion].

Kultur- und Mentalitätsgeschichte

Gemeinsamer Nenner jenes Forschungsansatzes ist die Ansicht, dass erst seit dem späten 16. Jahrhundert die durch die Obrigkeit und durch die mit ihr aufs engste verbundene geistliche Funktionselite getragene konfessionelle Durchdringung und Disziplinierung in Europa zur tief greifenden mentalen Verchristlichung der Bevölkerung und damit auch zu einer neuen Frömmigkeitspraxis führte [grundsätzlich und differenzierend zur Rolle der evangelischen Geistlichkeit: 60: SCHORN-SCHÜTTE, Geistlichkeit]. Kennzeichen dieser Entwicklung sei neben der zunehmenden Ablehnung der Magie als Daseinsbewältigungsstrategie vor allem der ländlichen Bevölkerung die Hinwendung zu einer fundamentalen Rituskritik im Protestantismus, in der dessen auf das Individuum ausgerichtete Rationalität zum Ausdruck komme [236: BOSSY, Christianity, 98, 102, 121; 237: BURKE, Kultur, 186–200, bes.

Verchristlichung

189–195]. Die komplex theologisch begründete Zurückweisung einer Ritual
materiellen und spirituellen Wirksamkeit des religiösen Rituals durch
die Reformatoren kollidierte allerdings mit den kollektiven Frömmigkeitsbedürfnissen der Laien. „Wenn das Ritual den Reformatoren auch
‚leer' erschienen sein mag, das Fehlen eines Rituals erzeugte eine noch
größere Leere" [237: BURKE, Kultur, 193]. Für PETER BURKE gilt
gleichwohl die Rückbesinnung auf das Ritual im Protestantismus, das
für die Gläubigen von kollektivstiftender Bedeutung war, als pragmatische Reaktion der reformatorischen Theologenelite auf das religiöse
Bedürfnis der Masse der Laien und nicht als Anerkennung der sakralen
Wirkmächtigkeit des Rituals.

Diese Perspektive trifft sich mit der von WOLFGANG REINHARD in
den frühen 1980er Jahren vertretenen Variante des Konfessionalisierungsmodells, die eine klare theologische Normenentwicklung und deren „Internalisierung ... durch Bildung" bei den Laien sowie die „Anwendung von Riten" zu Kernmerkmalen des in den 1520ern einsetzenden Konfessionalisierungsprozesses erhebt, der wiederum in die Perspektive eines maßgeblich reformationsinduzierten Rationalisierungs- und Modernisierungsprozesses eingebunden wird [110: REINHARD,
Zwang, Zitat: 263].

Vor dem Hintergrund dieser Arbeiten wird das Interesse auf zwei
Problembereiche gelenkt. Zunächst auf denjenigen der wirkungsgeschichtlichen Bedeutung von Reformation und Konfessionalisierungsprozess für die Beziehung von laikaler Glaubenspraxis einerseits, der
obrigkeitlich-herrschaftlichen Durchdringung jener Praxis im Sinn der
modernisierenden „Formierung einer neuzeitlich disziplinierten Untertanengesellschaft, die anders als die mittelalterliche Gesellschaft nicht
personal und fragmentiert, sondern institutionell und flächenmäßig organisiert war" [113: SCHILLING, Konfessionalisierung, 6] andererseits.
Die Reichweite jener Durchdringung ist wohl begründet hinterfragt
worden [zuletzt umfassend: 39: VON GREYERZ, Religion, passim, bes.:
66–110]. Die Kritik tangiert freilich vor allem die Interpretation der
langfristigen Wirkungsgeschichte der Reformation, nicht deren Beziehung zu den Formen spätmittelalterlicher Glaubenspraxis und das Muster ihrer organisatorischen Durchsetzung und der Akzeptanz bzw. Interpretation ihrer religiösen Grundpositionen durch die Laien.

1. Frömmigkeit und kultureller Wandel

Der zweite von den französischen und angelsächsischen Pilotstudien
der 1970er und 1980er Jahre zur frühneuzeitlichen Zivilisationsge-

II. Grundprobleme und Tendenzen der Forschung

Zäsur in Frömmigkeitspraxis?

schichte angeschnittene Problembereich ist jedoch von grundsätzlicher Bedeutung für die Bewertung von Genese und Erfolg der Reformation als gesellschaftlich und politisch wirksamem religiösen Massenphänomen. Es ist die Frage nach der Frömmigkeit der Laien und dem Stellenwert des christlichen Glaubens für die laikale Eigenpositionierung im Kontext weltlicher Existenz. Hier unterbreiten diese Studien ein Erklärungsangebot, das zwischen dem Spätmittelalter als gleichsam magisch-heidnischem Zeitalter und den dominierend elitegesteuerten frühneuzeitlichen Akkulturations- bzw. Verchristlichungsprozessen, die von der Reformation und ihren Wirkungen auf die konfessionelle Formierung der Frömmigkeitspraxis markiert werden, eine deutliche Zäsur setzt.

Dass dies den Sachverhalt treffend charakterisiert, bezweifelt BLICKLE, der dem 1989 eine eigene These von der Christianisierung der Gesellschaft im Spätmittelalter entgegenstellt, die eng mit seinem Kommunalismuskonzept verzahnt ist. Es komme nicht darauf an, die Bedeutung von „magischen Praktiken und animistischen Vorstellungen" für die Daseinserklärung und -bewältigung spätmittelalterlicher Menschen in Abrede zu stellen, sondern vielmehr gelte es, „die Interferenzen von Magie und Theologie aufzuarbeiten" [245: BLICKLE, Reformation vor dem Hintergrund von Kommunalisierung und Christianisierung, 26].

Sakralisierte Welt

ROBERT W. SCRIBNER stellt dies in seinen Arbeiten zur Bedeutung von Ritual und Magie für die laikale Glaubenspraxis [280: SCRIBNER, Auswirkungen; 284: DERS., Magie; 282: DERS., Reformation, Volksmagie; 283: DERS., Elemente; 275: DERS., Popular Culture] sinngemäß auch für die reformatorische und nachreformatorische Periode fest. Es sei deutlich, „dass die deutschen Protestanten nicht weniger als die Katholiken in einer sakralisierten Welt lebten, sogar in einer Art von ‚sakramentaler' Welt, in der man die Anforderungen des Alltags meisterte, indem man auf Rituale zurückgriff, die eine wirksame Ausübung von sakraler Macht ermöglichten. ... Im Rahmen dieser protestantischen ‚Heilsökonomie' bildeten sich besondere Formen der Volksfrömmigkeit heraus, die oft ‚von unten' im Gegensatz zum offiziellen protestantischen Glauben entwickelt wurden" [280: SCRIBNER, Auswirkungen, 328]. Schon 1978 hatte GERALD STRAUSS bezweifelt, dass die Reformation eine neue Volksfrömmigkeit geschaffen habe [286: STRAUSS, Luther's House of Learning, 299].

Skepsis besteht also bezüglich einer Sichtweise, die von einem reformationsbedingten grundsätzlichen Bruch mit Ritual und Magie und damit von einem grundsätzlichen Bruch in der populären Frömmig-

D. Frömmigkeit und laikale Kirchenkritik

keitspraxis ausgeht. SCRIBNERS Studien plädieren folglich für einen ergebnisoffenen Umgang mit dem Thema ‚Volksglauben'. Zwar sieht auch er ein wichtiges neues Element, habe doch „der Übergang zur Reformation von oben, durch herrschaftliches Handeln, ... zu einem dramatischen Wandel hinsichtlich der Verfügbarkeit altgläubiger Andachtsformen und religiöser Praktiken" geführt. Gleichwohl gelte es weiter zu erforschen, „ob der alte Glaube wirklich ausgemerzt und nicht bloß unterdrückt worden ist, oder inwieweit neue Formen ‚reformierten' Volksglaubens an seine Stelle getreten sind" [283: SCRIBNER, Elemente, 96 f.].

SCRIBNER fordert eine Sichtweise ein, welche die Eigenständigkeit der Laienfrömmigkeit – auch die der Masse der Illiteraten – und deren Entwicklungsfähigkeit als Resultat von kollektiven Lernprozessen betont. Hieran schließt auch BLICKLES Konzept der Christianisierung der ländlichen Gesellschaft im Spätmittelalter an. Die Kommunalisierung der Kirche im Dorf entspringt ihm zufolge dem bäuerlichen Willen nach innerweltlicher Umsetzung eigener Vorstellungen christlicher Heilssicherung. Vor allem die Pfründstiftungen für Priester und das Streben nach kommunaler Kontrolle über die seelsorgerische Praxis [dazu die Fallstudie: 252: FUHRMANN, Kirche] belegen dies. Sie zeigen überdies die Bauern „als solide Kenner" des dogmatischen Gehalts des spätmittelalterlichen Christentums; „sie selbst betreiben in den 100 Jahren vor der Reformation ihre eigene Christianisierung" [245: BLICKLE, Reformation vor dem Hintergrund von Kommunalisierung und Christianisierung, 25].

Ob die Hinwendung der Laien zur Reformation jedoch als Ausdruck einer Fundamentalkrise spätmittelalterlicher Frömmigkeitspraxis anzusehen sei, ist in der Forschung äußerst kontrovers beurteilt worden. Die im Sinn der alten Kirche dogmatische Homogenität der spätmittelalterlichen Frömmigkeit stellte BERND MOELLER bereits 1965 ins argumentative Zentrum eines programmatischen Aufsatzes [266: MOELLER, Frömmigkeit]. Die gesteigerte laikale Heilssehnsucht „suchte Antwort und Ruhe im Alten und Heiligen, sammelte sich in den Ordnungen der Kirche". Das späte 15. Jahrhundert sei in Deutschland „eine der kirchenfrömmsten Zeiten des Mittelalters" gewesen [Ebd., 22]. Mit der Feststellung, dass eher Kirchenkonformität als Kirchenkritik die religiösen „Massenphänomene der Vorreformation" geprägt habe, hat er diese Grundaussage 1995 erneuert und sie in die Debatte um die Genese der Reformation, um die komplexe Beziehung von Kontinuität und Umbruch, integriert [269: MOELLER, Rezeption, Zitat: 24]. Hier und andernorts [302: MOELLER, Frühe Reformation] formu-

Eigenständigkeit der Laienfrömmigkeit

Spätmittelalterliche Frömmigkeitskrise?

liert er seine Kernthese, dass zwar das spätmittelalterliche laikale Heilsbedürfnis grundsätzliche Aufnahmebereitschaft für neue religiöse Impulse schuf, dass aber von einem bruchlosen Ineinandergreifen von Spätmittelalter und Reformation als Resultat einer allgemeinen Krise nicht die Rede sein könne. Als Zeugen der Gegenposition, die er als „Pulverfasstheorie" bezeichnet und deren Berechtigung er vehement bestreitet, zitiert er STRAUSS, der die allgemeine Krisenhaftigkeit am Vorabend der Reformation umreißt: „Discontent was rising in all quarters of German society, and unrest was endemic" [269: MOELLER, Rezeption, 13; 285: STRAUSS, Manifestations, XI].

Rechtfertigungslehre Luthers

In der Argumentation MOELLERs erscheint jene Gegenposition als Ausdruck einer monokausalen Sichtweise, welche die Reformation als gleichsam strukturgeschichtlich notwendiges Resultat des krisenhaften Spätmittelalters sieht und in der das theologische *Proprium* der Reformation verschwindet. Demgegenüber profiliert er die nachgerade systemsprengende Rolle Luthers und seiner Theologie, namentlich seiner Rechtfertigungslehre, die ein Angebot zur grundsätzlichen Neuorientierung auch der laikalen Frömmigkeit unterbreitete, das sich in einem spannungsreichen Kommunikationsprozess zwischen Theologen und Laien schließlich durchsetzte [269: MOELLER, Rezeption, 25–27; 302: DERS., Frühe Reformation, 150–164]. Spätmittelalterliche Theologie und Frömmigkeit besitzen auch für diesen Ansatz erhebliche Bedeutung, jedoch eben als das Andere, dessen Kontinuität fundamental gebrochen wird. MOELLER vertritt „die Meinung, die Reformation sei im Kern ein geistiger Vorgang gewesen, durch ... neue Denkanstöße ausgelöst und mit der Hauptfolge einer Veränderung des Denkens, die kollektive Züge trug. ... In dem Kommunikationsprozess, der zwischen 1517 und 1525 ablief, ... wurde offenbar nicht bloß Information verteilt, sondern es wurde, was da angeboten wurde, auch ergriffen, gewählt und in neue Überzeugungen und Lebensvollzüge umgesetzt" [302: MOELLER, Frühe Reformation, 163].

Singularität Luthers

Die entscheidende Differenz zu den Arbeiten von SCRIBNER und anderen, die sich mit langfristig wirksamen Mustern der laikalen Frömmigkeitspraxis im Zusammenhang mit einer Bewertung von Genese und wirkungsgeschichtlicher Dimension der Reformation beschäftigen, liegt nicht darin, dass MOELLER die Bedeutung spätmittelalterlicher Theologie und Frömmigkeit für die Reformation grundsätzlich in Abrede stellt, sondern darin, dass er die historische Singularität der Rolle Luthers betont [269: MOELLER, Rezeption, 27]. Hier finden sich durchaus Elemente der historiographischen ‚Lutherrenaissance' des frühen 20. Jahrhunderts wieder [zur ‚Lutherrenaissance': 59: SCHORN-

SCHÜTTE, Reformation, 96 f.; 35: EHRENPREIS/LOTZ-HEUMANN, Reformation, 5–7].

In Übereinstimmung mit HEIKO A. OBERMAN, dem Protagonisten einer Sichtweise, welche die „unverwechselbare Identität der Reformation aus der Perspektive des späten Mittelalters zu erfassen" sucht [50: OBERMAN, Reformation, 11], geht es MOELLER freilich um weit mehr als um den Nachweis jener lutherschen Singularität. Beide wenden sich gegen die Reduktion der Reformationsforschung auf entweder theologische oder politische und soziale Geschichtskräfte. Sie plädieren für eine integrative Perspektive, in der freilich letztendlich die glaubensgeschichtlich wirksam werdende Individualität der Reformatoren, allen voran Luther, zum Dreh- und Angelpunkt einer Motorik wird, die jene Geschichtskräfte erfasst und die Reformation zum Umbruch gestaltet. Die für die geistige Durchsetzung der Reformation entscheidenden Jahre bis 1525 sieht MOELLER durch eine „lutherische Engführung" geprägt [267: MOELLER, Frühzeit, 193], da die wesentlichen theologischen Anfangsimpulse für die reformatorische Bewegung von dem Wittenberger gesetzt worden seien. Von den Zeitgenossen sei die Reformation in jenen Jahren als im Denken Luthers zentrierte Einheit wahrgenommen worden.

Lutherische Engführung der Reformation

Dem hielt HEINZ SCHILLING modifizierend entgegen, dass zwar „Martin Luther und seine initiale Tat" den Anfang der reformatorischen Entwicklung gesetzt hätten, dass aber die „reformatorischen Bewegungen ... von vornherein von Gedanken und Personen durchsetzt" gewesen seien, „die am Rande oder gar außerhalb der von Wittenberg approbierten Erneuerung des Christentums standen" [136: SCHILLING, Konzepte, 277]. Die deutlichste Kritik an der lutherzentrierten These MOELLERS von der Einheit der frühen Reformation formulierte von kirchengeschichtlicher Seite DOROTHEA WENDEBOURG. Unter Rekurs auf Vielfalt und Widersprüchlichkeit von Theologie und Frömmigkeit des 15. und frühen 16. Jahrhunderts und die Möglichkeit ebenso differenzierter Reaktion darauf markiert sie die Einheitsthese als rückblickende Konstruktion, geprägt vor allem durch die Perspektive der Gegenreformation. Sie kritisierte an der These MOELLERS die Reduktion auf Vorgänge in den Städten und auf die ihr zugrunde liegende Quellenbasis der städtischen Predigtsummarien. Dass die Predigten „in erstaunlichem Maße einheitlich geprägt und von Luther her bestimmt waren, lässt sich den Summarien wirklich entnehmen. Aber ist damit das Bild der frühen Reformation gewonnen? Es bleiben Zweifel" [289: WENDEBOURG, Einheit, 46]. Zweifel, die vor allem dahin gehend methodologisch gegründet sind, dass die aus der rückschauenden Perspektive durchaus zu kon-

Einheit der Reformation?

statierende Einheit der Reformation nicht den Schluss auf die zeitgenössische Wahrnehmung zumindest bis 1525 zulasse. Hier habe man von einem Plural der „Reformationen" auszugehen [Ebd., 50].

HAMM hat mit seinem oben ausführlich vorgestellten Konzept der Reformation als ‚Systembruch' mit dem mittelalterlichen Gradualismus durch die ‚normative Zentrierung' reformatorischer Kirchlichkeit, Theologie und Frömmigkeit auf die *sola*-Prinzipien „die Zusammengehörigkeit von Einheit und Vielfalt der Reformation" [86: HAMM, Einheit, 116] betont und sich damit vermittelnd und weiterentwickelnd in die Kontroverse zwischen MOELLER und WENDEBOURG eingeschaltet. Auch er kritisiert an MOELLERS These von der Engführung und Einheitlichkeit der Frühreformation die Quellenbasis in Gestalt der Predigtsummarien. Sie beschränke sich auf die „Aussageebene der Prediger" [86: HAMM, Einheit, 120] und somit auf die „öffentliche Verkündigung" [289: WENDEBOURG, Einheit, 47].

Die Kritik richtet ihr Augenmerk folglich auch auf die frühe Reformation als Kommunikationsprozess, von dem MOELLER eben nur einen Teilbereich erfasse. Zu berücksichtigen seien aber „alle Ebenen und Arten der Meinungsbildung ..., die der gelehrten Theologen ebenso wie die der ‚einfachen' Laien, die der Obrigkeiten ebenso wie die der Untertanen (des ‚Gemeinen Mannes'), die verbalen ebenso wie die non-verbalen Äußerungsformen" [86: HAMM, Einheit 87]. Auf der Erscheinungsebene zeigt sich hier das Bild der Vielfalt, das den Sozialhistoriker und mennonitischen Theologen HANS-JÜRGEN GOERTZ von der „Heterogenität reformatorischer Bewegungen" sprechen lässt [241: GOERTZ, Epoche; zur Pluralität des Bewegungsbegriffes: 37: DERS., Pfaffenhaß, 244–250; 63: WOHLFEIL, Einführung, 96–113]. Auf der Ebene des theologisch Wesenhaften führt HAMM diese Vielfalt jedoch zu einer Einheit zusammen. Er macht aber auch für die Zeit nach 1525 oder 1530 Potenziale von ‚Engführungen' im gesellschaftlichen Reformationsvollzug aus, die sich im „Verschwinden vorher vorhandener Vielstimmigkeit, Multiformität und Zwischentöne" manifestieren. „Es waren besonders Leitvorstellungen von der Stellung der einfachen, ungelehrten Laien in der Gemeinde, von einem antiklerikal bestimmten kirchlichen Amt, von einer unmittelbaren Sozialdynamik des evangelischen Glaubens und von einer prinzipiellen Distanz der Christengemeinde zu Macht, Gewalt und Glaubenszwang, die zurückgedrängt wurden" [86: HAMM, Einheit, 126]. Mit dieser Summation von reformationswirksamen Phänomenen schlägt er eine Brücke zu denjenigen Forschern, die in der Geschichte der Frömmigkeit einen Schlüssel zur Erklärung der Reformation als religiöser Bewegung mit gesellschaftlicher Wirkmächtigkeit sehen, ohne jedoch deren Interpretation einer sich aus spätmittelalterlichen Krisensymptomen speisenden Eigendynamik, die auf die Reformation der 1520er Jahre zuführte, zu teilen.

Dieser Eigendynamik widmet sich seit den späten 1980er Jahren ein Ansatz zur Erklärung der Genese des Reformationsprozesses, der sich auf die Füllung des Begriffes Antiklerikalismus konzentriert. Die spätmittelalterliche Kirchenkritik und die Kritik an den kirchlichen Amtsträgern, von MOELLER in seinem Frömmigkeitsaufsatz von 1965 für eine vereinzelte Erscheinung gehalten [266: MOELLER, Frömmigkeit, 23], wurde von GOERTZ in ein allgemeines Szenario des Nebeneinanders „von Krise und Reform" im Spätmittelalter eingebunden [37: GOERTZ, Pfaffenhaß, 49–51, Zitat: 50] und auf den Antiklerikalismus als Bindeglied zwischen jener spätmittelalterlichen Kirchenkritik und den Anfängen der Reformation zugeführt [37: GOERTZ, Pfaffenhaß, 52–68; 254: DERS., Antiklerikalismus]. Eine große, von OBERMAN initiierte wissenschaftliche Konferenz, deren Vorträge 1993 publiziert wurden, behandelte das Thema in einer weiten chronologischen und regionalen Spannbreite und setzte es auf die Agenda der internationalen Reformationsforschung [249: DYKEMA/OBERMAN, Anticlericalism].

Antiklerikalismus „describes attitudes and forms of behavior which in late medieval and early modern Europe engendered literary, political or physical action against what were perceived as unjust privileges constituting the legal, political, economic, sexual, sacred or social power of the clergy". So die allgemeine Definition OBERMANS, die sich im Wesentlichen mit der von GOERTZ deckt [249: DYKEMA/OBERMAN, Anticlericalism, X; 254: GOERTZ, Antiklerikalismus, 12].

Bezüglich der Existenz antiklerikaler Erscheinungsformen in dem in der Definition angedeuteten Spektrum [dazu auch: 276: SCRIBNER, Antiklerikalismus in Deutschland] besteht in der Forschung kein tiefgreifender Dissens. Der Mediävist KLAUS SCHREINER wirft indes in seiner Besprechung des von DYKEMA und OBERMAN herausgegebenen Bandes die Frage auf, ob diese Erscheinungsformen zu einem Gesamtkomplex mit einer die Genese der Reformation erklärenden Qualität zusammengebunden werden können [274: SCHREINER, Mittelalter]. Die Zuführung des überdies in dem Band nicht sonderlich präzise und einheitlich gebrauchten Begriffes Antiklerikalismus auf die spätmittelalterliche und frühneuzeitliche Kleruskritik sei anachronistisch, da er, wie die Herausgeber und Autoren des Bandes durchaus konzedieren, „eine mit negativen Konnotationen besetzte Begriffsprägung des 19. Jahrhunderts" sei [274: SCHREINER, Mittelalter, 518]. Ehe er „entstehen konnte, mussten sich Staat und Kirche zu selbständigen Hand-

Antiklerikalismus

Kritik am Antiklerikalismuskonzept

lungssystemen ausdifferenziert haben", gerade das sei aber in Spätmittelalter und Frühneuzeit nicht der Fall gewesen [Ebd., 517].

Nun mag freilich eine umfassende Zusammenschau unter einer weitmaschigen Begriffsdefinition erst einmal die Möglichkeit zur Präzisierung und thesenorientierten Debatte eröffnen. Außerdem wird man die Möglichkeit einer epochenorientierten Operationalisierung des Begriffes, unabhängig von dessen Gebrauch im 19. Jahrhundert, nicht grundsätzlich bestreiten können. Eben diesen Versuch unternimmt GOERTZ.

Antiklerikalismusbegriff von Goertz

Im Begriff Antiklerikalismus fokussiert er eine soziale und geistesgeschichtliche Entwicklung, deren Elemente zwar im Spätmittelalter zu finden sind, die sich aber erst in den Reformationsjahren, in einem kohärenten Konzept gebündelt, zu einer Fundamentalherausforderung der überkommenen ständischen Gesellschaftsordnung entwickelten, die in der Forderung, „den klerikalen ‚Stand' ganz und gar abzuschaffen" [254: GOERTZ, Antiklerikalismus, 16], ihren Ausdruck fand. Erst damit werden kleruskritische bzw. antiklerikale Versatzstücke spätmittelalterlichen Denkens und Handelns zum Antiklerikalismus als denk- und handlungsleitendem System. Er „bietet sich als ein Modell an, mit dessen Hilfe sich das Reformationsgeschehen in seiner Durchsetzungsart erklären ließe, da sich in ihm geistliche, politische, wirtschaftliche und soziale Aspekte des reformatorischen Geschehens miteinander verbinden, er darüber hinaus auch Dynamik und Duktus entscheidend bestimmt, in dem reformatorische Prozesse verlaufen und Bewegungen entstehen" [254: GOERTZ, Antiklerikalismus, 18]. Im für das reformatorische Theologie- und Kirchenverständnis so wichtigen Priestertum aller Gläubigen, der radikalsten Konsequenz der Kleruskritik, verkoppeln sich religiöses Konzept und gesellschaftliche Handlungsrelevanz des Antiklerikalismus. Dessen Ausgestaltung konnte von allen am Reformationsprozess beteiligten Gruppen, Geistlichkeit, Adel, Bauern und Bürgern, zwar unterschiedlich aufgenommen und handlungsleitend interpretiert werden. Er vermochte es aber doch, der heterogenen reformatorischen Bewegung „eine gewisse Einheit zu geben: nicht eine Einheit ihrer konkreten Inhalte, sondern eine Einheit der Situation, die ihren Einfluss darauf ausübte, wie bestimmte Gedanken, Worte und Handlungen entstehen und ihre Wirkung entfalten konnten", so GOERTZ' weit reichendes Fazit [Ebd., 117f.].

Es versucht, die komplexe Handlungssituation zu Beginn des Durchsetzungsprozesses der Reformation auf den systematisierenden Punkt zu bringen und den Antiklerikalismus nicht zur monokausalen Ursache der Reformation zu stilisieren, wie dies noch eine frühere Formulierung wie „Der ‚Aufstand gegen den Priester' war der Anfang der Reformation" [37: GOERTZ, Pfaffenhaß, 245] zu vermitteln schien. Auf derartige Aussagen trifft in der Tat MOELLERs Kritik am Antiklerikalismuskonzept als Ausdruck der ‚Pulverfasstheorie' zu. Die gleichzeitige Präzisierung und Flexibilisierung, wie sie von GOERTZ in seinem Antiklerikalismusbändchen vorgenommen wurde, lässt freilich die Fruchtbarkeit des Konzeptes für die Erklärung von Voraussetzungen und Durchsetzung der Reformation erkennen, „wenn man dem Begriff nicht zu viel aufbürdet" [235: BLICKLE, Neuorientierung, 484]. Die vorsichtige Formulierung OBERMANs, der die Einleitung des von ihm mitherausgegebenen Bandes zum Antiklerikalismus mit „Anticlericalism as an Agent of Change" [249: DYKEMA/OBERMAN, Anticlericalism, IX] betitelt, trifft dies durchaus angemessen.

‚Agent of Change'

Wie man die Tragweite dieses ‚Agent of Change' ausmisst, hängt auch von dem Quellenmaterial und den konkreten Erscheinungsformen ab, denen sich die Detailanalysen zuwenden. So konzentriert sich RUBLACK auf deutsche reformatorische Pamphlete und findet dort fundierte Nachweise für seine Ausgangsthese: „Anticlericalism appears as an element of the Reformation, which related it to its medieval past, provided a certain impetus, but cannot be seen as the primary agent in effecting the Reformation" [270: RUBLACK, Anticlericalism, 467 f.]. SCRIBNER wählt in seiner Analyse des städtischen Antiklerikalismus einen anderen Zugang, indem er sich antiklerikalen Aktionsformen, z. B. Predigtstörungen, Gewalthandlungen gegen geistliche Personen und Einrichtungen, zuwendet [281: SCRIBNER, Antiklerikalismus und die Städte]. Auch ihm geht es nicht um die ‚Ursache' der Reformation im Sinn einer simplen Kausalkette, sondern darum, das Umschlagen von Einstellungen in ein bestimmtes Verhalten zu zeigen und psychologische Prozesse zu erkunden, „durch die eine antiklerikale Mentalität zu bestimmten Aktionsformen führte, die im weiteren Sinne ‚evangelisch' genannt werden", und schließlich darum, „welche Rolle diese Aktionsformen in evangelischen Bewegungen spielten, die in Stadtgemeinden den religiösen Wandel bewirkten". Er kommt zu dem Schluss: „Antiklerikalismus war eine ideologische Ressource, die eine funktionale politische Rolle innehatte; er war ein Werkzeug, das als Mittel zum Zweck benutzt wurde.... Soweit solche politischen Aktionsformen, die zur Verwirklichung der evangelischen Reform notwendig waren, ohne Antiklerikalismus undenkbar waren, können wir sagen, dass er funktional notwendig für ihren Erfolg war" [Ebd., 177]. Die Reichweite des Konzeptes wird hier deutlich auf die Motorik der Durchsetzung der Reformation in einem konkreten gesellschaftlichen und politischen Aktionskontext eingegrenzt. Antiklerikalismus wird zu einem kurzfristig handlungsaktivierenden und -strukturierenden Element, das freilich auf längerfristig gewachsenen kollektiven psychosozialen Dispositionen aufbaut.

Luther und Antiklerikalismus

Dies steht nur scheinbar im Widerspruch zu Befunden, welche MARTIN BRECHT und BERND MOELLER präsentieren, die beide bestreiten, dass das Kirchen- und Glaubensverständnis Luthers bis 1520 grundsätzlich antiklerikal geprägt gewesen sei. Dem jungen Luther sei es „nicht um die Destruktion, sondern um die Reform des Klerus" gegangen. „Ob die von Goertz vorgenommene Verortung der reformatorischen Entdeckung Luthers ‚im antiklerikalen Kampfmilieu' historisch haltbar und systematisch hilfreich ist, lässt sich bezweifeln" [247: BRECHT, Antiklerikalismus, 349f.]. In Luthers breit rezipierter Schrift an den christlichen Adel deutscher Nation von 1520 „wurde zwar im Grunde kein Antiklerikalismus propagiert, wohl aber die Beseitigung herkömmlicher klerikaler Sonderrechte begründet und damit ein neues Verhältnis von Klerikern und Laien beschrieben" [268: MOELLER, Klerus, 362].

Allgemeines Priestertum

Das relativiert zwar die Bedeutung des Antiklerikalismus für den theologischen Impuls bei Luther selbst. Von weit tragender Bedeutung, weil letztlich die Brücke zu den Argumentationssträngen von GOERTZ und SCRIBNER schlagend, ist jedoch MOELLERs auf die Rezeption der Idee vom allgemeinen Priestertum der Gläubigen gerichtete Bemerkung, sie sei „für die Leser sensationell neu" gewesen. „Jeder wurde da als Christ gewissermaßen neu definiert, in seiner Gottesbeziehung ebenso wie in seiner sozialen Position. Alle, Laien wie Kleriker, fanden sich in diese neue Gemeinschaft der ‚Wir' versetzt, die sich von der in Wahrheit ganz kleinen Gruppe von ‚Die' im fernen Rom abgrenzte.... Luther führte damit allen Lesern ein neues Selbstverständnis, ein neues Gemeinschaftsbewusstsein und eine neue Aufgabenstellung vor Augen und brachte ihnen dies alles nahe" [268: MOELLER, Klerus, 362f.]. Es wird hier die Verbindung zwischen einer genuin theologischen Intention und der Aufnahme und Verarbeitung dieser Intention als ideologischer Ressource für innergesellschaftliches Handeln der Laien gezogen.

Theologie und Lebenswelt

Dabei ist es unerheblich, ob die theologische Intention Luthers ‚richtig' verstanden oder ob sie umgedeutet wurde. Wichtig ist vielmehr, dass sie handlungsinitiierend wirken konnte. Die ideologische, handlungsbegründende Katalysatorfunktion konnte das theologische Konzept, hier das allgemeine Priestertum als Gegenposition zur heilssystemischen und daraus abgeleiteten gesellschaftlichen Sonderstellung des Klerus, aber nur dann entfalten, wenn dieses Konzept am lebensweltlichen Erfahrungshorizont der Laien, in diesem Fall der nach laikaler Auffassung defizitären Erfüllung der Funktion des Klerus, anknüpfte. Durch die Formulierung einer Alternative, des Priestertums aller Gläubigen, wurde ein Angebot unterbreitet, das Handeln im Sinn einer Orientierung auf ein durch dieses Angebot wünsch- und gesellschaftlich verwirklichbar gewordenes Ziel, die grundlegende Neuformulierung der Beziehung von Geistlichkeit und Laien, aktivierte. Die Tragfähigkeit des Antiklerikalismuskonzeptes wird also nur dann angemessen erfasst werden können, wenn man sich dem komplexen Kommunikationszusammenhang zwischen ideellem Konstrukt, dem theologischen System, und der zu öffentlich wirksamem Handeln drängenden laikalen Verarbeitung im jeweils konkreten gesellschaftlichen Kontext zuwendet.

Die Komplexität dieses Kommunikationszusammenhanges ist in den letzten Jahren unter anderem an einem konkreten Beispiel aufgearbeitet worden: dem ‚Bildersturm'. Die ältere Darstellung der ikonoklastischen Ereignisse vor allem der 1520er und 30er Jahre als Ausdruck blinder Zerstörungswut radikaler Reformatoren ist inzwischen einer nüchternen Analyse gewichen.   *Bildersturm*

An den Bilderstürmen werde „ein elementares Problem der Frömmigkeit" und der „tiefe Einbruch, den die Reformation gegenüber dem Mittelalter bezeichnete", besonders deutlich, so MOELLER in seiner Geschichte der Reformation in Deutschland. Er verweist auf die Diskrepanz zwischen dem religiösen „Bilderfrühling" am Vorabend der Reformation, „der für uns in den Werken der Grünewald und Altdorfer, Baldung und Riemenschneider, Holbein und Dürer sichtbar ist", und der plötzlichen Ablehnung der Bilder in der Kirche – „die Leute ertrugen es nun nicht mehr, dass die Kirche … in Anspruch nahm, in Handlungen und Gegenständen die Gnade vermitteln und dies in bilderreicher Repräsentation vorführen zu können" [47: MOELLER, Deutschland, 124 f.].

MOELLER skizzierte schon früh mit seinen eher beiläufigen Bemerkungen einen frömmigkeits- und theologiegeschichtlich gegründeten kulturellen und mentalen Wandel in den Reformationsjahren, dessen näherer Untersuchung sich seit den 1980ern Kunstgeschichte und Geschichtswissenschaft intensiv zugewandt haben. EHRENPREIS und LOTZ-HEUMANN bringen in ihrem Forschungsüberblick Relevanz und Spannweite des Themas auf den Punkt: Die „für die Reformationsepoche typische Debatte" um die Bilderfrage „verbindet einen theologischen Diskurs (Bilderverbot) mit politischen (obrigkeitliche Kirchensäuberung) und sozialen (Bildersturm) Aktionen, die ihrerseits im Kon- *Theologischer Diskurs und gesellschaftliche Aktion* text der jeweiligen regionalen Reformationsentwicklung einen hohen Symbolgehalt hatten" [35: EHRENPREIS/LOTZ-HEUMANN, Reformation, 80–89, Zitat: 80].

Der reformatorisch-theologische Diskurs um die Rolle von sakralen Kunstwerken als Ausdruck altkirchlicher Werkfrömmigkeit ist unlängst von PETER JEZLER knapp skizziert worden. „Die Bilder boten sich als Angriffsfläche zur Abschaffung der Werkfrömmigkeit in besonderer Weise an, da sie dem alttestamentarischen Bildverbot widersprachen" [259: JEZLER, Von den Guten Werken, 23]. Die unterschiedliche Reaktion der Reformatoren darauf ist bekannt. Karlstadts Traktat *Von Abthuung der Bylder* von 1522 plädierte für die Räumung der Kirchen zur Verhinderung von Idolatrie, von ‚Götzendienst', und löste damit den Wittenberger Bildersturm aus. Luther trat vehement gegen diese Aktion auf. Die Beseitigung von Bildern sei zwar geboten, wenn diese aus dem Motiv der Werkfrömmigkeit gestiftet worden seien, aber freilich Sache der Obrigkeit. Im Übrigen gehörte die Frage der bereits bestehenden Bilder für ihn zu den *Adiaphora*, den aus ethischen und erzieherischen Gründen statthaften Dingen des Kultus und der äußeren Ordnung [zur Bilderfrage in Wittenberg erhellend: 273: SCHNITZLER, Wittenberg 1522]. Für Zwingli hingegen waren Bilder zu zerstören, wo immer sich die Möglichkeit ihrer Verehrung bot. „Einerseits tolerierte Zwingli Bilder und sogar Darstellungen Gottes, solange sie z. B. als Buchillustration oder als Glasgemälde keine Verehrung evozierten. Andererseits war seine Ablehnung des Kults fundamentalistisch, so dass er die Vernichtung sogar auf Altarsteine, Sakramentshäuschen oder liturgische Geräte ausdehnte, selbst wenn sie gar keine Bilder trugen" [259: JEZLER, Von den Guten Werken, 25].

Für das Thema ‚Voraussetzungen und Durchsetzung der Reformation' sind alle drei Aspekte der Bilderfrage, der theologische, der politische und der soziale, von Bedeutung. Der Bildersturm als ‚soziale Aktion' im weitesten Sinn rückt jedoch ins Zentrum des Interesses, weil gerade diese Dimension zwar die Tatsache des von der Theologie, genauer: von den reformatorischen Theologen gesetzten Impulses zur Aktion der Laien nicht negiert, aber doch die relative Autonomie der Akteure und damit auch die je unterschiedliche Motivlage in den einzelnen Fällen von Bilderstürmen herausarbeiten kann. Am deutlichsten hebt dies NORBERT SCHNITZLER hervor: „Prediger und Täter zogen nur in der geringeren Zahl der Fälle am gleichen Strang" [271: SCHNITZLER, Ikonoklasmus, 309]. Seine vor allem an Beispielen norddeutscher Hansestädte unter vergleichender Hinzuziehung schweizerisch-oberdeutscher und anderwärtig europäischer Bilderstürme gewonnene Interpretation stützt sich auf die Untersuchung des rituell-symbolischen Charakters ikonoklastischer Aktionen. In ihnen manifestierte sich nicht allein „eine ‚Instrumentalisierung' antiklerikaler Stimmungen ... oder eine ‚Popularisierung' von theologischen Reformforderungen. In den vielschichtigen Konfliktlagen des Spätmittelalters, die in den Bilderstürmen immer wieder zum Austrag kamen, prallten vielmehr unterschiedliche Ansichten über den persönlichen und gesellschaftlichen Nutzen der Heiligenverehrung und vor allem unvereinbare Wahrnehmungsweisen der Objekte christlicher Frömmigkeitspraxis aufeinander" [Ebd., 325]. Seine Einordnung des reformationszeitlichen Ikonoklasmus in den Wandlungsprozess spätmittelalterlicher Frömmigkeit sowie sozialer und politischer Konfliktstrategien [auch: 272: SCHNITZLER, ‚Kirchenbruch'] modifiziert eine auf die theologie- und frömmigkeitsgeschichtliche Dimension des Bildersturms konzentrierte Interpretation in Richtung auf ein Erklärungsmuster, das der Dynamik der kulturellen, mentalen und gesellschaftlichen Ordnung im Übergang vom Spätmittelalter zur frühen Neuzeit breiten Raum zumisst.

<small>Bildersturm und langfristiger Wandel</small>

SCHNITZLER setzt sich damit gegenüber der Position des Kunsthistorikers SEGIUSZ MICHALSKI ab, der in einer groß angelegten vergleichenden Analyse die Bedeutung des reformatorisch-theologischen Diskurses und damit auch die Reformationsgebundenheit des Phänomens Bildersturm ins Zentrum seiner Argumentation stellt [263: MICHALSKI, Reformation; auch: 262: DERS., Phänomen; 264: DERS., Ausbreitung]. Die unterschiedlichen Justierungen der Perspektiven, bei SCHNITZLER stärker auf den längerfristigen Wandel in umfassender gesellschaftlicher Kontextualisierung, bei MICHALSKI stärker auf die Feinstruktur innerreformatorischer theologischer Positionen und Aktionsmotivik, müssen sich freilich nicht wechselseitig ausschließen. Ist es doch sinnvoll, Befunde der langfristig ausgerichteten Mentalitätsgeschichte, wie die strukturelle Gewaltbereitschaft „als elementares soziales Artikulationsmuster" [272: SCHNITZLER, ‚Kirchenbruch', 288] spätmittelalterlich-frühneuzeitlicher Gesellschaften sowie die Umsetzung dieser Gewaltbereitschaft in symbolisch-rituelle Aktionsformen bzw. deren obrigkeitliche Eindämmung und Verhinderung, auf ihre Wirkung für den Durchsetzungsprozess der Reformation zu befragen. Gerade dies leistet MICHALSKI, wenn er feststellt, dass ikonoklastische Aktionen diesen Prozess vorantreiben und stabilisieren bzw. im Fall obrigkeitlich verordneter Bildentfernungen kontrolliert kanalisieren konnten [263: MICHALSKI, Reformation, 78f.].

<small>Reformationsgebundenheit des Bildersturms</small>

Die Bedeutung des Ritus als kultureller Artikulationsform gesellschaftlichen Gestaltungswillens im Reformationsprozess belegt der

<small>Ritus als kulturelle Artikulationsform</small>

Kunsthistoriker MARTIN WARNKE am Beispiel des Bildersturms von 1534 im täuferischen Münster. Die Verstümmelung von Gesichtern und Körpern sakraler Skulpturen sieht er als Übertragung mittelalterlicher gerichtlicher Strafpraktiken auf die falschen Abbilder. „Entsprechend dem hergebrachten gerichtlichen Verfahrensmuster haben die gestraften Bildwerke Abschreckungsfunktion gehabt, sie sollten ‚von den andern erkannt werden'". Indem die Münsteraner Täufer „die gängigen Praktiken der Herrschaft ... gegen deren Symbole" kehrten [288: WARNKE, Durchbrochene Geschichte, 92–94, Zitate: 94], knüpften sie an Handlungsformen des Vergangenen an, um damit die Bilder der Vergangenheit zu degradieren und gleichzeitig Gegenwart und Zukunft von dieser Vergangenheit zu reinigen. Diese den Reformationsprozess dynamisierende Funktion der öffentlichen Degradierung und Demonstration der Machtlosigkeit des einstmals Sakralen beschränkte sich nicht auf die Münsteraner Täuferherrschaft, sondern ist vielfach andernorts belegt [277: SCRIBNER, Ritual, 126 f., 135 f.].

Bildersturm und Handlungsintentionalität

Bilderstürmerische Akteure gestalteten besonders im Umfeld christlicher Hochfeste sehr bewusst die rituelle Verhöhnung einer mit sakraler Kraft aufgeladenen Bildlichkeit. Nachweise darüber belegen die programmatische Intentionalität der Bilderstürmer und zeigen, dass sie den theologischen Impuls eigenständig interpretierten und umsetzten [265: MICHALSKI, Bilderstürme, 230–234]. Auch dort, wo – wie in Bern 1528 – sich der Bildersturm als „von Theologen, Obrigkeit und Untertanen inszeniertes ‚Schauspiel mit verteilten Rollen', als sinnbildlicher Prozess gegen den alten Glauben" darstellt, bei dem die Obrigkeit letztlich die Räumung der Bilder durchsetzte, wurde doch „von den Bilderstürmern... durch den gezielten Angriff auf die Statuen mit Stifterwappen ein Spielraum symbolischen Handelns innerhalb dieses öffentlichen Hinrichtungsrituals ausgelotet, der sich dem Zugriff der Obrigkeit entzog" [253: GISI, Niklaus Manuel, 162]. Hier werden Ansprüche des ‚Gemeinen Mannes' nach Partizipation an der Ausgestaltung einer neuen Kirchlichkeit und mit dieser nach Partizipation an der Gestaltung der normativ-gesellschaftlichen Konfiguration, in der sich diese neue Kirchlichkeit entfaltete, der städtischen und ländlichen Gemeinde [zum ländlichen Bildersturm: 256: HODLER, Bildersturm], deutlich, die auch von CARLOS EIRE herausgearbeitet worden sind [250: War; 251: DERS., Reformation Critique].

Delegitimation

Delegitimation des einstmals als heilig Erachteten schält sich als ein intentionales Kernelement der Bilderstürme heraus, auf das auch ANDRÉ HOLENSTEIN und HEINRICH RICHARD SCHMIDT in ihrer Forschungsperspektiven aufzeigenden Zusammenfassung der Ergebnisse einer Berner Bildersturmtagung verweisen [258: HOLENSTEIN/SCHMIDT, Bilder]. Delegitimation des und Reinigung vom Alten [dazu auch: 287: WANDEL, Voracious Idols] eröffneten freilich nachgerade zwingend die Notwendigkeit zur Schaffung eines neuen Legitimationsmusters. Sie standen am Beginn eines normativen Neuformierungsprozesses. So habe es denn „eigentlich keinen ‚reformatorischen', sondern nur einen ‚vorreformatorischen' Bildersturm" gegeben [255: GOERTZ, Bildersturm, 241].

Fokussiert auf einen spektakulären, weil nachhaltig im öffentlichen Raum wahrnehmbaren Aspekt kollektiver Aktion wird in den Forschungen zum Bildersturm die Dynamik des Wandels zu einem neuen Glaubensverständnis deutlich, die sich hier als handlungsintentionaler Bruch mit der Vergangenheit präsentiert. In der punktuell-kurzfristigen Perspektive auf die Bilderstürme als Ereignis scheint die Reformation in ihrem Umbruchcharakter auf. Dem widerspricht nicht die nachreformatorisch fortdauernde Bedeutung, welche Laien kultischen Objekten als „Werkzeugen göttlicher Tätigkeit" beimaßen. „Bei den Gläubigen lässt sich durchaus eine Kontinuität der Anschauungen beobachten" [260: KARANT-NUNN, ‚Gedanken', 92]. Die Beibehaltung der Bilder im Luthertum des späteren 16. Jahrhunderts trug diesem laikalen Bedürfnis unter gleichwohl radikaler Umdeutung Rechnung. Sie waren nunmehr „Ausdrucksmittel konfessionskultureller Identität ..., denen als Objekten von Repräsentation und Stiftungspraxis eine erhebliche soziale, jedoch keine religiös-kultische Bedeutung zukam" [261: KAUFMANN, Bilderfrage, 449].

Die neue Zweckbestimmung des Bildes im Luthertum sowie die Bilderarmut des Reformiertentums sind Ausweis eines fundamentalen kulturellen Wandlungsprozesses, in dem sich das Bild „vom Gegenstand und Mittel der religiös kulturellen Verehrung zum Objekt des ästhetischen Kunstgenusses" wandelte. „Die Bilder verloren im Protestantismus ihr Numinoses, sie unterlagen dem Prozess der Rationalisierung im Sinne Max Webers" [258: HOLENSTEIN/SCHMIDT, Bilder, 522; grundlegend dazu: 257: HOFMANN, Geburt]. Dieses Urteil besitzt hinsichtlich der langfristig-epochalen Wirkung des reformatorischen Bilderstreites auf die Produktion und Wahrnehmung von Kunst wohl allgemein anerkannte Gültigkeit.

Noch immer bleibt aber die Frage offen, die SCRIBNER 1990 hinsichtlich des Bilderstreites formuliert hat: „Wie kam es aber von einer sakramentalen Auffassung der sinnlichen Welt zu einer antisakramentalen?" [279: SCRIBNER, Das Visuelle, 19]. Indizien findet er z. B. in antisakramentalen intellektuellen Strömungen des Mittelalters, in Nomi-

Bruch mit der Vergangenheit

Von Bilderverehrung zum Kunstgenuss

nalismus, Humanismus und Manichäismus. Die anthropologisch-ontologische Dimension des Sehens und der Wahrnehmung blieb davon aber unberührt. Denn auch in der protestantischen Tradition habe „das Visuelle ... sich immer wieder behauptet, wenn auch nur durch Gesten, fromme Haltungsweisen, vor allem aber durch Symbole und Emblemata, die kaum mehr als entsinnlichte Bilder waren". Auch die reformierte „bilderfeindliche Tradition" habe letztendlich erkennen müssen, „dass dem Menschen eine bildlose Andacht unmöglich war" [Ebd., 19].

<small>Konstanz des Visuellen</small>

Historische Anthropologie und Kulturwissenschaft bieten Ansatzpunkte, die Bilderfrage als zentrales Problemfeld der Beziehung von kulturellen Mustern in Spätmittelalter und früher Neuzeit, von Kontinuität und Wandel, herauszuarbeiten. Die Bilderstürme sind nicht vollends aus dem intellektuell-theologischen Diskurs um die Bilderfrage erklärbar. In sie flossen Vorstellungen der Akteure vom Versagen der alten kirchlichen und sozialen Ordnung im Sinn des Antiklerikalismus und einer gewünschten neuen Ordnung ein, die punktuell im Ereignis Bildersturm handlungsmächtig wurden, deren Wirkung auf die langfristige Umformung der Perzeption von Welt aber noch weiterer Erforschung harrt. Interpretationen vom reformationsinduzierten Bruch einerseits, vom langfristigen Wandel, in den die Reformationsperiode eingebettet ist, andererseits stehen berechtigterweise, da abhängig von der wissenschaftlichen Frageperspektive, befruchtend nebeneinander, sich zunehmend ergänzend.

2. Reformation, Öffentlichkeit und Medien

Die Bilderstürme waren öffentliche Manifestationen kollektiven Wollens, gleich, ob vom ‚Gemeinen Mann' oder von den Obrigkeiten inszeniert. Wesentlich wurden sie durch ein Glaubensverständnis bedingt, für welches das Evangelium, die ‚Schrift', Grundlage und Medium der Verkündigung gewesen ist. Es ist also zunächst ein theologisches Theorem, das allen Reformatoren eigene *sola scriptura*, das die geschichtswissenschaftliche Aufmerksamkeit auf die Rolle des Wortes und insbesondere der Bibel im reformatorischen Kommunikationsprozess lenkt. JOHANNES BURKHARDT sieht sie als das „wichtigste Bindemittel" in einem reformatorischen „Medienverbund", in dem vielfältige Informationsmittel, „insbesondere das Zusammenwirken von schriftlicher und mündlicher Kommunikation", zusammenflossen [292: BURKHARDT, Reformationsjahrhundert, 58 f.].

<small>*sola scriptura* und reformatorischer Kommunikationsprozess</small>

Schon 1982 thematisierte RAINER WOHLFEIL dieses Mediensystem unter dem Begriff der „reformatorischen Öffentlichkeit" [63: WOHL-

<small>Reformatorische Öffentlichkeit</small>

FEIL, Einführung, 123–133; 309: DERS., Öffentlichkeit]. Er öffnete damit ein in den letzten zwanzig Jahren immer stärker beachtetes Forschungsfeld, das die Reformationszeit in einen ausgreifenden wirkungsgeschichtlichen Kontext der Entwicklung frühneuzeitlicher Öffentlichkeitsformen setzt [mit anregenden begriffsdefinitorischen Überlegungen dazu: 299: KÖRBER, Öffentlichkeiten, 1–22]. Für die Frage nach Voraussetzungen und Durchsetzung der Reformation ist das Thema in zweierlei Beziehung wichtig. Zum einen auf der Ebene der quantitativen Indikatoren für die Bedeutung der Druckproduktion im Reformationsprozess. Zum anderen auf der Ebene der in diesem Prozess wirksam werdenden Inhalte und Vermittlungstechniken.

Die erste Ebene, die der Entwicklung der Druckproduktion und des entsprechenden Marktes im zeitlichen Umfeld des Reformationsprozesses, ist weitgehend unumstritten. HANS-JOACHIM KÖHLER hat dazu eine differenzierte statistische Untersuchung vorgelegt [298: KÖHLER, Meinungsprofil]. Mit 1517, dem Jahr der lutherschen Ablassthesen, setzte ein deutlicher Anstieg der Buchproduktion ein, der, mit einer kurzen Unterbrechung 1520/21, bis 1523 anhielt, um sich nach 1525/26 mit leicht steigender Tendenz bis zum Ende des Untersuchungszeitraumes 1530 deutlich über dem Niveau der Jahre vor 1517 zu entwickeln. Spektakulär ist insbesondere das Aufkommen eines vorher eher randständigen Textgenres, der Flugschrift, die KÖHLER als „frühes Massenkommunikationsmittel mit propagandistisch-agitatorischer Zielsetzung" definiert, „das in der Phase der geistig-religiösen Auseinandersetzungen an der Schwelle zur Neuzeit zum ersten Male in großem Umfang zur gezielten Meinungsbeeinflussung eingesetzt wurde" [297: KÖHLER, Flugschriften, X]. Der steile Produktionsanstieg ab 1517 gipfelte 1524 in ca. 2400 Flugschriftendrucken bzw. ca. 2,4 Millionen Exemplaren. Der deutlich abgrenzbare Produktionsboom dauerte von 1520 bis 1526. Mehr als 95 Prozent der zwischen 1500 und 1530 erschienenen Flugschriften widmen sich Themen aus dem Bereich Theologie und Kirche [298: KÖHLER, Meinungsprofil, 250f., 255]. KÖHLERS generelle Beobachtungen decken sich mit denen zur Druckmetropole Augsburg [300: KÜNAST, ‚Augspurg‘, 295].

Signum der theologischen Flugschriftenliteratur zwischen 1518 und 1525 ist der überwältigende Erfolg Luthers als Autor. Die Drucke seiner deutschsprachigen Schriften übertrafen die Karlstadts als Nächstplaziertem um mehr als das Elf-, die Zwinglis um das Zwanzigfache [294: EDWARDS, Printing, 26f.; dies in Auswertung der Ergebnisse von: 310: ZORZIN, Karlstadt, 24; mit gleichem Tenor: 303: MOELLER, Erwägungen, 277f.]. Theologen stellten weit überwiegend die Au-

Quantität der Druckproduktion

Flugschriften

Luthers Erfolg als Autor

torenschaft der Flugschriften. Zu den Laien gehörten Ulrich von Hutten und der Nürnberger Schuhmachermeister Hans Sachs. Letzterer war der mit Abstand erfolgreichste einer kleinen Gruppe von zehn Flugschriftenautoren aus der städtischen Handwerkerschaft, denen sich MARTIN ARNOLD in einer Monographie gewidmet hat [290: ARNOLD, Handwerker]. Gerade die Flugschriften verfassenden Laien sind als Novum „bezeichnend für den reformatorischen Schub an popularisierender Öffentlichkeitswirkung von Theologie und Kirchenkritik in den Jahren 1518 bis 1522" [295: HAMM, Reformation als Medienereignis, 148–150]. MIRIAM CHRISMAN misst den Laienflugschriften zudem eigene, nach sozialer Gruppenzugehörigkeit der Autoren zu differenzierende und sich von der der Theologen unterscheidende Argumentationsstrategien bei. Sie unterstreicht damit den Eigenwert der laikalen Aneignungs- und Vermittlungformen von theologischen Inhalten sowie die Vielfalt der reformatorischen Bewegung [293: CHRISMAN, Visions, 227–229].

Die Reformationsjahre um 1520 generierten, dies ist unbestritten, einen ausgeprägten Bedarf an Information und Debatte über theologische Themen bzw. an der theologischen Unterfütterung von allgemein gesellschafts- und politikrelevanten Themenstellungen. Bezüglich der inhaltlichen Binnendifferenzierung der theologischen Themen konstatiert KÖHLER das hohe Interesse am Schriftprinzip, dem sich 1520 bis 1526 70 Prozent aller Flugschriften widmeten, gefolgt von der Rechtfertigungslehre. Bei den katholischen Texten stand sie allerdings erst an neunter Stelle, nach Themen wie Lehrtradition, Exegese und Vorwürfen gegen die Reformatoren. Täuferische Flugschriften präferierten die Nachfolge Christi und das allgemeine Priestertum [298: KÖHLER, Meinungsprofil, 256–259]. Letzteres begegnet uns auch bei allen Handwerkerschriftstellern [290: ARNOLD, Handwerker, 330]. MARK EDWARDS sieht die inhaltliche Gemeinsamkeit der in Straßburg erschienenen proreformatorischen Flugschriften in der Betonung des Schriftprinzips und in der Hervorhebung antiklerikaler Elemente. Luthers Rechtfertigungslehre des *sola fide* bleibe in ihnen diffus und randständig [294: EDWARDS, Printing, 98–104]. Er kommt zu dem Schluss, dass Luthers Anhänger unter den Flugblattautoren „fundamentally misunderstood his theology of justification by faith alone apart from works of the law. While Luther insisted that a Christian was freed by faith from all laws, human and divine, many of his supporters ... agreed that Christians were freed by faith from ‚man-made' laws not supported by Scripture, but insisted nevertheless that human beings were still required to fulfill the divine law established by Scripture" [Ebd., 167]. Andere Interpreten betonen hingegen gerade die Bedeutung der Rechtfertigungslehre von *sola gratia* und *sola fide* im Argumentationsgang der Flugschriften [290: ARNOLD, Handwerker, 330; 296: HOHENBERGER, Rechtfertigungslehre, 368]. HEINRICH RICHARD SCHMIDT untersucht die Schriften von reformatorischen Laienschriftstellern aus dem oberdeutsch-schweizerischen Raum und resümiert, dass sie Luthers Idee der Rechtfertigung aus Gnade und Glauben durchaus teilten und im Sinn einer Ethik des gesellschaftlichen Handelns auslegten: „Brüderlichkeit und Gleichheit folgen unmittelbar aus dem theologischen Kern der neuen Lehre" [306: SCHMIDT, Ethik, 369]. Bei aller unterschiedlichen Bewertung der inhaltlichen Schwerpunkte wird in der Forschung freilich durchgängig die Autorenintention der Beeinflussung öffentlicher Meinung deutlich, die signifikant über den Kreis der professionalisierten Theologen und humanistischen Gelehrten hinausgeht. „Die Flugschrift wird zum Medium, dessen sich auch die Laien bedienen, um ihre religiösen Überzeugungen zum Ausdruck zu bringen" [31: BLICKLE, Reformation, 89].

Angesichts des dominanten Analphabetentums stellt sich indes die Frage nach den Rezipienten der Flugschriften. MOELLER hält 1979 die Rezeption vornehmlich für ein städtisches Elitenphänomen [301: MOELLER, Stadt, 31]. SCRIBNER kritisiert, dies werde „kaum dem komplizierten Verhältnis zwischen gelehrter Kultur und Volkskultur oder zwischen Stadt und Land gerecht". Der Buchdruck sei zwar „mitten im Kommunikationsprozess zu finden" gewesen, das reformatorische Anliegen aber sei „durch das gesprochene Wort vermittelt" [307: SCRIBNER, Flugblatt, 66f.] worden.

Rezipienten

Das Verhältnis von Mündlichkeit und Schriftlichkeit manifestierte sich sowohl in Akten öffentlichen wie privaten Vorlesens und des Gesprächs als auch in der Predigt. Das Verlangen nach kompetenten Predigern gehörte schließlich zu den prominentesten laikalen Forderungen in der Initiationsphase der Reformationsbewegung. Zum einen war die reformatorische Predigt selbst auf das Wort Gottes gemäß dem Prinzip des *sola scriptura* gegründet und reagierte überdies nicht selten auf Flugschriften. Zum anderen wurde die gedruckte evangelische Predigt, die in der Reformation „an die Stelle des Sakraments als das maßgebliche Gnadenmittel" getreten war, selbst zu einem wesentlichen Gegenstand der Flugschriften der 1520er Jahre [304: MOELLER/STACKMANN, Predigt, 10–12, Zitat 10; zur medialen Bedeutung der Predigt wesentlich auch: 295: HAMM, Reformation als Medienereignis, 148–150].

Mündlichkeit und Schriftlichkeit

Bezüglich dieser thematischen Orientierung der Flugschriftenliteratur und der prinzipiellen Verbindung von Mündlichkeit und Schriftlichkeit im reformatorischen Kommunikationsprozess sowie deren Zentrierung auf das gedruckte Basismaterial besteht in der Forschung Einigkeit. Auch der anfänglich aufscheinende Dissens um die von MOELLER zunächst hervorgehobene Rolle der städtischen Eliten als maßgeblichem Rezipientenkreis ebnet sich insofern ein, als auch er in expliziter Anlehnung an SCRIBNER [275: SCRIBNER, Popular Culture, 49–69] neuerdings die „über den Kreis der Gebildeten und Lesekundigen" hinauswirkende multiplizierende und aktionsinitiierende Funktion der Flugschriften stärker hervorhebt [302: MOELLER, Frühe Reformation, 156].

Es bleiben freilich Differenzen bei der Bewertung des Rezipientenkreises, vor allem der Rolle der ungebildeten Laien und der Stadt-Land-Beziehung, sowie hinsichtlich der Wort- und Schriftorientierung des Vermittlungsmusters reformatorischer Inhalte. Dahinter verbergen sich unterschiedliche Schwerpunktsetzungen und Bewertungen des Charakters des reformatorischen Kommunikationsprozesses, die auch mit der jeweiligen wissenschaftlichen Fachkultur zu tun haben, aus der die Bewertenden stammen. Dass die Argumentation maßgeblicher Vertreter der neuen lutherisch-protestantischen Kirchengeschichte – wie MOELLER, OBERMAN oder modifiziert auch HAMM – sich in konzentrischen Kreisen um die Rolle der Theologie Luthers bewegt, erklärt sich auch aus der fachkulturell bedingten Frageperspektive. Ebenso, dass andere, wie der der historischen Anthropologie verpflichtete Sozialhistoriker SCRIBNER, eine Perspektive öffnen, in der laikale Rezeption und Verarbeitung des theologischen Impulses die Stelle des argumentativen Fokus einnehmen.

Reformatorische Bildpropaganda

Dass sich SCRIBNER unter dem sprechenden Titel ‚For the Sake of the Simple Folk' [308] 1981 erstmals dem Thema der reformatorischen Bildpropaganda vor allem im illustrierten Flugblatt [dazu auch: 291: BEYER, Eigenart; 305: OELKE, Konfessionsbildung], einem von den Flugschriften durch geringeren Umfang und genuine Bild-Text-Kombination unterschiedenen Medium, annahm und die Effektivität der dort verfolgten Visualisierungsstrategien im wechselseitigen Prozess von propagandistischer Absicht und langfristig gewachsener Mentalität des Gemeinen Mannes problematisierte, ist Ausweis der Fruchtbarkeit und – im besten Sinn – Fragwürdigkeit eines historisch-anthropologischen Ansatzes, der das theologische Denken der Reformationszeit konsequent in den Kontext der populären Rezeptionsmöglichkeiten stellt.

Populäre Rezeptionsmöglichkeiten

Seine Skepsis bezüglich der Fähigkeit und der Absicht der reformatorischen Propaganda, populäre Mentalitäten zu transzendieren [308: SCRIBNER, Sake, 248f.], setzte einen Kontrapunkt in der mehrheitlich das Neue der „frühbürgerlichen Medienrevolution" [292: BURKHARDT, Reformationsjahrhundert, 74] der ersten Hälfte der 1520er Jahre betonenden Forschung. SCRIBNERS Zweifel an einer auf das gedruckte Wort zentrierten Sicht auf die Vermittlungsstrategien reformatorischer Inhalte und sein Plädoyer für die Auffassung von Schriftkultur und mündlicher Kultur als „zwei verschiedene Medien einer einzigen Kultur" [313: BRADY, Scribner, 34], in der sich die Aneignung der Reformation durch den Gemeinen Mann als komplexer Prozess der Fortwirkung und Umdeutung von Elementen der *popular culture* im Dialog mit den theologischen Grundannahmen der Reformatoren vollzog, deuten auf die Notwendigkeit einer Integration der unterschiedlichsten Perspektiven in eine adäquate Analyse des reformatorischen Kommunikationsprozesses hin.

Die Frage nach der Motorik dieses Kommunikationsprozesses erweist sich als ein, wenn nicht als das Kernelement der aktuellen wissenschaftlichen Auseinandersetzung mit der Frage nach den Voraussetzungen und dem Erfolg der Reformationsbewegung. Noch bewegt sich die Forschung diesbezüglich auf dem Feld des Sammelns und Koordinierens von Befunden sowie auf dem der Debatte von Konzepten aus unterschiedlichen Wissenschaftskulturen. Die Entwicklung seit Mitte der 1990er Jahre markiert freilich die Bereitschaft zum auch bezüglich der Reformation als Kommunikationszusammenhang greifenden interdisziplinären Diskurs, dessen Möglichkeiten und Grenzen bis dato bei weitem nicht ausgelotet sind.

Motorik des Kommunikationsprozesses

E. Perspektiven der Forschung – Versuch einer Zusammenfassung

Zwei große forschungsleitende Perspektivenwechsel kennzeichnen die neuere deutsche und internationale Reformationsgeschichtsschreibung. Zum Ersten ihre Hinwendung zu sozialgeschichtlichen Fragestellungen, die wesentlich durch MOELLERS Studie ‚Reichsstadt und Reformation' von 1962 eingeleitet wurde. Zum Zweiten das sich seit den 1980ern steigernde Interesse an kulturwissenschaftlichen und historisch-anthropologischen Interpretationsansätzen, das Impulse vor allem der französischen und angelsächsischen Geschichtswissenschaft aufnahm.

Perspektivenwechsel der Reformationshistoriographie

Dass der Anstoß zu einer reformationsgeschichtlichen Neuorientierung mit MOELLERS Reichsstadtbuch von einem protestantischen Theologen und Kirchenhistoriker kam und dass die Profangeschichte ihn erst mit gut zehnjähriger Verspätung aufnahm, mag zunächst verwundern. Es erklärt sich aber zu einem guten Teil aus einer nach 1918 und erst recht nach 1945 vorherrschenden historiographischen Entwicklung, die MOELLER selbst als Degeneration der Reformationsgeschichte zu „an antiquarian exercise" charakterisiert hat [zitiert nach: 312: BRADY, Protestant Reformation, 19].

Entwicklungen der Geschichtswissenschaft

Der Impuls der marxistischen Interpretation von Bauernkrieg und Reformation als frühbürgerlicher Revolution strahlte erst in den 1970er Jahren Wirkung auf die westdeutsche Reformationsgeschichtsschreibung aus. Dies wurde nicht zuletzt dadurch möglich, dass sich in der gleichen Zeit die Frühneuzeithistoriographie Anregungen zu öffnen begann, welche eine sich als ‚historische Sozialwissenschaft' und ‚Gesellschaftsgeschichte' verstehende moderne Sozialgeschichte bereitstellte. Die Gründung der Zeitschrift ‚Geschichte und Gesellschaft' im Jahr 1975 ist wichtigstes Indiz dieser Entwicklung, in der sich die deutschsprachige Historiographie westlich des Eisernen Vorhangs methodologischen und thematischen Einflüssen öffnete, die anderwärts im westeuropäischen und angelsächsischen Raum längst Fuß gefasst hatten, und in der die Dialogbereitschaft mit dem fundamental konkurrierenden Konzept der marxistischen Geschichtswissenschaft erste Ergebnisse zeitigte, wie die beiden 1972 und 1975 von RAINER WOHLFEIL herausgegebenen Sammelbände zu Reformation und Bauernkrieg [147: Reformation; 198: Bauernkrieg] belegen. Es bedurfte der grundlegenden Veränderung des gesamtgesellschaftlichen Klimas, eines Endes der ‚Nachkriegszeit', um auch in der deutschen Reformationsforschung den internationalen Diskurs zum wissenschaftlichen Standard werden zu lassen. Die Reformationsgeschichte spiegelt hier getreulich die Entwicklung der Gesamtdisziplin wider.

Historische Kulturwissenschaft

Die methodologische Öffnung der historischen Reformationsforschung zur Sozialgeschichte im weitesten Sinn ist auch Voraussetzung für das Erwachen des Interesses an historisch-kulturwissenschaftlichen und historisch-anthropologischen Fragestellungen seit den späten 1980ern. Resultierte dieses Interesse doch wesentlich aus der Kritik an sozialwissenschaftlich-quantifizierenden Methoden und an aus den Sozialwissenschaften übernommenen Ansätzen im Umfeld eines sehr weitmaschigen Verständnisses von Modernisierungstheorie. Bezeichnenderweise waren es gerade Forscher, die in den 1970ern und frühen 1980ern maßgeblich die sozialgeschichtliche Richtung der Reformationshistoriographie mitgeprägt hatten – wie VON GREYERZ, RUBLACK oder SCRIBNER –, die nun kulturwissenschaftliche und historisch-anthropologische Problemstellungen und Methoden erprobten.

Gemein ist, bei allen auch wissenschaftssoziologisch erklärbaren gegenseitigen Abgrenzungen der sozialgeschichtlich und der kulturwissenschaftlich sowie historisch-anthropologisch ausgerichteten Forschungsrichtung, das Interesse an den historischen Wirkungszusammenhängen, die auf die Reformation zuführten und schließlich von ihr ausgingen. Eine beschränkende Konzentration auf die Reformation als quasi vorgeschichtsloses Ereignis, auf Luther als sich selbst genügendem Heros einer neuen Zeit ist nicht länger möglich. Auch diejenige theologische Forschung, die, wie in den Arbeiten von MOELLER und OBERMAN aufscheinend, das grundstürzend Neue der Theologie Luthers betont, rekurriert in höchst differenzierter Argumentation auf spätmittelalterliche Theologie und Frömmigkeit als historisch-genetische Folie und Voraussetzung dieses Neuen.

Nochmals: Spätmittelalter und Reformation

So ist denn auch die Formulierung MOELLERS von 1994, „die Reformation sei im Kern ein geistiger Vorgang gewesen" [302: MOELLER, Frühe Reformation, 163] kein Indiz für die Rückkehr der Kirchengeschichte zu einer auf das Theologische reduzierten Interpretation der reformatorischen Dynamik. Auch Profanhistoriker betonen neuerdings wieder stärker die Bedeutung des ‚Geistigen': „Die Reformation war zwar in ihren Anfängen, nicht jedoch in ihrem weiteren Vollzug, ein exklusiv religiöses Ereignis" [39: VON GREYERZ, Religion, 45]. Es zeichnet sich in solcherart programmatischen Sätzen vielmehr die Einsicht ab, dass kein zwingender Widerspruch zwischen dem Ernst nehmen der eigenständigen Wirkmächtigkeit des religiösen Impulses und einer Interpretation besteht, die den Analyseschwerpunkt auf gesellschaftliche, politische und kulturelle Voraussetzungen sowie Auswirkungen der Reformation setzt. Das aktuelle Interesse an kulturwissenschaftlichen und historisch-anthropologischen Fragestellungen reflektiert ebenfalls die Bedeutung, die inzwischen den Formen und Inhalten individueller und kollektiver Aneignung und Verarbeitung von Religiosität für den Reformationsprozess beigemessen wird.

Reformation als religiöses Ereignis

Dieses Interesse ist insofern von forschungsstrategischer Bedeutung, als es, entgegen der Mehrzahl der frühen sozialgeschichtlichen Arbeiten der 1970er Jahre, dem Religiösen als Forschungsgegenstand auch der Profangeschichte zu neuem Recht verholfen hat. Hier gründet ein noch weiter auszuschöpfendes Potenzial der Verklammerung von Kirchen- und Profangeschichte zu einer im umfassenden Sinn gesellschaftsgeschichtlichen Synthese in der Absicht, Voraussetzungen und Durchsetzung der Reformation auf ein Erklärungsmodell zuzuführen, das sowohl den langfristigen Wandlungsprozessen als auch den ereignishaft greifenden Impulsen um 1520 Rechnung trägt. Dazu bedarf es

Verklammerung von Kirchen- und Profangeschichte

freilich eines bei den Protagonisten der unterschiedlichen Erklärungsschulen noch nicht durchgängig zu erkennenden Willens, aufeinander zuzugehen, die Beziehung von Problemstellung, Quellengrundlage und Ergebnisreichweite der jeweils anderen Position präzise zu überprüfen und hinsichtlich der Leistungsfähigkeit für den eigenen Fragehorizont zu befragen.

Dynamisierungspotenziale

Die sich daraus ergebenden Dynamisierungspotenziale für den wissenschaftlichen Diskurs zeigen sich in Ansätzen in der Diskussion zwischen den Kirchenhistorikern HAMM, MOELLER und WENDEBOURG um Einheit und Vielfalt der Reformation. Sie sind erkennbar auch im Disput um die epistemologische Reichweite des Konzeptes der Gemeindereformation im Rahmen von BLICKLES Kommunalismusparadigma sowie in der Grundlagendebatte um die epochensetzende Qualität des Reformationsprozesses, deren Facetten unlängst SCHILLING [114: SCHILLING, Reformation] mit Perspektiven ihrer Weiterbehandlung zusammengeführt hat.

Schlüsselphase 1520–1525

Was sich einstweilen als Minimalkonsens bezüglich der Frage nach Voraussetzungen und Durchsetzung der Reformation abzeichnet, ist bei aller unterschiedlichen Bewertung des Verhältnisses dessen, was ‚neu' war oder an Kontinuitätselementen bloß funktional umgewertet wurde, die Hervorhebung der Bedeutung der ersten Hälfte der 1520er Jahre als Schlüsselphase der Formierung der Grundkonzepte reformatorischer Theologie zu einem tief greifend gesellschaftlich wie politisch virulenten Wirkungszusammenhang. Dessen dauerhafte Reichweite bezüglich der Durchdringung und Veränderung von Mentalitäten und Verhaltensweisen des Gemeinen Mannes bleibt in der Bewertung freilich vorerst umstritten. Das berührt aber nicht die grundsätzliche Aussage, dass es vor allem nach 1525 zu einer strukturell herrschaftlichen Aneignung der *causa religionis* durch die politischen Autoritäten im Reich, der fürstlichen wie städtischen Reichsstände sowie der Obrigkeiten der autonomen Städte im Norden des Reiches, gekommen ist, die in den Konfessionalisierungsprozess einmündete. Die Zentrierung der politischen und kirchenorganisatorischen Durchsetzung der Reformation auf die obrigkeitlich-herrschaftliche Ebene, verbunden mit der Marginalisierung radikaler, sich dieser Ebene nicht beugender reformatorischer Richtungen wie der Täufer, sollte indes den Blick nicht verstellen auf die durch die reformatorische Rechtfertigungslehre des *sola fide* und *sola gratia* prinzipiell geschaffene Möglichkeit einer auf das Individuum gerichteten Gestaltungsmöglichkeit des Glaubens, die im 17. und 18. Jahrhundert vor allem im Pietismus auch in ihrer obrigkeitskritischen Dimension zum Tragen kam [dazu im Überblick: 38:

GOERTZ, Bewegungen, 44–57]. Die ‚Durchsetzung' der Reformation und ihre Wirkungsgeschichte erweisen sich hier als nicht deckungsgleich.

F. Nachtrag 2017
Tendenzen der Forschung seit 2005

1. Überblicksdarstellungen

Europäische Perspektive

Die Frage nach dem Epochencharakter der Reformation beschäftigt die Forschung weiterhin. Bei aller unterschiedlichen Schwerpunktsetzung zeigt sich dies auch in den neuen Überblicksdarstellungen. Verstärkt kommt ebenfalls die europäische Perspektive auf das Reformationsgeschehen gerade in der Überblicksliteratur zur Geltung. Noch 2002 konzentrierte sich die 5. Auflage des reformationsgeschichtlichen Grundrisses von HEINRICH LUTZ [43: LUTZ, Reformation] auf die Darstellung der reformationsrelevanten Vorgänge von der Veröffentlichung der Luther'schen Thesen 1517 bis zur Abdankung Karls V. 1555 im Wesentlichen auf das Reich. Bereits 2003 dagegen sieht der britische Kirchenhistoriker DIARMAID MACCULLOCH die kirchliche Reformdebatte seit dem Ende des 15. Jahrhunderts und die geistes- wie sozialgeschichtlichen Strukturbedingungen für diese Debatte als europäisches Phänomen [329: MACCULLOCH, Reformation]. Zudem weitet er das Spektrum der Wirkungsgeschichte zeitlich bis um 1700 und räumlich bis nach Amerika aus. Den Blick auf Europa und darüber hinaus lenkt auch GOTTFRIED SEEBASS in seiner vom 14. bis ins 17. Jahrhundert reichenden Geschichte der Christenheit, die die Reformation ins Zentrum des Interesses stellt [342: SEEBASS, Geschichte, siehe auch zum Überblick: 328: BRENDLE, Zeitalter].

Sehr viel knapper, gleichwohl in prägnanter Begrifflichkeit und gleichem chronologischen Zuschnitt nimmt auch der Überblick von VOLKER LEPPIN die Thematik auf [336: LEPPIN, Reformation]. Bedenkenswert ist insbesondere seine These, dass die Polaritäten, die sich seit dem 14. Jahrhundert theologisch wie politisch innerhalb der römischen Kirche und in ihrer Beziehung zu den weltlichen Herrschaftsträgern entwickelten, bei den für den frühen Reformationsprozess maßgeblichen Theologen Luther und Zwingli zu einer „Dissonanzerfahrung"

Dissonanzerfahrung

[Ebd., 8] führten. Die als dissonant empfundene Realität einer erneuten Konsonanz, einem Zusammenklang von Norm und Realität, zuzuführen, wäre dann das Ziel reformatorischen Bestrebens gewesen.

Aus einem anderen, im weitesten Sinn gesellschaftsgeschichtlichen Blickwinkel beschreibt und analysiert auch THOMAS A. BRADY in seiner 2009 erschienenen Synthese der deutschen Geschichte zwischen 1400 und 1650 eine solche Dissonanzerfahrung [327: BRADY, German Histories]. Er charakterisiert diese Zeitspanne als ein Zeitalter von Reformationen (Man beachte den Plural!). Damit löst er den Reformationsbegriff von seiner kirchengeschichtlichen Fokussierung. Vielmehr möchte er die politischen und religiösen Reformvorhaben der Zeit, seien sie bloß projektiert oder realisiert, für sich und in ihrer jeweiligen Bezogenheit aufeinander zeigen. Als systematischen und chronologischen Kern der „Reformationen" markiert er dabei die Phase zwischen 1520 und 1576, dem Todesjahr Kaiser Maximilians II., mit dem er die konfessionell bestimmte Phase der Geschichte des Alten Reiches beginnen lässt. Damit unterbreitet BRADY nicht nur ein neues Periodisierungsangebot; mit der Pluralisierung des Reformationsbegriffes schärft er auch das Bewusstsein für die Vielfalt reformatorischer Konzepte und die ebenso große Vielfalt der Rezeptionsmöglichkeiten samt der daraus resultierenden Wirkungen. „Reformation" ist hier gleichermaßen auf das Reformstreben in Theologie und Politik gemünzt; beides wiederum differenziert nach sozialen und politischen Milieus, auf Städte, Territorien und das Reich insgesamt.

Reformationen

So wenig sich BRADYS Buch auf eine sozial- und politikgeschichtlich beschränkte Interpretation reduzieren lässt, so wenig folgt die ebenfalls 2009 publizierte Reformationsgeschichte THOMAS KAUFMANNS einem einseitig kirchen- und geistesgeschichtlichen Ansatz [334: KAUFMANN, Geschichte]. Er stellt zwar die Jahre vom Ablassstreit seit 1517 bis zum Augsburger Reichstag von 1530 ins Zentrum seiner Darstellung und profiliert damit die Kernphase der traditionellen Reformationsgeschichtsschreibung. Außerdem gilt sein Hauptaugenmerk den Vorgängen im Reich sowie der Person und Theologie Luthers [dazu kritisch EMIDIO CAMPI in: 381: OPITZ, Myth, S. 21f.]. Aber dies geschieht vor dem Hintergrund einer umfassenden Kontextualisierung mit den theologisch-geistesgeschichtlichen als auch den politik-, sozial- und mediengeschichtlichen Entwicklungen seit dem Spätmittelalter, die hier freilich, anders als bei BRADY, zur Vorgeschichte des reformatorischen Kerngeschehens gerinnen.

Die hohe Qualität der beiden großen Synthesen von BRADY und KAUFMANN verbietet es, sie gegeneinander auszuspielen. Sie zeigen vielmehr das noch immer breite Spektrum der Möglichkeiten, Reformation seriös zu interpretieren. Ein Rezensent hat es auf den Punkt gebracht: „Dass zwei Autoren [...] zu so unterschiedlichen Darstellun-

Interpretationsspektrum

gen und Deutungen der deutschen Geschichte zwischen Spätmittelalter und Früher Neuzeit kommen und dass jeder mit seiner Sicht der Dinge den Leser zu beeindrucken vermag, zeigt, welch großen Reichtum diese Geschichte birgt, die sich nicht auf einfache Formeln bringen lässt und möglicherweise gar keine abschließende Gesamtdeutung erlaubt." [ANDREAS STEGMANN, Rezension zu: 327: BRADY, German Histories, und 334: KAUFMANN, Geschichte, in: H-Soz-Kult, 04.01.2010, <www.hsozkult.de/publicationreview/id/rezbuecher-13333>].

Christianisierungs-prozess

Ein auf die Wirkungsgeschichte der Reformation ausgerichtetes Konzept präsentiert der Kirchenhistoriker SCOTT H. HENDRIX. [330: HENDRIX, Vineyard]. Er verbindet Vielfalt und Einheit der Reformation, indem er einerseits die unterschiedlichen konfessionellen Perspektiven, inklusive der katholischen, des 16. Jahrhunderts skizziert, andererseits das Gemeinsame in dem Bestreben nach umfassender Christianisierung des Lebens hervorhebt. Die Verbindung zwischen der mittelalterlichen und der frühneuzeitlichen Vorstellung sieht er im Festhalten an der Vision von der authentisch christlichen Durchdringung des Lebens. Die Reformer des 16. Jahrhunderts seien gemeinsam davon ausgegangen, dass es diese Durchdringung nach den Zerfallserscheinungen der mittelalterlichen Frömmigkeits- und Kirchenpraxis wieder herzustellen gelte. So sei es angebracht, von nur einer Reformation zu sprechen, die bloß unterschiedliche theologische und praktische Programme zur Durchsetzung dieses Zieles entwickelt habe. Das Thema von Einheit und Vielheit der Reformation, das zu den wesentlichen Diskussionspunkten der reformationsgeschichtlichen Forschung der letzten Jahrzehnte gehört, wird in HENDRIX' Überblick auf intellektuell elegante Weise zwar nicht unbedingt gelöst, jedoch höchst bedenkenswert reflektiert [siehe dazu auch 332: JOHNSON/MAXFIELD, Reformation]. Gleiches gilt, wenn auch mit unterschiedlichen Akzentsetzungen, für HANS J. HILLERBRANDS Darstellung, die in einer methodischen Synthese von Religions- und Sozialgeschichte die theologischen und kirchenorganisatorischen Reformansätze im Reich in den europäischen Kontext einordnet [331: HILLERBRAND, Division].

Schon 2003 veröffentlichte ULINKA RUBLACK einen Überblick über die Reformation in Europa, der von den anderen bislang nicht berücksichtigte Themenfelder berührt [339: RUBLACK, Reformation]. Der Titel verweist auf Europa. Das ist hier freilich nicht in dem Sinn zu

Kultur- und mediengeschichtlicher Ansatz

verstehen, dass Region für Region abgearbeitet wird. Vielmehr geht es um in Alteuropa wirksame kulturelle Muster, so z.B. um die „religiöse Weltsicht", um „fremde Daseins-, Zeit- und Raumvorstellungen" um 1500 [Ebd.,13] oder um die Erklärung des reformatorischen Erfolges durch das Aufdecken geschlechtsspezifischer „emotionaler Gefüge" [Ebd., 58] und persönlicher Netzwerke. Großen Wert legt die Autorin auch auf die Bedeutung gedruckter Text- und Bildmedien sowie des gesprochenen Wortes in Gestalt der Predigt, mithin auf die vielschichtigen Strategien der Vermittlung reformatorischer Inhalte. Mit der Fokussierung auf den im weitesten Sinn kultur- und kommunikationsgeschichtlichen Ansatz hat RUBLACK einen Weg beschritten, der die zahlreichen, seit den 1980er Jahren erschienenen Einzelforschungen zu einer Mediengeschichte der Reformation in ein anregendes analytisches Gesamtkonzept einbindet. Zu diesem Gesamtkonzept gehört bei ihr auch eine nicht bloß additive, sondern argumentativ integrierte Berücksichtigung von Geschlecht als analytischer Kategorie.

Dass dies für Überblickswerke eine Ausnahme sei, obwohl zahlreiche Spezialuntersuchungen zu geschlechtergeschichtlichen Aspekten der Reformation existierten, betont 2009 MARY WIESNER-HANKS in ihrem einschlägigen Forschungsbericht [388: WIESNER-HANKS, Gender, siehe auch die grundsätzlichen Überlegungen bei 384: ROPER, Gender; und 389: WUNDER, Frauen. Neuerdings schneidet das Thema in einem Epochenüberblick an: 333: JUNG, Reformation; siehe auch dessen Sammlung von Einzelstudien: 372: JUNG, Nonnen].

Die chronologische Weiterung vom Spätmittelalter bis zu der oftmals separat behandelten Zeit nach dem Augsburger Religionsfrieden von 1555 kennzeichnet mittlerweile etliche Überblicksdarstellungen zur Reformationsgeschichte. Die lange gängige Trennung in die Zeit der Reformation und ein Konfessionelles Zeitalter wird dort zwar nicht aufgehoben, in ihrem Zäsurcharakter gleichwohl relativiert [dazu auch als große Spezialstudie: 373: KAUFMANN, Konfession, bes. Kap. 1]. Das wird einerseits einer neuen Qualität der gesamthistorischen Entwicklung seit der zweiten Hälfte des 16. Jahrhunderts, die durch die Bildung der theologisch und organisatorisch fest gefügten Bekenntnisgruppen und eine zunehmende Verrechtlichung der politischen Kommunikation zwischen diesen Gruppen markiert wird, gerecht; andererseits ergibt sich dadurch die Möglichkeit, komplexe wirkungsgeschichtliche Zusammenhänge zwischen der Phase der Herausbildung des theologischen und organisatorischen Trennungspotentials bei der römischen Kirche und ihren theologischen Kritikern und der Phase der schließlich vollzogenen Trennung kohärenter als bislang geschehen herauszuarbeiten. KAUFMANN hat freilich gezeigt, dass auch eine auf die Vorgänge im Reich während der „klassischen" Reformationsperiode fokussierte Darstellung ihre Berechtigung nicht eingebüßt hat [334: KAUFMANN, Geschichte].

_{Chronologische Weiterungen}

144　　　II. Grundprobleme und Tendenzen der Forschung

Gleichwohl legte auch er 2016 eine weitere, für ein breiteres Publikum geschriebene Reformationsgeschichte vor, die stärker die Europäizität der Reformation sowie die spätmittelalterlichen Entwicklungen und die Wirkungsgeschichte bis in die Moderne berücksichtigt [335: KAUFMANN, Erlöste und Verdammte].

2. Biographien

Auch auf dem Feld der Reformationsforschung gelangte in den letzten drei Jahrzehnten das lange in den Bereich des populären Sachbuches verbannte Genre der Biographie zu neuer wissenschaftlicher Anerkennung. Das hat nicht nur mit der Relativierung der Deutungshoheit einer theorieorientierten Sozial- und Strukturgeschichtsschreibung und dem wachsenden Interesse an mikrohistorischen Fragestellungen zu tun. Es ist auch Ausdruck der wachsenden Bedeutung von Jubiläen für die Erinnerungskultur.

Das 2014 erschienene Reformatorenlexikon versammelt biographische Kurzporträts von 40 Personen, die „an unterschiedlichen Orten Europas zentrale Funktionen für die Verbreitung reformatorischer Gedanken oder für die Einführung der Reformation ausübten" [323: DINGEL/LEPPIN, Reformatorenlexikon, 7], darunter zwei Frauen: die fränkische Flugschriftenautorin Argula von Grumbach [349: MATHESON, Argula von Grumbach] und die Straßburger Laientheologin Katharina Schütz Zell [350: MCKEE, Katharina Schütz Zell]. Die offene Definiti-

Begriff „Reformator"

on des Begriffs „Reformator" gestattet es, ein breites Spektrum zu berücksichtigen, das sich nicht auf jene Regionen beschränkt, in denen sich reformatorische Kirchenwesen dauerhaft und flächendeckend etablierten. Das ermöglicht eine umfassende Perspektive auf die europäischen Reformbewegungen vom frühen bis zum ausgehenden 16. Jahrhundert, die eben nicht nur die offenkundig erfolgreichen, sondern auch marginalisierte reformatorische Ansätze umfasst. So finden sich u.a. Thomas Müntzer und wichtige Vertreter des Täufertums unter den

Pluriformität der Reformation

Vorgestellten. Das Konzept des Lexikons reflektiert so die Pluriformität des Reformationsprozesses weit über die Trias Luther, Zwingli und Calvin hinaus.

Die im Zusammenhang mit den Jubiläumsjahren nach 2005 erschienenen Biographien stellen genrebedingt eine Person in Mittelpunkt. Freilich genügen sie wissenschaftlichen Ansprüchen nur dann, wenn die untersuchte Person in kulturelle, soziale und politische Zusammenhänge eingebettet wird. Die hier vorgestellten Arbeiten erfüllen dieses Qualitätskriterium. Entsprechend schlagen sich Leitfragen der gegenwärtigen Reformationsforschung, etwa die nach inhaltlichen wie personalen Vernetzungen mit bzw. Abgrenzungen zu anderen Repräsentanten reformatorischen Denkens oder die nach der Einordnung in theologische Traditionen, auch in ihnen nieder.

2009 erbrachte der fünfhundertste Geburtstag des Genfer Reformators Johannes Calvin eine Vielzahl von Publikationen. JOHANNES STROHM präsentierte im Jubiläumsjahr eine kompakte und zuverlässige Einführung in das Leben Calvins [359: STROHM, Calvin; knapper und zuverlässiger Überblick ebenfalls: 354: ROHLOFF, Calvin]. Er skizziert den prägenden Einfluss des Humanismus auf Calvin und hebt die zunächst wesentliche Bedeutung Luthers und dann Martin Bucers hervor, unter dessen Einfluss Calvin seine gegenüber dem Wittenberger eigenständige Theologie habe entwickeln können.

Calvin

Auch die von PETER OPITZ vorgelegte Biographie Calvins widmet sich den Beziehungsnetzen und Einflusslinien aus dem französischen Humanismus sowie aus den französischen, süddeutschen und eidgenössischen Reformationsvorstellungen [352: OPITZ, Leben]. Besonders breit behandelt auch BRUCE GORDON die persönliche und inhaltliche Vernetzung Calvins und schenkt dem Vergleich mit anderen Reformatoren Beachtung [345: GORDON, Calvin].

Aus den Federn des reformierten niederländischen Kirchenhistorikers HERMAN J. SELDERHUIS [357: SELDERHUIS, Calvin] und des reformierten Münsteraner Kirchenhistorikers WILHELM NEUSER [351: NEUSER, Calvin] stammen zwei weitere Biographien, die – beide in ausführlicher Orientierung an den theologischen Texten des Genfer Reformators und NEUSER in Konzentration auf die Zeit bis 1541 – zeigen, über welche interpretatorische Spannbreite insbesondere hinsichtlich der Beziehung des Calvin'schen Denkens zu anderen reformatorischen Ansätzen die Calvinforschung verfügt.

Das von SELDERHUIS herausgegebene umfängliche Calvin-Handbuch nimmt biographische Aspekte auf und geht in zahlreichen Einzelartikeln auf Themen und Strukturen des Calvin'schen Werkes ein, es widmet sich aber auch ausdrücklich Rezeption und Wirkungsgeschichte bis in die Gegenwart [358: SELDERHUIS, Calvin-Handbuch].

Explizit oder implizit ist all diesen Titeln gemeinsam, dass sie einerseits die Pluralität der Reformationen, andererseits eine über theologische Traditions- und Kommunikationslinien hergestellte Gemeinsamkeit betonen. Freilich geht dies bei keinem der Biographen so weit, dass eine mögliche Einheit der Reformation explizit thematisiert würde.

Gerade die wirkungsgeschichtliche Komponente des Themas interessiert die Forschung weiter, wird der Zusammenhang zwischen

Calvinismus und Moderne

Calvinismus und Moderne doch noch immer fruchtbringend diskutiert [365: EHRENPREIS, Calvinismus; 364: CAMPI, Calvin].

Luther — Das Reformationsjubiläum des Jahres 2017 ließ in seinem publizistischen Vorfeld bisweilen den Eindruck entstehen, es handle sich eigentlich um ein Lutherjubiläum. Das ist zum einen darauf zurückzuführen, dass das Anlass gebende Ereignis die Veröffentlichung von Luthers Ablassthesen 1517 war. Die Orientierung auf Zeitpunkte, nicht auf Zeiträume, gehört nun einmal zum Charakteristikum historischer Jubiläen. Es gibt aber auch eine weniger triviale Begründung, die Kernpunkte der Reformationsforschung berührt: zunächst die Positionierung Wittenbergs und der frühen Lutherschriften im Prozess der Dynamisierung des kirchlichen Reformprozesses im Reich und darüber hinaus, damit eng verbunden die Frage nach dem Zäsurcharakter des reformatorischen Geschehens der Jahre um 1520 und letztlich die Bedeutung von Individuen für historische Prozesse.

In seiner knappen, auf das Unverzichtbare beschränkten biographischen Einführung setzt THOMAS KAUFMANN 2006 in dieser Hinsicht recht eindeutige Akzente [347: KAUFMANN, Luther]. Zwar stellt er keineswegs in Frage, dass der junge Luther von spätmittelalterlichen Denktraditionen beeinflusst worden ist. Es gibt jedoch für KAUFMANN einen Punkt im Wirken des Wittenbergers, der zur „kopernikanischen Wende" in der Geschichte des abendländischen Christentums geworden sei: die Verbrennung der päpstlichen Bannandrohungsbulle am 10. Dezember 1520 [Ebd., 53]. Der von KAUFMANN hervorgehobene eindeutige Zäsurcharakter der lutherischen Reformation, hervorgerufen letztlich durch das Handeln einer eminenten Persönlichkeit, wird dadurch besonders unterstrichen, dass andere reformatorische Gruppierungen ihr Profil am lutherischen Maßstab entwickelten und auch die Erneuerung der Papstkirche sich über die Auseinandersetzung mit der Herausforderung Luther gestaltete.

Luthers „kopernikanische Wende"

Einen ganz anderen Weg wählt VOLKER LEPPIN mit seiner ebenfalls 2006 erschienenen, sehr viel umfangreicheren Lutherbiographie [348: LEPPIN, Luther]. Dezidiert bestreitet er ältere Deutungen eines reformatorischen „Durchbruchs" bei Luther, einer punktuellen Fixierung der Grenzüberschreitung vom Alten zum grundsätzlich Neuen in dessen intellektueller Biographie [Ebd., 107–117]. Im argumentativen Gegenzug betont er vielmehr die Verwurzelung des Reformators in spätmittelalterlichen theologischen Denkmustern. Der innere Kampf mit dieser Tradition, die allmähliche, keineswegs widerspruchsfreie Lösung aus ihr, habe schließlich auf langem Weg zur Rechtfertigungslehre als Zentrum von Luthers Theologie geführt. Mit ihr sieht LEPPIN gewisser-

Der spätmittelalterliche Luther

maßen die geistes- und theologiegeschichtliche Aufgabe Luthers erfüllt. Widmet sich der Autor zunächst dem suchenden und schließlich findenden Luther, so wechselt er in der Darstellung für die Zeit ab ca. 1523 den argumentativen Bezug. Von nun an spielen nicht die individuelle Suche, sondern die politische Umwelt und die Ausgestaltung der zur Organisation drängenden und schließlich vorstoßenden neuen Kirche die tragende Rolle. Luther wirkt hier immer mehr von den Umständen getrieben und zunehmend isoliert. Trotz mancher zum Teil provokanten Überzeichnung setzt LEPPINS Buch neue, die Diskussion anregende Akzente.

Die Einflüsse des spätmittelalterlichen theologischen Denkens auf Luther, seine Positionierung in den theologischen Diskursen und Kontroversen mit altgläubigen Zeitgenossen und schließlich seine Rezeption durch katholische Theologen bis in die Gegenwart macht DANIELA BLUM zum Gegenstand einer quellennahen und sorgfältig argumentierenden ideengeschichtlichen Studie mit dem provokativen und in positivem Sinn irritierenden Titel „Der katholische Luther" [362: BLUM, Luther]. Auch VOLKER LEPPIN richtet in einer weiteren Studie die Perspektive auf mittelalterliche Frömmigkeitsformen; er spürt den mystischen Wurzeln des jungen Luther nach und zeigt, wie trotzdem daraus Neues hervorging [377: LEPPIN, Fremde Reformation]. Mit Fremdheitsphänomenen im Sinn eines Kulturkonfliktes, nämlich mit der Sicht der römischen Kirche auf Luther zu dessen Lebzeiten, befasst sich VOLKER REINHARDTS Annäherung an den Reformator aus der Perspektive seiner römischen Gegner [353: REINHARDT, Luther]. Einen wesentlich psychohistorischen Zugang zum „Menschen Luther" sucht die britische Historikerin LYNDAL ROPER [355: ROPER, Luther], die auch und gerade die lebensweltlichen Einflüsse auf Denken und Handeln ihres Protagonisten plastisch werden lässt.

Größte mediale Aufmerksamkeit erhielt die 2012 erschienene Lutherbiographie HEINZ SCHILLINGS [356: SCHILLING, Luther], wie REINHARDT und ROPER kein Kirchen-, sondern Profanhistoriker. Stärker als KAUFMANN und LEPPIN bezieht SCHILLING neben dem geistesgeschichtlichen den politischen und sozialen Kontext ein – nicht zuletzt, um Luther als „Rebell in einer Zeit des Umbruchs", so der Untertitel, zu markieren, wobei diese Zuschreibung freilich im Plakativen verharrt. Gleichwohl heroisiert SCHILLING seinen Protagonisten nicht, zeigt ihn auch nicht als „Bahnbrecher der Neuzeit" [Ebd., 15], wie lange in eben jener heroisierenden Absicht geschehen. Dass Luther gleichwohl „wider Willen zum Geburtshelfer der [...] Moderne" wurde, dass „mit den

Luthers mystische Wurzeln

Der „Rebell" Luther

von ihm angestoßenen protestantischen und papstkirchlichen Reformationen [...] die Religion als kulturell, gesellschaftlich und nicht zuletzt politisch wirkende Kraft der Neuzeit eingeschrieben" wurde und „so entscheidenden Anteil an dem großen Umbruch [...], der schließlich die Moderne hervorbrachte", nehmen sollte [Ebd., 634], ist ein mit kräftigen Strichen gezeichnetes Fazit. Mit ihm unterstreicht SCHILLING letztlich doch die Um- und Durchbruchsqualität der Reformation und des Luther'schen Wirkens als Kern seiner Argumentation.

Luther und die Juden

Wiederum aus der Feder THOMAS KAUFMANNS stammt ein Buch, das sich mit einem bislang vor allem entschuldigend behandelten Aspekt von Luthers Denken und Handeln befasst: seinem Judenbild [375: KAUFMANN, Luthers Juden]. Die in der Reformationsgeschichtsschreibung allenthalben greifbare Suche nach Traditionslinien bzw. Kontinuitätsbrüchen bestimmt zu einem guten Teil das Erkenntnisinteresse. Indem KAUFMANN bei Luther einen „vormodernen Antisemitismus" entdeckt [Ebd., 10], deutet er begrifflich – und hier liegt ein wesentlicher Unterschied zur älteren Forschung – Verbindungen zum modernen Antisemitismus an, ohne indes simple Kontinuitätsmuster zu dessen rassenbiologistischer Basis zu reproduzieren. Besonders eindrücklich wird in KAUFMANNS Buch die spannungsreiche Beziehung zwischen – scheinbar oder wirklich – Vertrautem und dem Fremden im Denken des Wittenbergers. In diesem Zusammenhang ist ein von DEAN BELL und STEPHEN BURNETT herausgegebener Sammelband zu erwähnen, der das Verhältnis nicht nur Luthers, sondern auch anderer maßgeblicher Reformtheologen zum Judentum sowie die jüdische Perspektive auf das Reformationsgeschehen beleuchtet [361: BELL/BURNETT, Jews].

Müntzer

Abseits des Lutherbooms, deswegen vielleicht umso bemerkenswerter, erschienen unlängst zwei Müntzer-Biographien. HANS-JÜRGEN GOERTZ erweitert die Neuauflage seines 1989 erstmals publizierten Buches und versieht sie mit interpretatorischen Akzentverschiebungen [344: GOERTZ, Müntzer]. Er arbeitet die Komplexität des Sowohl-als-auch in der Beziehung zwischen dem „Knecht Gottes", als den sich Müntzer selbst sah, und dem „Revolutionär" prägnant heraus. Ohne die Differenzen zu verwischen, zeigt er einerseits die Dimensionen der Verklammerung, andererseits die der Autonomie von sozial-, ideen- und geistesgeschichtlich fassbaren Handlungsebenen. Umfangreicher ist das gemeinsam von dem Kirchenhistoriker SIEGFRIED BRÄUER und dem Frühneuzeithistoriker GÜNTER VOGLER verfasste Werk [343: BRÄUER/VOGLER, Müntzer]. Akribisch quellenbasiert spürt es sowohl den äußeren Umständen von Müntzers Leben als auch dessen theologischer Entwicklung nach und sucht so um- wie vorsichtig nach Zusammenhängen zwischen beiden Sphären [siehe dazu auch 360: WOLGAST, Müntzer].

Die meisten der erwähnten biographischen Werke zollen dem Eigenwert des Religiösen als historischer Gestaltungskraft hohe Aufmerksamkeit, ohne es indes von politischen, sozialen und kulturellen Einflussfaktoren zu isolieren. Der Aufschwung einer neuen Ideengeschichte, der die Frühneuzeitforschung der letzten beiden Jahrzehnte kennzeichnet, fällt gerade auf dem Feld der Reformationsgeschichte auf fruchtbaren Boden. Es zeigt sich in den biographischen Arbeiten auch, dass die Trennung in eine profan- und eine kirchengeschichtliche Fachkultur kaum noch eine Rolle für das Forschungsdesign spielt. In freilich unterschiedlichen Schwerpunktsetzungen finden Aspekte der Theologie- und Frömmigkeitsgeschichte ebenso Eingang in die Biographien wie jene der Politik-, Sozial- und – im weitesten Sinn – Kulturgeschichte.

<small>Biographik und Ideengeschichte</small>

Das ist darauf zurückzuführen, dass die Frage nach der Transformations- und/oder Umbruchsqualität der Reformation auch ein Leitmotiv der neueren biographischen Forschung wie der allgemeinen Reformationsforschung ist.

3. Leitthemen der Reformationsforschung

Der Kirchenhistoriker BERNDT HAMM vertritt eine Position, die langfristige Transformationen und den Umbruch als Erklärungsmomente für den Reformationsprozess gleichermaßen einkalkuliert. 2008 hat er den von ihm schon länger verfolgten Ansatz, die Reformation „als Etappe eines allmählichen Veränderungsgeschehens aus dem Mittelalter" und „zugleich als kontingentes Geschehen einer rapiden Systemveränderung und epochalen Transformation mit starken Elementen des Bruchs und Sprungs gegenüber dem Spätmittelalter" zu verstehen, geschärft [369: HAMM, Emergenz, 2]. Er nimmt den aus soziologischen Theoriekonzepten stammenden Begriff der Emergenz auf (in Anlehnung an das lateinische „emergere" suchen Emergenztheorien nach Erklärungen für das oft unvorhersehbare, sich vielfach sprunghaft vollziehende Auftauchen neuer Phänomene) und macht ihn als ein Erklärungsangebot für die Prozesshaftigkeit der Reformation bei gleichzeitigem Hinweis auf die Grenzen des Prozessmodells fruchtbar: „Die Geschichte der Reformation ist eine Vernetzung und Wechselwirkung zwischen sich überlagernden Kontinuitäten von unterschiedlicher Dauer und interagierenden Sprüngen und Ereignisketten von unterschiedlicher Reichweite." Dies sei eine den modernen Emergenztheorien selbstverständ-

<small>Emergenz der Reformation</small>

liche Verlaufsstruktur. „Insofern ist die Reformation in ihrer Entstehung und in ihrem Ablauf erklärbar, auch wenn sich die kontingenten Innovationssprünge selbst der Erklärbarkeit entziehen." Gleichwohl benennt er Einzelfaktoren, die der „emergenten Gesamtlage [...] systemsprengende Effizienz" verliehen [Ebd., 24]. Dazu gehören u.a. die Neuakzentuierung der Rechtfertigungslehre, die Idee vom Priestertum aller Gläubigen und die „normative Exklusivgeltung der Heiligen Schrift", die sämtlich „in einem kommunikativen Zusammenspiel unterschiedlicher gesellschaftlicher Kräfte wirkungsmächtig wurden". Dabei kam den „sozialen Unruhen in der Stadt- und Landbevölkerung eine Schlüsselrolle zu". Im Unterschied zu den zahlreichen Veränderungen des Spätmittelalters, die nicht zu einem Systembruch geführt hätten, sei das Spezifische des frühen 16. Jahrhunderts „die Konstellation einer Gesamtlage, in der viele einzelne emergente Ideen und Impulse, einander anstoßend und verstärkend, die Reichweite eines großen systemverändernden Bruchs erreichen konnten" [Ebd., 25].

HAMM unternimmt mit dem Bezug auf den Emergenzbegriff den weit reichenden Versuch, historische Langzeitphänomene und Ereignisse unterschiedlichster Art zu einem Erklärungsansatz zu verknüpfen, der in systematischer Argumentation die als kontrovers erachteten Perspektiven der langfristigen Transformation und des Bruches verbindet.

Der Kirchenhistoriker JOHANNES SCHILLING fordert, das Erklärungspotential dieses Ansatzes auszutesten. Sein Gewinn „könnte sich wohl nur in einer ‚Geschichte' der Reformation erweisen. Da wäre dann entsprechend zur Darstellung zu bringen, wie das geschah, sich ereignete, ins Leben trat, Gestalt fand oder wie immer man formulieren möchte, was ein ‚Emergenzgeschehen' gewesen sein soll" [so SCHILLING in seiner Rezension in: Theologische Literaturzeitung 134 (2009) 9, 961]. In der Tat lassen sich in HAMMS Erklärungsansatz nahezu alle realhistorischen Forschungsfelder der Reformationsgeschichte platzieren, kreisen sie doch um den Problemkreis von Kontinuität bzw. langfristiger Transformation auf der einen und der Erklärung des augenscheinlich Neuen auf der anderen Seite [siehe dazu problemorientiert 378: LEPPIN, Transformation].

Neben den Überblickswerken und den Biographien nehmen auch Spezialuntersuchungen zu ganz unterschiedlichen Bereichen der Reformationsforschung diesen Problemkreis auf. Eine wichtige materielle Komponente der konfessionellen Transformation – den Übergang der Kirchengüter von der alten zu den reformatorischen Kirchen zwischen 1525 und 1547 – untersucht CHRISTOPHER OCKER [380: OCKER, Church Robbers]. Mit diesem Thema wird zudem eine zeitliche Perspektive angeschnitten, die zwischen zum Teil kurzfristigem politischem Geschehen, normativen Grundsatzdebatten und einer langfristigen Wirkungsgeschichte, die der Kirchengüterfrage eigen ist, angesiedelt ist. Gleiches gilt auch für das Forschungsfeld der Konfessionsfriedensschlüsse, das die Reformationsgeschichte im engeren Sinn und – ebenfalls im engeren Sinn - die Geschichte der Konfessionalisierung verklammert. AXEL GOTTHARDS große Untersuchung von 2004, in der er den Augsburger Religionsfrieden von 1555 als „Meilenstein auf dem Weg zur Moderne" charakterisiert, hat hier wichtige Maßstäbe gesetzt [368: GOTTHARD, Augsburger Religionsfrieden]. An ihr orientieren sich weitere Untersuchungen in europäisch vergleichender Weise wie ein von HEINZ SCHILLING und HERIBERT SMOLINSKY herausgegebener Tagungsband [385: SCHILLING/SMOLINSKY, Augsburger Religionsfrieden] und ein Aufsatz von THOMAS BROCKMANN [363: BROCKMANN, Die frühneuzeitlichen Religionsfrieden].

Mit den Religionsfriedensversuchen wird ein maßgeblicher Teilbereich des Beziehungsfeldes von Religion und Politik angesprochen. Diesem Feld widmet sich die Forschungsrichtung einer neuen Ideengeschichte des Politischen, deren Bedeutung für die Reformationsforschung im letzten Jahrzehnt deutlich gewachsen ist. Des Themas nimmt sich ein 2007 von ROBERT VON FRIEDEBURG und LUISE SCHORN-SCHÜTTE herausgegebener Aufsatzband an [367: VON FRIEDEBURG/SCHORN-SCHÜTTE, Politik und Religion], der mit seinem Untertitel „Eigenlogik oder Verzahnung?" auf ein Grundmotiv der Politikgeschichte Alteuropas verweist. Dass in dieser Hinsicht der Reformation eine besondere Rolle zukommt, zeigt SCHORN-SCHÜTTE selbst mit ihrer auf das Alte Reich konzentrierten, Entwicklungen in England, Frankreich, den Niederlanden und Polen jedoch einbeziehenden Untersuchung zur politisch-theologischen Sprache im Diskurs um das Thema Widerstandsrecht, der seit dem Speyrer Reichstag von 1529 im Alten Reich unter Juristen, Theologen und Politikern Fahrt aufnahm [387: SCHORN-SCHÜTTE, Gottes Wort]. Die Untersuchung belegt die europäische Dimension einer Debatte sowohl in ihrer Genese als auch in ihrer Wirkungsgeschichte und richtet das Augenmerk auf die Verzahnung von Religion und Politik. Außerdem wird deutlich, dass lange angenommene Grenzen zwischen solchen Denkpositionen, die das Recht auf Widerstand legitimierten, und solchen, die es verwarfen, nicht entlang konfessioneller Trennungslinien gezogen werden können. Der von SCHORN-SCHÜTTE gewählte weite Zeitrahmen von 1530 bis 1650 legt außerdem offen, wie fließend die lange forschungskonturierende Abgrenzung zwischen der

Ideengeschichte des Politischen

„eigentlichen" Reformationsperiode auf der einen und der Konfessionalisierungsperiode auf der anderen Seite inzwischen geworden ist. Ein zeitlich und wirkungsgeschichtlich noch breiter angelegtes Forschungsdesign entwickelt VON FRIEDEBURG in seiner Untersuchung über Vorstellungen vom Staat im Alten Reich vom 16. bis zum Ende des 18. Jahrhunderts [366: VON FRIEDEBURG, Luther's Legacy]. An zentraler, jedoch keineswegs argumentativ monopolisierter Position platziert er den Beitrag der Reformatoren, der übrigens schon aus dem Titel seines Buches spricht, zur Entwicklung des Diskurses um den Staat.

Kommunikations- und Mediengeschichte

Die Untersuchungen zu der Verzahnung von politischem und theologischem Denken wären nicht möglich, ohne das Augenmerk auf die kommunikations- und mediengeschichtlichen Aspekte der Reformationsgeschichte zu werfen. Seit den 1980er Jahren nimmt man das Thema der „reformatorischen Öffentlichkeit" und die damit verbundenen Medien in der Forschung verstärkt auf (siehe dazu oben S. 130–135). Inzwischen bedient sich die diesbezügliche historische Forschung eines differenzierten Instrumentariums kommunikationstheoretischer Zugänge. Man macht sich die Begriffs- und Argumentationsgeschichte, die von JOHN POCOCK und QUENTIN SKINNER entwickelte neue Ideengeschichte oder auch systemtheoretische Ansätze zunutze [nützlicher Überblick bei 387: SCHORN-SCHÜTTE, Gottes Wort, 18–29]. Den theoretisch aufwändigsten Versuch der letzten Jahre, Entwicklungen der Frühen Neuzeit in einem kommunikationstheoretisch orientierten Gesamtkonzept auf der Basis der Systemtheorie zu fassen, unternimmt RUDOLF SCHLÖGL [386: SCHLÖGL, Anwesende und Abwesende]. Im Rahmen dieses Gesamtkonzeptes rekurriert er immer wieder, wenn auch recht abstrakt, auf die Bedeutung der Reformation in einem langfristigen Prozess, der schließlich die moderne Gesellschaft ermöglichte.

Reformation, Buchdruck und Buchhandel

Zu den gleichzeitig theoriegestützten und materialfundierten Untersuchungen zur Medien- und Kommunikationsgeschichte der Reformation zählt ANDREW PETTEGREES Buch mit dem sprechenden Titel „Reformation and the Culture of Persuasion" [382: PETTEGREE, Reformation]. In einen chronologisch von ca. 1450 bis 1600 reichenden und systematisch breiten Kontext ordnet PETTEGREE die Publizistik der Reformationszeit in seinem Überblick zur europäischen Buchgeschichte der Renaissance ein [383: PETTEGREE, Book]. Insbesondere die europaweiten Auswirkungen der Reformation auf Buchdruck und Buchhandel verdienen dabei besondere Beachtung. Zudem verklammert der Autor den kulturgeschichtlichen auch mit dem wirtschaftsgeschichtlichen Aspekt. Wesentlich für die die Forschung umtreibenden Fragen nach Kontinuitäten, Transformationen und Brüchen sind die chronologische

Spannbreite der Darstellung und die Berücksichtigung der Vielfalt des Druckmarktes sowie seiner Vernetzungen.

Die Themen Kommunikation und Raum verbindet KAUFMANN in einem thesenhaft gehaltenen Aufsatz zur Frage, ob die Reformation die Einheit Europas zerstört oder doch befördert habe [374: KAUFMANN, Einheit]. Seine differenzierte Antwort, die den Blick zunächst auf Separations- und Desintegrationsindizien lenkt, dann aber neue Elemente reformationsbedingter kultureller Kohärenz offenlegt, zeigt die Fruchtbarkeit eines Forschungszuganges, der mit dem Kategoriengefüge von Kommunikationsräumen und kulturellen Räumen zu spielen versteht. *Kulturelle Räume*

Auf lokaler Ebene, nämlich der Augsburgs, arbeitet implizit mit diesem Kategoriengefüge auch die Untersuchung von MICHELE ZELINSKY HANSON über religiöse Identitäten in der Bevölkerung der Reichsstadt zwischen 1517 und 1555 [390: ZELINSKY HANSON, Religious Identity]. Der Befund eines von den Zeitgenossen im täglichen Zusammenleben relativ gleitend gestalteten und auf Ausgleich ausgerichteten Kontaktes zwischen den verschiedenen Glaubensrichtungen entspricht dem generellen Tenor der neuen Reformationsforschung. ZELINSKY HANSON nutzt die Methodenvielfalt aus Kirchen-, Sozial- und Kulturgeschichte – jeweils im weiten Sinn verstanden –, um durchaus sinnvolle erkenntnisleitende Begriffe wie Kontinuität, Transformation und Umbruch oder die Unterscheidung zwischen Reformations- und Konfessionalisierungsperiode als das zu nehmen, was sie sind: erkenntnisleitende und keineswegs erkenntnispräformierende Kategorien. *Vom Nutzen der Methodenvielfalt*

Den anregenden Versuch, sich diesen Kategorien in der Absicht der Dekonstruktion zu nähern und damit seine bisherigen Überlegungen zum Epochenthema weiterzuführen, hat HAMM 2012 unternommen [370: HAMM, Abschied]. Ihm gehe es darum, „die Reformation kirchenhistorisch, theologisch und frömmigkeitsgeschichtlich in einem breitgefächerten kulturhistorischen Zusammenhang jenseits der alten Epochenimaginationen zu verorten" [Ebd., 388]. Makrohistorische Periodisierungen lehnt er ab. Die Reformation habe „den Okzident mit ihrem kirchlichen Systembruch nur partiell verändert, und selbst mit diesen Innovationen war sie zu stark in größeren Zusammenhängen der Beharrung, Veränderung und Reformdynamik verankert, als dass man sie als Epoche gegenüber einem Vorher und Nachher abgrenzen und herausheben könnte". Sinnvoll sei die „Betonung der unabgeschlossenen Offenheit der Reformationsvorgänge, offen gegenüber ihrem Vorher und Nachher" [Ebd., 400].

III. Quellen und Literatur

Es gelten die Siglen der Historischen Zeitschrift (HZ).

A. Quellen

Ausführliche bibliographische Hinweise zu den Werkeditionen zahlreicher Reformatoren finden sich bei: TH. KAUFMANN, Reformatoren. Göttingen 1998.

1. Der deutsche Bauernkrieg. Aktenband, hrsg. v. G. FRANZ, 3. Aufl. Darmstadt 1968.
2. Die Bekenntnisschriften der evangelisch–lutherischen Kirche, 10. Aufl. Göttingen 1986.
3. Dokumente zur Causa Lutheri (1517–1521), hrsg. v. P. FABISCH u. E. ISERLOH. München 1988.
4. Der linke Flügel der Reformation. Glaubenszeugnisse der Täufer, Spiritualisten, Schwärmer und Antitrinitarier, hrsg. v. H. FAST. Bremen 1962.
5. Flugschriften vom Bauernkrieg bis zum Täuferreich (1526–1535), 2 Bde., hrsg. v. A. LAUBE u. a. Berlin 1992.
6. Flugschriften gegen die Reformation (1518–1524), unter Mitarbeit von U. WEISS hrsg. v. A. LAUBE. Berlin 1997.
7. Flugschriften gegen die Reformation (1525–1530), 2 Bde., unter Mitarbeit von U. WEISS hrsg. v. A. LAUBE. Berlin 2000.
8. Flugschriften der frühen Reformationsbewegung (1518–1524), 2 Bde., hrsg. v. A. LAUBE. Berlin (DDR) 1983.
9. Die Kirche im Zeitalter der Reformation, ausgewählt u. kommentiert v. H.A. OBERMAN, 4. Aufl. Neukirchen-Vluyn 1994.
10. Die evangelischen Kirchenordnungen des 16. Jahrhunderts, hrsg. v. E. SEHLING, bisher Bde. 1–8, 11–15. Leipzig 1902–1913. Tübingen 1955–1980.
11. M. LUTHER, D. Martin Luthers Werke, Kritische Gesamtausgabe, 101 Bde. in 4 Reihen. Weimar 1883–1970 (Weimarer Ausgabe).

12. TH. MÜNTZER, Schriften und Briefe. Kritische Gesamtausgabe, hrsg. v. G. FRANZ unter Mitarb. v. P. KIRN. Gütersloh 1968.
13. Quellen zur Geschichte des Bauernkrieges, hrsg. v. G. FRANZ. Darmstadt 1963 (Ausgewählte Quellen zur deutschen Geschichte der Neuzeit. Freiherr-vom-Stein-Gedächtnisausgabe, 2).
14. Quellen zur Geschichte der Reformation, hrsg. v. R. KASTNER. Darmstadt 1994 (Ausgewählte Quellen zur deutschen Geschichte der Neuzeit. Freiherr-vom-Stein-Gedächtnisausgabe, 16).
15. Die Reformation in Augenzeugenberichten, hrsg. v. H. JUNGHANS. Düsseldorf 1967.
16. Deutsche Reichstagsakten unter Kaiser Karl V. (unabgeschlossen, zuletzt: Bd. 12: Der Reichstag zu Speyer 1542 und Bd. 16: Der Reichstag zu Worms 1545. München 2003). Gotha/Stuttgart/Göttingen/München 1893–2003.
17. Die Schmalkaldischen Bundesabschiede 1530–1536, 2 Bde., hrsg. v. E. FABIAN. Tübingen 1958.
18. H. ZWINGLI, Huldreich Zwinglis sämtliche Werke. Unter Mitwirkung des Zwingli-Vereins in Zürich hrsg. v. E. EGLI u. a., 4 Abteilungen. Berlin/Leipzig/Zürich 1905 ff.

B. Literatur

1. Bibliographische Hilfsmittel und Nachschlagewerke

19. Archiv für Reformationsgeschichte. Beiheft – Literaturbericht. Gütersloh 1972 ff.
20. Atlas zur Kirchengeschichte. Die christlichen Kirchen in Geschichte und Gegenwart, hrsg. v. H. JEDIN u. a., aktualisierte Neuausgabe. Freiburg i. Br./Basel u. a. 1987.
21. P. BIERBRAUER, Kommentierte Auswahlbibliographie [Bauernkrieg], in: Nr. 189, 353–407.
22. Evangelisches Kirchenlexikon. Internationale theologische Enzyklopädie, 3. Aufl., hrsg. v. E. FAHLBUSCH u. a. Göttingen 1986–1997.
23. M. GREENGRASS, The Longman Companion to the European Reformation, c. 1500–1618. London/New York 1998.
24. H. J. HILLERBRAND, Anabaptist Bibiography: 1520–1630. St. Louis 1991.
25. Lexikon für Theologie und Kirche, 3. Aufl., hrsg v. W. KASPER. Freiburg i. Br./Basel u. a.1993–2001.

26. The Oxford Encyclopedia of the Reformation, 4 Bde., hrsg. v. H. HILLERBRAND. New York/Oxford 1996.
27. Religion in Geschichte und Gegenwart. Handwörterbuch für Theologie und Religionswissenschaft, 4. Aufl., hrsg. v. H. D. BETZ. Tübingen 1998 ff.
28. K. SCHOTTENLOHER, Bibliographie der deutschen Geschichte im Zeitalter der Glaubensspaltung 1517–1585, 7 Bde., 2. Aufl. Stuttgart 1956–1966.
29. Theologische Realenzyklopädie, hrsg. v. G. MÜLLER u.a. Berlin/New York 1977 ff.
30. Das Zeitalter der Glaubensspaltung (1500–1618), bearb. v. W. DOTZAUER (Quellenkunde zur deutschen Geschichte der Neuzeit von 1500 bis zur Gegenwart, 1). Darmstadt 1987.

2. Handbücher und übergreifende Darstellungen

31. P. BLICKLE, Die Reformation im Reich. 3. Aufl. Stuttgart 2000.
32. TH. A. BRADY JR./H. A. OBERMAN/J. D. TRACY (Hrsg.), Handbook of European History, 1400–1600: Late Middle Ages, Renaissance, and Reformation, 2 Bde. Leiden 1994/95.
33. E. CAMERON, The European Reformation. Oxford 1991.
34. A. G. DICKENS, The German Nation and Martin Luther. London 1974.
35. ST. EHRENPREIS/U. LOTZ-HEUMANN, Reformation und konfessionelles Zeitalter. Darmstadt 2002.
36. TH. FUCHS, Konfession und Gespräch: Typologie und Funktion der Religionsgespräche in der Reformationszeit. Köln/Weimar/Wien 1995.
37. H.-J. GOERTZ, Pfaffenhaß und groß Geschrei: Die reformatorischen Bewegungen in Deutschland 1517–1529. München 1987.
38. H.-J. GOERTZ, Religiöse Bewegungen in der Frühen Neuzeit. München 1993.
39. K. VON GREYERZ, Religion und Kultur: Europa 1500–1800. Göttingen 2000.
40. M. HECKEL, Deutschland im konfessionellen Zeitalter. Göttingen 1983.
41. G. W. LOCHER, Die Zwinglische Reformation im Rahmen der europäischen Kirchengeschichte. Göttingen 1979.
42. H. LUTZ, Das Ringen um deutsche Einheit und kirchliche Erneuerung. Von Maximilian I. bis zum Westfälischen Frieden – 1490 bis 1648. Frankfurt am Main/Berlin 1983.

43. H. LUTZ, Reformation und Gegenreformation. 4. Aufl. München 1997.
44. R. MAU, Evangelische Bewegung und frühe Reformation 1521 bis 1532. Leipzig 2000.
45. M. MAURER, Kirche, Staat und Gesellschaft im 17. und 18. Jahrhundert. München 1999.
46. B. MOELLER, Zwinglis Disputationen: Studien zu den Anfängen der Kirchenbildung und des Synodalwesens im Protestantismus, 2 Teile, in: ZRG KA 56 (1970) 275–324 u. 60 (1974) 213–364.
47. B. MOELLER, Deutschland im Zeitalter der Reformation. 4. Aufl. Göttingen 1999.
48. P. MORAW/V. PRESS, Probleme der Sozial- und Verfassungsgeschichte des Heiligen Römischen Reiches im späten Mittelalter und in der frühen Neuzeit (13.–18. Jahrhundert), in: ZHF 2 (1975) 95–107.
49. H. NEUHAUS, Das Reich in der frühen Neuzeit. München 1997.
50. H. A. OBERMAN, Die Reformation: Von Wittenberg nach Genf. Göttingen 1986.
51. V. PRESS/D. STIEVERMANN (Hrsg.), Martin Luther. Probleme seiner Zeit. Stuttgart 1986, 11–42.
52. H. RABE, Deutsche Geschichte 1500–1600. Das Jahrhundert der Glaubensspaltung. München 1991.
53. W. REINHARD, Probleme deutscher Geschichte 1495–1806, in: Gebhardt – Handbuch der deutschen Geschichte, 10. Aufl., Bd. 9, hrsg. v. DEMS. Stuttgart 2001, 3–107.
54. W. REINHARD, Reichsreform und Reformation 1495–1555, in: Gebhardt – Handbuch der deutschen Geschichte, 10. Aufl., Bd. 9, hrsg. v. DEMS. Stuttgart 2001, 111–356.
55. H. SCHILLING, Aufbruch und Krise: Deutschland 1517–1648. Berlin 1988.
56. A. SCHINDLING/W. ZIEGLER (Hrsg.), Die Territorien des Reichs im Zeitalter der Reformation und Konfessionalisierung. Land und Konfession 1500–1650, 7 Bde. Münster 1992–97.
57. G. SCHMIDT, Geschichte des alten Reiches. Staat und Nation in der Frühen Neuzeit: 1495–1806. München 1999.
58. H. R. SCHMIDT, Konfessionalisierung im 16. Jahrhundert. München 1992.
59. L. SCHORN-SCHÜTTE, Die Reformation: Vorgeschichte, Verlauf, Wirkung. München 1996.
60. L. SCHORN-SCHÜTTE, Evangelische Geistlichkeit in der Frühneu-

zeit. Deren Anteil an der Entfaltung frühmoderner Staatlichkeit und Gesellschaft. Gütersloh 1996.
61. W. SCHULZE, Deutsche Geschichte im 16. Jahrhundert. Frankfurt am Main 1987.
62. ST. SKALWEIT, Reich und Reformation. Berlin 1967.
63. R. WOHLFEIL, Einführung in die Geschichte der deutschen Reformation. München 1982.
64. E. WOLGAST, Artikel: ‚Reform, Reformation', in: O. BRUNNER/W. CONZE/R. KOSELLECK (Hrsg.), Geschichtliche Grundbegriffe. Historisches Lexikon zur politisch-sozialen Sprache in Deutschland, Bd. 5. Stuttgart 1984, 313–360.

3. Biographien und biographisch orientierte Sammelwerke

65. M. BRECHT, Martin Luther, 3 Bde. Stuttgart 1981–1987.
66. G. BRENDLER, Martin Luther: Theologie und Revolution. Berlin (DDR) 1983.
67. U. BUBENHEIMER, Thomas Müntzer: Herkunft und Bildung. Leiden 1989.
68. K. DEPPERMANN, Melchior Hoffman: Soziale Unruhen und apoklayptische Visionen im Zeitalter der Reformation. Göttingen 1979.
69. W. ELLIGER, Thomas Müntzer: Leben und Werk. Göttingen 1975.
70. U. GÄBLER, Huldrych Zwingli: Eine Einführung in sein Leben und sein Werk. Berlin (DDR) 1985.
71. H.-J. GOERTZ (Hrsg.), Radikale Reformatoren. München 1978.
72. TH. KAUFMANN, Reformatoren. Göttingen 1998.
73. H. A. OBERMAN, Luther: Mensch zwischen Gott und Teufel. 2. Aufl. Berlin 1983.
74. L. SCHORN-SCHÜTTE, Karl V.: Kaiser zwischen Mittelalter und Neuzeit. München 2000.
75. G. VOGLER, Thomas Müntzer. Berlin (DDR) 1989.

4. Spätmittelalter und Reformation

76. C. AUGUSTIJN, Humanisten auf dem Scheideweg zwischen Luther und Erasmus, in: Nr. 106, 119–134.
77. R. B. BARNES, Prophecy and Gnosis. Apocalypticism in the Wake of the Lutheran Reformation. Stanford 1988.
78. TH. A. BRADY JR. (Hrsg.), Die deutsche Reformation zwischen Spätmittelalter und Früher Neuzeit. München 2001.

79. R. VAN DÜLMEN, Reformation und Neuzeit. Ein Versuch, in: ZHF 14 (1987) 1–25.
80. F. ENGELS, Der deutsche Bauernkrieg, 11. Aufl. Berlin (DDR) 1974.
81. K. FASOLT, Europäische Geschichte, zweiter Akt: Die Reformation, in: Nr. 78, 231–250.
82. D. GERHARD, Das Abendland. Ursprung und Gegenbild unserer Zeit. Freiburg i. Br./Würzburg 1985 (Original: Old Europe. A Study of Continuity, 1000–1800. New York 1981).
83. H. R. GUGGISBERG/G. G. KRODEL (Hrsg.), Die Reformation in Deutschland und Europa. Interpretationen und Debatten. Gütersloh 1993.
84. B. HAMM, Reformation als normative Zentrierung von Religion und Gesellschaft, in: Jb für Biblische Theol. 7 (1992) 241–279.
85. B. HAMM, Von der spätmittelalterlichen reformatio zur Reformation: der Prozeß normativer Zentrierung von Religion und Gesellschaft in Deutschland, in: ARG 84 (1993) 7–81.
86. B. HAMM, Einheit und Vielfalt der Reformation – oder was die Reformation zur Reformation machte?, in: Nr. 89, 57–127.
87. B. HAMM, Normative Zentrierung im 15. und 16. Jahrhundert. Beobachtungen zu Religiosität, Theologie und Ikonologie, in: ZHF 26 (1999) 163–202.
88. B. HAMM, Wie innovativ war die Reformation?, in: ZHF 27 (2000) 481–497.
89. B. HAMM/B. MOELLER/D. WENDEBOURG, Reformationstheorien. Ein kirchenhistorischer Disput über Einheit und Vielfalt der Reformation. Göttingen 1995.
90. E. HASSINGER, Das Werden des neuzeitlichen Europa 1300–1600, 2. Aufl. Braunschweig 1964.
91. J. JANSSEN, Geschichte des deutschen Volkes seit dem Ausgang des Mittelalters, 8 Bde. Freiburg i. Br. 1878/94.
92. H. JEDIN, Geschichte des Konzils von Trient, 4 Bde. Freiburg i. Br. 1949/75.
93. H. JEDIN, Katholische Reformation oder Gegenreformation? Ein Versuch zur Klärung der Begriffe nebst einer Jubiläumsbetrachtung des Trienter Konzils. Luzern 1946.
94. H. JUNGHANS, Die Beziehungen des jungen Luther zu den Humanisten – Martin Luther aus Eisleben, ein Bibelhumanist neben Desiderius Erasmus von Rotterdam, in: Nr. 106, 33–50.
95. B. JUSSEN/C. KOSLOFSKY (Hrsg.), Kulturelle Reformation. Sinnformationen im Umbruch: 1400–1600. Göttingen 1999.

96. TH. KAUFMANN, Die Konfessionalisierung von Kirche und Gesellschaft. Sammelbericht über eine Forschungsdebatte, 2 Teile, in: Theol. Literaturzeitung 121 (1996) 1008–1025, 1113–1121.
97. J. M. KITTELSON, Humanism and the Reformation in Germany, in: CEH 9 (1976) 303–322.
98. H. LEHMANN, Max Weber und die Erforschung der Neuzeit, in: Nr. 83, 361–370.
99. J. LORTZ, Die Reformation in Deutschland, 2 Bde., 4. Aufl. Freiburg i. Br. 1962 (Erstauflage 1939/40).
100. H. LUTZ, Humanismus am Vorabend der Reformation. Konzeptionen, Kräfte, Probleme, in: Nr. 106, 12–32.
101. E. MEUTHEN, Charakter und Tendenzen des deutschen Humanismus, in: H. ANGERMEIER (Hrsg.), Säkulare Aspekte der Reformationszeit, München/Wien 1983, 217–266.
102. B. MOELLER, Die deutschen Humanisten und die Anfänge der Reformation, in: ZKiG 70 (1959) 46–61.
103. B. MOELLER/ST. E. BUCKWALTER (Hrsg.), Die frühe Reformation in Deutschland als Umbruch. Gütersloh 1998.
104. H.A. OBERMAN, Reformation: Epoche oder Episode, in: ARG 68 (1977) 56–111.
105. H. A. OBERMAN, Werden und Wertung der Reformation: Vom Wegestreit zum Glaubenskampf, 2. Aufl. Tübingen 1979.
106. O. H. PESCH (Hrsg.), Humanismus und Reformation. Martin Luther und Erasmus von Rotterdam in den Konflikten ihrer Zeit. München 1985.
107. L. VON RANKE, Deutsche Geschichte im Zeitalter der Reformation, Erstausgabe 1839/47 (hier zitiert nach: 6. Aufl., 6 Bde. Leipzig 1881/82)
108. W. REINHARD, Gegenreformation als Modernisierung? Prolegomena zu einer Theorie des konfessionellen Zeitalters, in: ARG 68 (1977) 226–252.
109. W. REINHARD, Konfession und Konfessionalisierung in Europa, in: DERS. (Hrsg.), Bekenntnis und Geschichte. Die Confessio Augustana im historischen Zusammenhang. München 1981, 165–189.
110. W. REINHARD, Zwang zur Konfessionalisierung? Prolegomena zu einer Theorie des konfessionellen Zeitalters, in: ZHF 10 (1983) 257–277.
111. H.-CHR. RUBLACK, Reformation und Moderne. Soziologische, theologische und historische Ansichten, in: Nr. 83, 17–38.
112. H. SCHILLING, Die ‚Zweite Reformation' als Kategorie der Ge-

schichtswissenschaft, in: DERS. (Hrsg.), Die reformierte Konfessionalisierung in Deutschland – Das Problem der ‚Zweiten Reformation'. Gütersloh 1986, 387–437.
113. H. SCHILLING, Die Konfessionalisierung im Reich. Religiöser und gesellschaftlicher Wandel in Deutschland zwischen 1555 und 1620, in: HZ 246 (1988) 1–45.
114. H. SCHILLING, Reformation – Umbruch oder Gipfelpunkt eines Temps des Réformes?, in: Nr. 103, 13–34.
115. H. SCHÜSSLER, Der Primat der Heiligen Schrift als theologisches und kanonistisches Problem des Spätmittelalters. Wiesbaden 1977.
116. W. SCHULZE, ‚Von den großen Anfängen des neuen Welttheaters'. Entwicklung, neuere Ansätze und Aufgaben der Frühneuzeitforschung, in: GWU 44 (1993) 3–18.
117. C. SEYFARTH/W.M. SPRONDEL (Hrsg.), Seminar: Religion und gesellschaftliche Entwicklung. Studien zur Protestantismus-Kapitalismus-These Max Webers. Frankfurt am Main 1975.
118. L.W. SPITZ, The Course of German Humanism, in: H.A. OBERMAN u. a. (Hrsg.), Itinerarium Italicum. The Profile of the Italian Renaissance in the Mirror of its European Transformations. Leiden 1975, 371–436.
119. R. STUPPERICH, Humanismus und Reformation in ihren gegenseitigen Beziehungen, in: Humanismusforschung seit 1945. Bonn-Bad Godesberg 1975, 41–58.
120. E. TROELTSCH, Die Bedeutung des Protestantismus für die Entstehung der modernen Welt, in: HZ 97 (1906) 1–66.
121. M. WEBER, Die protestantische Ethik und der Geist des Kapitalismus, in: DERS., Gesammelte Aufsätze zur Religionssoziologie, 9. Aufl. Tübingen 1988, 17–206.
122. M. WEBER, Wirtschaft und Gesellschaft. Grundriß der verstehenden Soziologie, 5. Aufl. Tübingen 1972.

5. *Reformationskonzepte und gesellschaftlich-politische Strukturen*

123. W. BECKER, Reformation und Revolution. Münster 1974.
124. P. BLICKLE, Gemeindereformation: Die Menschen des 16. Jahrhunderts auf dem Weg zum Heil. München 1985.
125. TH. A. BRADY JR., Protestant Politics: Jacob Sturm (1489–1553) and the German Reformation. Atlantic Highlands, New Jersey 1995 (deutsch, gekürzt: Zwischen Gott und Mammon. Protestantische Politik und deutsche Reformation. Berlin 1996).

126. R. VAN DÜLMEN, Reformation als Revolution: Soziale Bewegung und religiöser Radikalismus in der deutschen Reformation. München 1977.
127. M. U. EDWARDS JR., Die Gemeindereformation als Bindeglied zwischen der mittelalterlichen und der neuzeitlichen Welt, in: HZ 249 (1989) 95–103.
128. A. FARNER, Die Lehre von Kirche und Staat bei Zwingli. Tübingen 1930.
129. F. LAU, Der Bauernkrieg und das angebliche Ende der lutherischen Reformation als spontaner Volksbewegung, in: Luther-Jb 26 (1959) 109–134.
130. G. W. LOCHER, Grundzüge der Theologie Huldrych Zwinglis im Vergleich mit derjenigen Martin Luthers und Johannes Calvins, in: DERS., Huldrych Zwingli in neuer Sicht. Zehn Beiträge zur Theologie des Zürcher Reformators. Zürich/Stuttgart 1969, 173–274.
131. W. J. MOMMSEN (Hrsg.), Stadtbürgertum und Adel in der Reformation. Studien zur Sozialgeschichte der Reformation in England und Deutschland. Stuttgart 1979.
132. TH. NIPPERDEY, Theologie und Revolution bei Thomas Müntzer, in: DERS., Reformation, Revolution, Utopie. Göttingen 1975, 38–84.
133. H. A. OBERMAN, Stadtreformation und Fürstenreformation, in: L. W. SPITZ (Hrsg.), Humanismus und Reformation als kulturelle Kräfte in der deutschen Geschichte. Berlin/New York 1981, 80–103.
134. H. SCHILLING, Konfessionskonflikt und Staatsbildung. Eine Fallstudie über das Verhältnis von religiösem und sozialem Wandel in der Frühneuzeit am Beispiel der Grafschaft Lippe. Gütersloh 1981.
135. H. SCHILLING, Die deutsche Gemeindereformation. Ein oberdeutsch-zwinglianisches Ereignis vor der ‚reformatorischen Wende' des Jahres 1525?, in: ZHF 14 (1987) 325–332.
136. H. SCHILLING, Alternative Konzepte der Reformation und Zwang zur lutherischen Identität. Möglichkeit und Grenzen religiöser und gesellschaftlicher Differenzierung zu Beginn der Neuzeit, in: Nr. 146, 277–308.
137. R. W. SCRIBNER, The Reformation as a Social Movement, in: Nr. 131, 49–79.
138. G. SEEBASS, Die Reformation und ihre Außenseiter. Gesammelte Aufsätze und Vorträge. Göttingen 1997.

139. M. STEINMETZ, Die frühbürgerliche Revolution in Deutschland 1476 bis 1535. Thesen zur Vorbereitung der wissenschaftlichen Konferenz in Wernigerode vom 21. bis 24 Januar 1960, in: ZfG 8 (1960) 113–124 (Wiederabdruck in: Nr. 141, 38–48; Nr. 147, 42–55).
140. M. STEINMETZ, Die Entstehung der marxistischen Auffassung von Reformation und Bauernkrieg als frühbürgerlicher Revolution, in: ZfG 15 (1967) 1171–1192 (Wiederabdruck in: Nr. 147, 80–107).
141. M. STEINMETZ (Hrsg.), Die frühbürgerliche Revolution in Deutschland. Berlin (DDR) 1985.
142. B. TÖPFER, Zur Frage nach dem Beginn der Neuzeit, in: ZfG 16 (1968) 773–779 (Wiederabdruck in: Nr. 147, 70–79).
143. K. TRÜDINGER, Luthers Briefe und Gutachten an weltliche Obrigkeiten zur Durchführung der Reformation. Münster 1975.
144. G. VOGLER, Marx, Engels und die Konzeption einer frühbürgerlichen Revolution in Deutschland, in: ZfG 17 (1969) 704–717 (Wiederabdruck in: Nr. 147, 187–204).
145. G. VOGLER, Revolutionäre Bewegung und frühbürgerliche Revolution. Betrachtungen zum Verhältnis von sozialen und politischen Bewegungen und deutscher frühbürgerlicher Revolution, in: ZfG 22 (1974) 394–411 (Wiederabdruck in: Nr. 141, 202–223).
146. G. VOGLER (Hrsg.), Wegscheiden der Reformation. Alternatives Denken vom 16. bis zum 18. Jahrhundert. Weimar 1994.
147. R. WOHLFEIL (Hrsg.), Reformation oder frühbürgerliche Revolution? München 1972.
148. G. ZIMMERMANN, Die Reformation als rechtlich-politisches Problem in den Jahren 1524–1530/31. Göppingen 1978.

5.1 Städtische Reformation
149. TH. A. BRADY JR., Ruling Class, Regime and Reformation at Strasbourg 1520–1550. Leiden 1978.
150. W. EHBRECHT, Köln – Osnabrück – Stralsund. Rat und Bürgerschaft hansischer Städte zwischen religiöser Erneuerung und Bauernkrieg, in: F. PETRI (Hrsg.), Kirche und gesellschaftlicher Wandel in deutschen und niederländischen Städten der werdenden Neuzeit. Köln/Wien 1980, 23–63.
151. W. ENDERLE, Die katholischen Reichsstädte im Zeitalter der Reformation und der Konfessionalisierung, in: ZRG KA 75 (1989) 228–269.
152. W. ENDERLE, Konfessionsbildung und Ratsregiment in der katho-

lischen Reichsstadt Überlingen (1550–1618) im Kontext der Reformationsgeschichte der oberschwäbischen Reichsstädte. Stuttgart 1990.
153. K. VON GREYERZ, The Late City Reformation in Germany. The Case of Colmar 1522–1628. Wiesbaden 1980.
154. K. VON GREYERZ, Stadt und Reformation. Stand und Aufgaben der Forschung, in: ARG 76 (1985) 6–63.
155. B. HAMM, Bürgertum und Glaube: Konturen der städtischen Reformation. Göttingen 1996.
156. S. LAUX, Reformationsversuche in Kurköln (1542–1548). Fallstudien zu einer Strukturgeschichte landstädtischer Reformation (Neuss, Kempen, Andernach, Linz). Münster 2001.
157. J. MERZ, Landstädte und Reformation, in: Nr. 56, Bd. 7. Münster 1997, 107–135.
158. B. MOELLER, Reichsstadt und Reformation. Bearbeitete Neuausgabe. Berlin (DDR) 1987.
159. O. MÖRKE, Der ‚Konflikt' als Kategorie städtischer Sozialgeschichte der Reformationszeit. Ein Diskussionsbeitrag am Beispiel der Stadt Braunschweig, in: B. DIESTELKAMP (Hrsg.), Beiträge zum spätmittelalterlichen Städtewesen. Köln/Wien 1982, 144–161.
160. O. MÖRKE, Rat und Bürger in der Reformation. Soziale Gruppen und kirchlicher Wandel in den welfischen Hansestädten Lüneburg, Braunschweig und Göttingen. Hildesheim 1983.
161. O. MÖRKE, Die Ruhe im Sturm. Die katholische Landstadt Mindelheim unter der Herrschaft der Frundsberg im Zeitalter der Reformation. Augsburg 1991.
162. S. MÜLLER, Stadt, Kirche und Reformation. Das Beispiel der Landstadt Hannover. Hannover 1987.
163. ST. E. OZMENT, The Reformation in the Cities. The Appeal of Protestantism to Sixteenth-Century Germany and Switzerland. New Haven/London 1975.
164. O. RAMMSTEDT, Stadtunruhen 1525, in: Nr. 197, 239–276.
165. H.-CHR. RUBLACK, Gescheiterte Reformation. Frühreformatorische und protestantische Bewegungen in süd- und westdeutschen geistlichen Residenzen. Stuttgart 1978.
166. H.-CHR. RUBLACK, Forschungsbericht Stadt und Reformation, in: B. MOELLER (Hrsg.), Stadt und Kirche im 16. Jahrhundert. Gütersloh 1978, 27–47.
167. H.-CHR. RUBLACK, Eine bürgerliche Reformation: Nördlingen. Gütersloh 1982.

168. H.-CHR. RUBLACK, Is There a ‚New History' of the Urban Reformation?, in: E. I. KOURI/T. SCOTT (Hrsg.), Politics and Society in Reformation Europe. Essays for Sir Geoffrey Elton on his Sixty-Fifth Birthday. Houndmills/London 1987, 121–141.
169. B. RÜTH, Reformation und Konfessionsbildung im städtischen Bereich. Perspektiven der Forschung, in: ZRG KA 108 (1991) 197–282.
170. H. SCHILLING, Aufstandsbewegungen in der Stadtbürgerlichen Gesellschaft des Alten Reiches. Die Vorgeschichte des Münsteraner Täuferreichs, 1525–1534, in: Nr. 197, 193–238.
171. H. SCHILLING, Die politische Elite nordwestdeutscher Städte in den religiösen Auseinandersetzungen des 16. Jahrhunderts, in: Nr. 131, 235–308.
172. H. R. SCHMIDT, Reichsstädte, Reich und Reformation. Korporative Reichspolitik 1521–1529/30. Stuttgart 1986.
173. T. SCOTT, Freiburg and the Breisgau. Town-Country Relations in the Age of Reformation and Peasants' War. Oxford 1986.
174. R. W. SCRIBNER, Civic Unity and the Reformation in Erfurt, in: P & P 66 (1975) 29–60.
175. R.W. SCRIBNER, Why was there no Reformation in Cologne?, in: Bull. of the Institute of Historical Research 49 (1976) 217–241.
176. G. VOGLER, Nürnberg 1524/25. Studien zur Geschichte der reformatorischen und sozialen Bewegung in der Reichsstadt. Berlin (DDR) 1982.
177. W. WETTGES, Reformation und Propaganda. Studien zur Kommunikation des Aufruhrs in süddeutschen Reichsstädten. Stuttgart 1978.
178. E. WEYRAUCH, Konfessionelle Krise und soziale Stabilität. Das Interim in Straßburg (1548–1562). Stuttgart 1978.

5.2 Ländliche Reformation und Bauernkrieg
179. P. BIERBRAUER, Die unterdrückte Reformation: Der Kampf der Tiroler um eine neue Kirche (1521–1527). Zürich 1993.
180. P. BLICKLE, Die soziale Dialektik der reformatorischen Bewegung, in: DERS. u.a. (Hrsg.), Zwingli und Europa. Referate und Protokolle des Internationalen Kongresses aus Anlass des 500. Geburtstages von Huldrych Zwingli vom 26. bis 30. März 1984 in Bern. Zürich 1985, 71–89.
181. P. BLICKLE (Hrsg.), Zugänge zur bäuerlichen Reformation. Zürich 1987.

182. P. BLICKLE, Die Revolution von 1525, 4. Aufl. München 2004 (Erstauflage 1975).
183. P. BLICKLE, Warum blieb die Innerschweiz katholisch?, in: Mitt. des HV des Kantons Schwyz 86 (1994) 29–38.
184. P. BLICKLE, Der Bauernkrieg: Die Revolution des Gemeinen Mannes. München 1998.
185. P. BLICKLE, Kommunalismus. Skizzen einer gesellschaftlichen Organisation, 2 Bde. München 2000.
186. J. BÜCKING, Michael Gaismair: Reformer, Sozialrebell, Revolutionär. Seine Rolle im Tiroler ‚Bauernkrieg' (1525/32). Stuttgart 1978.
187. H. BUSZELLO, Deutungsmuster des Bauernkriegs in historischer Perspektive, in: Nr. 189, 11–22.
188. H. BUSZELLO, Legitimation, Verlaufsformen und Ziele, in: Nr. 189, 281–321.
189. H. BUSZELLO/P. BLICKLE/R. ENDRES (Hrsg.), Der deutsche Bauernkrieg, 3. Aufl. Paderborn/München/Wien/Zürich 1995.
190. F. CONRAD, Reformation in der bäuerlichen Gesellschaft. Zur Rezeption reformatorischer Theologie im Elsaß. Wiesbaden 1984.
191. G. FRANZ, Der deutsche Bauernkrieg, 12. Aufl. Darmstadt 1982.
192. A. HOLENSTEIN, Bauern zwischen Bauernkrieg und Dreißigjährigem Krieg. München 1996.
193. TH. NIPPERDEY, Bauernkrieg, in: Nr. 132, 85–112.
194. I. SAULLE-HIPPENMEYER, Nachbarschaft, Pfarrei und Gemeinde in Graubünden 1400–1600. Chur 1997.
195. M. M. SMIRIN, Die Volksreformation des Thomas Münzer und der große Bauernkrieg, 2. Aufl. Berlin (DDR) 1956.
196. G. VOGLER, Die Gewalt soll gegeben werden dem gemeinen Volk. Der deutsche Bauernkrieg 1525. Berlin (DDR) 1975 (2. Aufl. 1983).
197. H.-U. WEHLER (Hrsg.), Der Deutsche Bauernkrieg 1524–1526. Göttingen 1975
198. R. WOHLFEIL (Hrsg.), Der Bauernkrieg 1524–26. Bauernkrieg und Reformation. München 1975.

5.3 Täufer
199. G. BRENDLER, Das Täuferreich zu Münster 1534/35. Berlin (DDR).
200. C.-P. CLASEN, Anabaptism. A Social History, 1525–1618. Switzerland, Austria, Moravia, South and Central Germany. Ithaca/London 1972.

201. H.-J. GOERTZ, Aufständische Bauern und Täufer in der Schweiz, in: Nr. 181, 267–289.
202. H.-J. GOERTZ, Die Täufer. Geschichte und Deutung, 2. Aufl. München 1988.
203. K.-H. KIRCHHOFF, Die Täufer in Münster 1534/35. Untersuchungen zum Umfang und zur Sozialstruktur der Bewegung. Münster 1973.
204. R. KLÖTZER, Die Täuferherrschaft von Münster. Stadtreformation und Welterneuerung. Münster 1992.
205. W. O. PACKULL, Die Hutterer in Tirol. Frühes Täufertum in der Schweiz, Tirol und Mähren. Innsbruck 2000 (Original: Hutterite Beginnings. Baltimore 1996).
206. G. SEEBASS, Bauernkrieg und Täufertum in Franken, in: ZKiG 85 (1974) 284–300.
207. J. M. STAYER, Anabaptists and the Sword, 2. Aufl. Lawrence 1976.
208. J. M. STAYER, Die Anfänge des schweizerischen Täufertums im reformierten Kongregationalismus, in: H.-J. GOERTZ (Hrsg.), Umstrittenes Täufertum 1525–1975. Neue Forschungen, 2. Aufl. Göttingen 1977, 19–49.
209. J. M. STAYER, The German Peasants' War and Anabaptist Community of Goods. Montreal/Kingston 1991.
210. J. M. STAYER/W. O. PACKULL/K. DEPPERMANN, From Monogenesis to Polygenesis: The Historical Discussion of Anabaptist Origins, in: Mennonite Quart. Rev. 49 (1975) 83–122.

5.4 Adel und Reformation

211. W. HARDTWIG, Ulrich von Hutten. Zum Verhältnis von Individuum, Stand und Nation in der Reformationszeit, in: DERS., Nationalismus und Bürgerkultur in Deutschland, 1500–1914. Göttingen 1994, 15–33.
212. V. PRESS, Adel, Reich und Reformation, in: Nr. 131, 330–383.
213. V. PRESS, Franz von Sickingen – Wortführer des Adels, Vorkämpfer der Reformation und Freund Huttens, in: DERS., Adel im Alten Reich. Gesammelte Vorträge und Aufsätze. Tübingen 1998, 319–331 (zuerst erschienen 1988).
214. V. PRESS, Ulrich von Hutten und seine Zeit, in: DERS., Adel im Alten Reich. Gesammelte Vorträge und Aufsätze. Tübingen 1998, 299–318 (zuerst erschienen 1988).

5.5 Territoriale Reformation und das Reich

215. H. CARL, Der Schwäbische Bund 1488–1534. Landfrieden und Genossenschaft im Übergang vom Spätmittelalter zur Reformation. Leinfelden-Echterdingen 2000.
216. G. HAUG-MORITZ, Der Schmalkaldische Bund 1530–1541/42. Eine Studie zu den genossenschaftlichen Strukturelementen der politischen Ordnung des Heiligen Römischen Reiches Deutscher Nation. Leinfelden-Echterdingen 2002.
217. I. HÖSS, Episcopus Evangelicus. Versuche mit dem Bischofsamt im deutschen Luthertum des 16. Jahrhunderts, in: E. ISERLOH (Hrsg.), Confessio Augustana und Confutatio. Der Augsburger Reichstag und die Einheit der Kirche. Münster 1980, 499–516.
218. A. KOHNLE, Reichstag und Reformation. Kaiserliche und ständische Religionspolitik von den Anfängen der Causa Lutheri bis zum Nürnberger Religionsfrieden. Gütersloh 2001.
219. H. W. KRUMWIEDE, Zur Entstehung des landesherrlichen Kirchenregiments in Kursachsen und Braunschweig-Wolfenbüttel. Göttingen 1967.
220. A. P. LUTTENBERGER, Glaubenseinheit und Reichsfriede: Konzeptionen und Wege konfessionsneutraler Reichspolitik 1530–1552 (Kurpfalz, Jülich, Kurbrandenburg). Göttingen 1982.
221. A. P. LUTTENBERGER, Reichspolitik und Reichstag unter Karl V.: Formen zentralen politischen Handelns, in: H. LUTZ/A. KOHLER (Hrsg.), Aus der Arbeit an den Reichstagen unter Kaiser Karl V. Göttingen 1986, 18–68.
222. A. P. LUTTENBERGER, Kurfürsten, Kaiser und Reich. Politische Führung und Friedenssicherung unter Ferdinand I. und Maximilian II. Mainz 1994.
223. P. MORAW, Die Funktion von Einungen und Bünden im spätmittelalterlichen Reich, in: V. PRESS/D. STIEVERMANN (Hrsg.), Alternativen zur Reichsverfassung in der Frühen Neuzeit? München 1995, 1–21.
224. V. PRESS, Die Bundespläne Kaiser Karls V. und die Reichsverfassung, in: H. LUTZ (Hrsg.), Das römisch-deutsche Reich im politischen System Karls V. München/Wien 1982, 55–106.
225. V. PRESS, Reformatorische Bewegung und Reichsverfassung. Zum Durchbruch der Reformation – soziale, politische und religiöse Faktoren, in: Nr. 51, 11–42.
226. V. PRESS, Die Reformation und der deutsche Reichstag, in: H.

BARTEL u. a. (Hrsg.), Martin Luther. Leistung und Erbe. Berlin (DDR) 1986, 202–215.

227. H. SCHILLING, Reichs-Staat und frühneuzeitliche Nation der Deutschen oder teilmodernisiertes Reichssystem. Überlegungen zu Charakter und Aktualität des Alten Reiches, in: HZ 272 (2001) 377–395.

228. G. SCHMIDT, Der Städtetag in der Reichsverfassung. Eine Untersuchung zur korporativen Politik der Freien und Reichsstädte in der ersten Hälfte des 16. Jahrhunderts. Stuttgart 1984.

229. G. SCHMIDT, Luther und die frühe Reformation – ein nationales Ereignis? in: Nr. 103, 54–75.

230. M. SCHULZE, Fürsten und Reformation. Geistliche Reformpolitik weltlicher Fürsten vor der Reformation. Tübingen 1991.

231. G. VOGLER, Der deutsche Bauernkrieg und die Verhandlungen des Reichstages zu Speyer 1526, in: ZfG 22 (1975) 1396–1410.

232. R. WOHLFEIL, Der Speyrer Reichstag von 1526, in: Bll. für pfälzische Kirchengeschichte und religiöse Volkskunde 43 (1976) 5–20.

233. W. ZIEGLER, Territorium und Reformation. Überlegungen und Fragen, in: HJb 110 (1990) 52–75.

234. G. ZIMMERMANN, Die Einführung des landesherrlichen Kirchenregiments, in: ARG 76 (1985) 146–168.

6. *Laikale Kirchenkritik, Frömmigkeit und die Reformation als Kommunikationszusammenhang*

235. P. BLICKLE, Neuorientierung der Reformationsforschung?, in: HZ 262 (1996) 481–491.

236. J. BOSSY, Christianity in the West 1400–1700. Oxford 1985.

237. P. BURKE, Städtische Kultur in Italien zwischen Hochrenaissance und Barock. Eine historische Anthropologie. Berlin 1987 (Original: The Historical Anthropology of Early Modern History. Cambridge 1987).

238. P. CHAUNU, Le temps des Réformes. Histoire religieuse et système de civilisation – La crise de la chrétienté – L'éclatement (1250–1550). Paris 1975.

239. J. DELUMEAU, Le catholicisme entre Luther et Voltaire, 2. Aufl. Paris 1978.

240. J. DELUMEAU, La peur en occident (XIVe–XVIIIe siècles). Une cité assiégée. Paris 1985 (deutsch: Angst im Abendland. Die Ge-

schichte kollektiver Ängste im Europa des 14. bis 18. Jahrhunderts. Reinbek 1985).
241. H.-J. GOERTZ, Eine ‚bewegte' Epoche. Zur Heterogenität reformatorischer Bewegungen, in: Nr. 146, 23–56.
242. R. MUCHEMBLED, Culture populaire et culture des élites dans la France moderne (XVe–XVIIIe siècles). Paris 1978 (deutsch: Kultur des Volks – Kultur der Eliten. Die Geschichte einer erfogreichen Verdrängung. Stuttgart 1982).
243. R.W. SCRIBNER, Religion und Kultur in Deutschland 1400–1800, hrsg. v. L. ROPER. Göttingen 2002 (Original: Religion and Culture in Germany 1400–1800. Leiden/Boston/Köln 2001).
244. K. THOMAS, Religion and the Decline of Magic. Studies in Popular Beliefs in Sixteenth- and Seventeenth-Century England. London 1971.

6.1 Frömmigkeit und kultureller Wandel
245. P. BLICKLE, Die Reformation vor dem Hintergrund von Kommunalisierung und Christianisierung. Eine Skizze, in: DERS./J. KUNISCH (Hrsg.), Kommunalisierung und Christianisierung. Voraussetzungen und Folgen der Reformation 1400–1600. Berlin 1989, 9–28.
246. P. BLICKLE/A. HOLENSTEIN/H. R. SCHMIDT/F.-J. SLADECZEK (Hrsg.), Macht und Ohnmacht der Bilder. Reformatorischer Bildersturm im Kontext der europäischen Geschichte. München 2002.
247. M. BRECHT, Antiklerikalismus beim jungen Luther?, in: Nr. 249, 343–351.
248. C. DUPEUX/P. JEZLER/J. WIRTH (Hrsg.), Bildersturm. Wahnsinn oder Gottes Wille? Zürich 2000.
249. P. A. DYKEMA/H. A. OBERMAN (Hrsg.), Anticlericalism in Late Medieval and Early Modern Europe, Leiden/New York/Köln 1993.
250. C. M. N. EIRE, War against the Idols. Cambridge 1986.
251. C. M. N. EIRE, The Reformation Critique of the Image, in: Nr. 278, 51–68.
252. R. FUHRMANN, Die Kirche im Dorf. Kommunale Initiativen zur Organisation von Seelsorge vor der Reformation, in: Nr. 181, 147–186.
253. L. M. GISI, Niklaus Manuel und der Berner Bildersturm 1528, in: Nr. 246, 143–163.

254. H.-J. GOERTZ, Antiklerikalismus und Reformation. Sozialgeschichtliche Untersuchungen. Göttingen 1995.
255. H.-J. GOERTZ, Bildersturm im Täufertum, in: Nr. 246, 239–252.
256. B. HODLER, Bildersturm auf dem Land. Der ‚Gemeine Mann' und das Bild, in: Nr. 248, 52–56.
257. W. HOFMANN, Die Geburt der Moderne aus dem Geist der Religion, in: DERS. (Hrsg.), Luther und die Folgen für die Kunst. München 1983, 23–71.
258. A. HOLENSTEIN/H. R. SCHMIDT, Bilder als Objekte – Bilder in Relationen. Auf dem Weg zu einer wahrnehmungs- und handlungsgeschichtlichen Deutung von Bilderverehrung und Bilderzerstörung, in: Nr. 246, 511–527.
259. P. JEZLER, Von den Guten Werken zum reformatorischen Bildersturm – Eine Einführung, in: Nr. 248, 20–27.
260. S. C. KARANT-NUNN, ‚Gedanken, Herz und Sinn'. Die Unterdrückung der religiösen Emotionen, in: Nr. 95, 69–95.
261. TH. KAUFMANN, Die Bilderfrage im frühneuzeitlichen Luthertum, in: Nr. 246, 407–454.
262. S. MICHALSKI, Das Phänomen Bildersturm. Versuch einer Übersicht, in: Nr. 278, 69–124.
263. S. MICHALSKI, The Reformation and Visual Arts. The Protestant Image Question in Western and Eastern Europe. London/New York 1993.
264. S. MICHALSKI, Die Ausbreitung des reformatorischen Bildersturms 1521–1537, in: Nr. 248, 46–51.
265. S. MICHALSKI, Bilderstürme im Ostseeraum, in: Nr. 246, 223–237.
266. B. MOELLER, Frömmigkeit in Deutschland um 1500, in: ARG 56 (1965) 5–31.
267. B. MOELLER, Was wurde in der Frühzeit der Reformation in den deutschen Städten gepredigt?, in: ARG 75 (1984) 176–193.
268. B. MOELLER, Klerus und Antiklerikalismus in Luthers Schrift an den christlichen Adel deutscher Nation von 1520, in: Nr. 249, 353–365.
269. B. MOELLER, Die Rezeption Luthers in der frühen Reformation, in: Nr. 89, 9–29.
270. H.-CHR. RUBLACK, Anticlericalism in German Reformation Pamphlets, in: Nr. 249, 461–489.
271. N. SCHNITZLER, Ikonoklasmus – Bildersturm. Theologischer Bilderstreit und ikonoklastisches Handeln während des 15. und 16. Jahrhunderts. München 1996.

272. N. SCHNITZLER, ‚Kirchenbruch' und ‚lose Rotten'. Gewalt, Recht und Reformation (Stralsund 1525), in: Nr. 95, 285–315.
273. N. SCHNITZLER, Wittenberg 1522 – Reformation am Scheideweg? in: Nr. 248, 68–74.
274. K. SCHREINER, Gab es im Mittelalter und in der frühen Neuzeit Antiklerikalismus? Von der Schwierigkeit, aus einem modernen Kampfbegriff eine Kategorie historischer Erkenntnis zu machen, in: ZHF 21 (1994) 513–521.
275. R. W. SCRIBNER, Popular Culture and Popular Movements in Reformation Germany. London 1987.
276. R. W. SCRIBNER, Antiklerikalismus in Deutschland um 1500, in: F. SEIBT/W. EBERHARD (Hrsg.), Europa 1500. Integrationsprozesse im Widerstreit: Staaten, Regionen, Personenverbände, Christenheit. Stuttgart 1987, 368–382.
277. R. W. SCRIBNER, Ritual and Reformation, in: R. PO-CHIA HSIA (Hrsg.), The German People and the Reformation. Ithaca/London 1988, 122–144.
278. R. W. SCRIBNER (Hrsg.), Bilder und Bildersturm im Spätmittelalter und in der frühen Neuzeit. Wiesbaden 1990.
279. R. W. SCRIBNER, Das Visuelle in der Volksfrömmigkeit, in: Nr. 278, 9–20.
280. R. W. SCRIBNER, Die Auswirkungen der Reformation auf das Alltagsleben, in: Nr. 243, 303–330 (Original: The Impact of the Reformation on Daily Life, in: Mensch und Objekt im Mittelalter und in der frühen Neuzeit. Wien 1990, 315–343).
281. R. W. SCRIBNER, Antiklerikalismus und die Städte, in: Nr. 243, 177–200 (Original: Anticlericalism and the Cities, in: Nr. 249, 147–166).
282. R. W. SCRIBNER, Reformation, Volksmagie und die ‚Entzauberung der Welt', in: Nr. 243, 378–398 (Original: The Reformation, Popular Magic, and the ‚Disenchantment of the World', in: JInterH 23 (1993) 475–494).
283. R. W. SCRIBNER, Elemente des Volksglaubens, in: Nr. 243, 66–99 (Original: Elements of Popular Belief, in: Nr. 32, Bd. 1, 231–262).
284. R. W. SCRIBNER, Magie und die Entstehung einer protestantischen Volkskultur, in: Nr. 243, 353–377.
285. G. STRAUSS, Manifestations of Discontent in Germany on the Eve of the Reformation. Bloomington/London 1971.
286. G. STRAUSS, Luther's House of Learning. The Indoctrination of the Young in the German Reformation. Baltimore/London 1978.

287. L.P. WANDEL, Voracious Idols and Violent Hands. Iconoclasm in Reformation Zurich, Strasbourg, and Basel. Cambridge 1995.
288. M. WARNKE, Durchbrochene Geschichte? Die Bilderstürme der Wiedertäufer in Münster 1534/35, in: DERS. (Hrsg.), Bildersturm – Die Zerstörung des Kunstwerks. München 1973, 65–98.
289. D. WENDEBOURG, Die Einheit der Reformation als historisches Problem, in: Nr. 89, 31–51.

6.2 Reformation, Öffentlichkeit und Medien

290. M. ARNOLD, Handwerker als theologische Schriftsteller. Studien zu Flugschriften der frühen Reformation (1523–1525). Göttingen 1990.
291. F.-H. BEYER, Eigenart und Wirkung des reformatorisch-polemischen Flugblatts im Zusammenhang der Publizistik der Reformationszeit. Frankfurt am Main u. a. 1994.
292. J. BURKHARDT, Das Reformationsjahrhundert. Deutsche Geschichte zwischen Medienrevolution und Institutionenbildung 1517–1617. Stuttgart 2002.
293. M. U. CHRISMAN, Conflicting Visions of Reform. German Lay Propaganda Pamphlets, 1519–1530. Atlantic Highlands, New Jersey 1996.
294. M. U. EDWARDS JR., Printing, Propaganda, and Martin Luther. Berkeley/Los Angeles/London 1994.
295. B. HAMM, Die Reformation als Medienereignis, in: Jb für Biblische Theol. 11 (1996) 138–166.
296. TH. HOHENBERGER, Lutherische Rechtfertigungslehre in den reformatorischen Flugschriften der Jahre 1521–22. Tübingen 1996.
297. H.-J. KÖHLER (Hrsg.), Flugschriften als Massenmedium der Reformationszeit. Beiträge zum Tübinger Symposion 1980. Stuttgart 1981.
298. H.-J. KÖHLER, Erste Schritte zu einem Meinungsprofil der frühen Reformationszeit, in: Nr. 51, 244–281.
299. E.-B. KÖRBER, Öffentlichkeiten der frühen Neuzeit. Teilnehmer, Formen, Institutionen und Entscheidungen öffentlicher Kommunikation im Herzogtum Preußen von 1525 bis 1618. Berlin/New York 1998.
300. H.-J. KÜNAST, ‚Getruckt zu Augspurg'. Buchdruck und Buchhandel in Augsburg zwischen 1468 und 1555. Tübingen 1997.
301. B. MOELLER, Stadt und Buch. Bemerkungen zur Struktur der reformatorischen Bewegung in Deutschland, in: Nr. 131, 25–39.
302. B. MOELLER, Die frühe Reformation als Kommunikationsprozeß,

in: H. BOOCKMANN (Hrsg.), Kirche und Gesellschaft im Heiligen Römischen Reich des 15. und 16. Jahrhunderts. Göttingen 1994, 148–164.
303. B. MOELLER, Erwägungen zur Bedeutung Erfurts als Kommunikationszentrum der frühen Reformation, in: U. WEISS (Hrsg.), Erfurt. Geschichte und Gegenwart. Köln/Weimar 1995, 275–282.
304. B. MOELLER/K. STACKMANN, Städtische Predigt in der Frühzeit der Reformation. Eine Untersuchung deutscher Flugschriften der Jahre 1522 bis 1529. Göttingen 1996.
305. H. OELKE, Die Konfessionsbildung des 16. Jahrhunderts im Spiegel illustrierter Flugblätter. Berlin/New York 1992.
306. H. R. SCHMIDT, Die Ethik der Laien in der Reformation, in: Nr. 103, 333–370.
307. R. W. SCRIBNER, Flugblatt und Analphabetentum. Wie kam der gemeine Mann zu reformatorischen Ideen?, in: Nr. 297, 65–76.
308. R. W. SCRIBNER, For the Sake of the Simple Folk. Popular Propaganda for the German Reformation. Cambridge 1981 (um ein Vorwort und ein Postscript erweiterte Paperbackausgabe: Oxford 1994).
309. R. WOHLFEIL, Reformatorische Öffentlichkeit, Literatur und Laienbildung im Spätmittelalter und in der Reformationszeit, in: L. GRENZMANN/K. STACKMANN (Hrsg.), Literatur und Laienbildung im Spätmittelalter und in der Reformation. Stuttgart 1984, 41–54.
310. A. ZORZIN, Karlstadt als Flugschriftenautor. Göttingen 1990.

7. *Einzelfragen (vornehmlich zur Wirkungs- und Rezeptionsgeschichte)*

311. H. BORNKAMM, Luther im Spiegel der deutschen Geistesgeschichte. Heidelberg 1955.
312. TH. A. BRADY JR., The Protestant Reformation in German History. Washington 1998.
313. TH. A. BRADY JR., Robert W. Scribner, ein Historiker der deutschen Reformation, in: Nr. 243, 21–40.
314. J. BURKHARDT, Reformation und Lutherfeiern. Die Verbürgerlichung der reformatorischen Jubiläumskultur, in: D. DÜDING/P. FRIEDEMANN/P. MÜNCH (Hrsg.), Öffentliche Festkultur. Politische Feste in Deutschland von der Aufklärung bis zum Ersten Weltkrieg. Reinbek 1988, 212–236.
315. M. FLACKE, Deutschland – Die Begründung der Nation aus der

Krise, in: DIES. (Hrsg.), Mythen der Nationen: Ein europäisches Panorama. Berlin 1998, 101–128.
316. H. LEHMANN, Martin Luther als Deutscher Nationalheld im 19. Jahrhundert, in: Luther 55 (1984) 53–65.
317. H. LUTZ, ‚Ursprung der Spaltung in der Nation'. Bemerkungen zu einem Kapitel aus Rankes Reformationsgeschichte, in: Festschrift für Hermann Heimpel. Göttingen 1971, 140–160.
318. L. SCHORN-SCHÜTTE, Religion, Kultur und Staat. Deutungsmuster aus dem Krisenbewußtsein der Republik von Weimar. Eine Einleitung, in: DIES. (Hrsg.), Alteuropa oder Frühe Moderne. Deutungsmuster für das 16. bis 18. Jahrhundert aus dem Krisenbewußtsein der Weimarer Republik in Theologie, Rechts- und Geschichtswissenschaft. Berlin 1999, 7–24.
319. CHR. TÜMPEL, Zur Geschichte der Luther-Denkmäler, in: B. MOELLER (Hrsg.), Luther in der Neuzeit. Gütersloh 1983, 227–247.

C. Nachtrag

I. Quellen

Ausführliche neue bibliographische Hinweise zu den Werkeditionen einzelner Reformatoren finden sich bei: 323. DINGEL/LEPPIN, Reformatorenlexikon.

320. Deutsche Geschichte in Quellen und Darstellung, Bd. 3: Reformationszeit 1495–1555, hrsg. v. U. KÖPF. Stuttgart 2001.
321. Reformation, ausgewählt und kommentiert v. V. LEPPIN. Neukirchen-Vluyn 2005.

II. Literatur

1. Nachschlagewerke

322. Atlas zur Kirche in Geschichte und Gegenwart. Heiliges Römisches Reich – Deutschsprachige Länder, hrsg. v. E. GATZ. Regensburg 2009.
323. I. DINGEL/V. LEPPIN (Hrsg.), Das Reformatorenlexikon. Darmstadt 2014.

324. The Encyclopedia of Protestantism, 4. Bde., hrsg.v. H.J. HILLERBRAND. New York 2004.
325. M. HEIM, Von Ablass bis Zölibat. Kleines Lexikon der Kirchengeschichte. München 2008.
326. V. SERESSE, Kirche und Christentum. Grundwissen für Historiker. Paderborn 2011.

2. Handbücher und übergreifende Darstellungen

327. TH. A. BRADY JR., German Histories in the Age of Reformations. Cambridge u.a. 2009.
328. F. BRENDLE, Das konfessionelle Zeitalter. 2. Aufl., Berlin 2015
329. D. MACCULLOCH, Reformation. Europe's House Divided: 1490–1700. London 2003 (dt. Die Reformation: 1490–1700. München 2008).
330. S. H. HENDRIX, Recultivating the Vineyard. The Reformation Agendas of Christianization. Louisville/London 2004.
331. H. J. HILLERBRAND, The Division of Christendom. Christianity in the Sixteenth Century. Louisville/London 2007.
332. A. M. JOHNSON/J. A. MAXFIELD (Hrsg.), The Reformation as Christianization. Essays on Scott Hendrix's Christianization Thesis. Tübingen 2012.
333. M. H. JUNG, Reformation und Konfessionelles Zeitalter. Göttingen 2012.
334. TH. KAUFMANN, Geschichte der Reformation. Frankfurt am Main 2009.
335. TH. KAUFMANN, Erlöste und Verdammte. Eine Geschichte der Reformation. München 2016.
336. V. LEPPIN, Die Reformation. Darmstadt 2013.
337. M. POHLIG (Hrsg.), Reformation. Basistexte. Stuttgart 2015.
338. J. D. ROTH/J. M. STAYER (Hrsg.), A Companion to Anabaptism and Spiritualism, 1521–1700. Leiden 2007.
339. U. RUBLACK, Die Reformation in Europa. Frankfurt am Main 2003.
340. H. SCHNABEL-SCHÜLE, Die Reformation 1495–1555. Politik mit Theologie und Religion. Stuttgart 2006.
341. H. SCHNABEL-SCHÜLE (Hrsg.), Reformation. Historisch-kulturwissenschaftliches Handbuch. Stuttgart 2017 (in Vorbereitung).
342. G. SEEBASS, Geschichte des Christentums III: Spätmittelalter – Reformation – Konfessionalisierung. Stuttgart 2006.

3. Biographien

343. S. Bräuer/G. Vogler, Thomas Müntzer. Neu Ordnung machen in der Welt. Gütersloh 2016.
344. H.-J. Goertz, Thomas Müntzer. Revolutionär am Ende der Zeiten. München 2015.
345. B. Gordon, Calvin. New Haven (Conn.) 2009.
346. M. Greschat, Philipp Melanchthon. Theologe, Pädagoge und Humanist. Gütersloh 2010.
347. Th. Kaufmann, Martin Luther. München 2006.
348. V. Leppin, Martin Luther. Darmstadt 2006.
349. P. Matheson, Argula von Grumbach. Eine Biographie. Göttingen 2014.
350. E. McKee, Katharina Schütz Zell, 2 Bde. Leiden 1999.
351. W. H. Neuser, Johannes Calvin. Leben und Werk in seiner Frühzeit (1509–1541). Göttingen 2009.
352. P. Opitz, Leben und Werk Johannes Calvins. Göttingen 2009.
353. V. Reinhardt, Luther, der Ketzer. Rom und die Reformation. München 2016.
354. R. Rohloff, Johannes Calvin. Leben, Werk, Wirkung. Göttingen 2011.
355. L. Roper, Martin Luther. Renegade and Prophet. London 2016 (dt.: Der Mensch Martin Luther. Die Biographie. Frankfurt am Main 2016).
356. H. Schilling, Martin Luther: Rebell in einer Zeit des Umbruchs. München 2012.
357. H. J. Selderhuis, Johannes Calvin. Mensch zwischen Zuversicht und Zweifel. Gütersloh 2009.
358. H. J. Selderhuis (Hrsg.), Calvin-Handbuch. Tübingen 2008.
359. Chr. Strohm, Johannes Calvin. Leben und Werk des Reformators. München 2009.
360. E. Wolgast, Thomas Müntzer. Ein Verstörer der Ungläubigen. 2. Aufl., Berlin 1988.

4. Leitthemen der Reformationsforschung

361. D. Ph. Bell/St. G. Burnett (Hrsg.), Jews, Judaism, and the Reformation in Sixteenth Century Germany. Leiden 2006.
362. D. Blum, Der katholische Luther. Begegnungen, Prägungen, Rezeptionen. Paderborn 2016.
363. Th. Brockmann, Die frühneuzeitlichen Religionsfrieden. Normhorizonte, Instrumentarium und Probleme in vergleichender

Perspektive, in: Chr. KAMPMANN u.a. (Hrsg.), L'art de la paix. Kongresswesen und Friedensstiftung im Zeitalter des Westfälischen Friedens. Münster 2011, S. 575–611.
364. E. CAMPI u.a. (Hrsg.), Johannes Calvin und die kulturelle Prägekraft des Protestantismus. Zürich 2012.
365. ST. EHRENPREIS, Calvinismus und Moderne. Mythen, Themen, Forschungsperspektiven, in: GWU 60 (2009), S. 387–405.
366. R. VON FRIEDEBURG, Luther's Legacy. The Thirty Years War and the Modern Notion of ‚State' in the Empire, 1530 to 1790s. Cambridge 2016.
367. R. VON FRIEDEBURG/L. SCHORN-SCHÜTTE, Politik und Religion: Eigenlogik oder Verzahnung. München 2007.
368. A. GOTTHARD, Der Augsburger Religionsfrieden. Münster 2004.
369. B. HAMM, Die Emergenz der Reformation, in: DERS./M. WELKER, Die Reformation. Potentiale der Freiheit. Tübingen 2008, S. 1-27.
370. B. HAMM, Abschied vom Epochendenken in der Reformationsforschung. Ein Plädoyer, in: ZHF 39 (2012), S. 373–411.
371. B. HEAL, The Cult of the Virgin Mary in Early Modern Germany: Protestant and Catholic Piety, 1500–1648. Cambridge 2007.
372. M. H. JUNG, Nonnen, Prophetinnen, Kirchenmütter. Kirchen- und frömmigkeitsgeschichtliche Studien zu Frauen der Reformationszeit. Leipzig 2002.
373. TH. KAUFMANN, Konfession und Kultur. Lutherischer Protestantismus in der zweiten Hälfte des Reformationsjahrhunderts. Tübingen 2006.
374. TH. KAUFMANN, Die Einheit Europas zwischen Vormoderne und Moderne. Einige unsystematische kirchenhistorische Überlegungen, in: CHR. JASER u.a. (Hrsg.), Alteuropa – Vormoderne – Neue Zeit. Epochen und Dynamiken der europäischen Geschichte (1200–1800). Berlin 2012, S. 59–77.
375. TH. KAUFMANN, Luthers Juden. Stuttgart 2014.
376. N. KRENTZ, Ritualwandel und Deutungshoheit. Die frühe Reformation in der Residenzstadt Wittenberg (1500–1533). Tübingen 2014.
377. V. LEPPIN, Die fremde Reformation. Luthers mystische Wurzeln. München 2016.
378. V. LEPPIN, Religiöse Transformation im alten Europa. Zum historischen Ort der Reformation, in: CHR. JASER u.a. (Hrsg.), Alteuropa – Vormoderne – Neue Zeit. Epochen und Dynamiken der europäischen Geschichte (1200–1800). Berlin 2012, S. 125–137.
379. G. LITZ, Die reformatorische Bilderfrage in den schwäbischen Reichsstädten. Tübingen 2007.

380. Chr. Ocker, Church Robbers and Reformers in Germany, 1525–1547. Confiscation and Religious Purpose in the Holy Roman Empire. Leiden 2006.
381. P. Opitz (Hrsg.), The Myth of the Reformation. Göttingen 2013.
382. A. Pettegree, Reformation and the Culture of Persuasion. Cambridge 2005.
383. A. Pettegree, The Book in the Renaissance. New Haven (Conn.) 2010.
384. L. Roper, Gender and the Reformation, in: ARG 92 (2001), S. 290–302.
385. H. Schilling/H. Smolinsky (Hrsg.), Der Augsburger Religionsfrieden 1555. Gütersloh 2007.
386. R. Schlögl, Anwesende und Abwesende. Grundriss für eine Gesellschaftsgeschichte der Frühen Neuzeit. Konstanz 2014.
387. L. Schorn-Schütte, Gottes Wort und Menschenherrschaft. Politisch-theologische Sprachen im Europa der Frühen Neuzeit. München 2015.
388. M. Wiesner-Hanks, Gender and the Reformation, in: ARG 100 (2009), S. 350–365.
389. H. Wunder, Frauen in der Reformation: Rezeptions- und historiographiegeschichtliche Überlegungen, in: ARG 92 (2001), S. 303–320.
390. M. Zelinsky Hanson, Religious Identity in an Early Reformation Community. Augsburg, 1517 to 1555. Leiden 2009.

Register

Personenregister

Agricola, Rudolf 75
Albrecht von Brandenburg, Kardinal, Erzbischof und Kurfürst von Mainz 7–9, 36, 40
Albrecht von Hohenzollern, Hochmeister des Deutschen Ordens 41
ALTHOFF, G. 111
Anton von Lothringen, Herzog 37
Argula von Grumbach 144
ARNOLD, M. 132 f.
AUGUSTIJN, C. 75

BARNES, R. B. 81
BECKER, W. 45, 72, 102, 108
BELL, D. 148
BEYER, F.-H. 134
BIERBRAUER, P. 103
BLICKLE, P. 8, 16 f., 20, 22, 86, 91 f., 95, 100–105, 107, 110, 116 f., 123, 133, 138
BLUM, D. 147
BORNKAMM, H. 81, 89
BOSSY, J. 114
BRADY, T. A. 3, 85, 87–90, 95, 97 f., 101, 112, 135 f., 141
BRÄUER, S. 148
BRECHT, M. 10, 13, 40, 124
BRENDLE, F. 140
BRENDLER, G. 12 f., 105, 108
BROCKMANN, TH. 151
Bucer, Martin 7, 28, 44, 47, 50, 55, 75, 94, 97, 145
BURKE, P. 114 f.
BURKHARDT, J. 108, 130, 135
BURNETT, ST. 148
BUSZELLO, H. 91

Cajetan, Thomas 9, 25
Calvin, Johannes 7, 145
Campeggio, Lorenzo 27

CAMPI, E. 141, 146
Capito, Wolfgang 44, 47
Carl, H. 112
CHAUNU, P. 82, 114
CHRISMAN, M. 132
CONRAD, F. 103
Contarini, Gasparo 55
CLASEN, C.-P. 104
Clemens VII., Papst 27, 40, 42 f., 50

DEPPERMANN, K. 52, 105
DELUMEAU, J. 114
DICKENS, A. G. 94
DINGEL, I. 144
DÜLMEN, R. VAN 18, 80, 104
DYKEMA, P. A. 121

Eck, Johannes 9, 54
EDWARDS JR., M. U. 102, 131 f.
EHBRECHT, W. 96
EHRENPREIS, ST. 70, 79, 83, 104, 108, 119, 125 f., 146
EIRE, C. M. N. 128
ELLIGER, W. 20
ENDERLE, W. 99
ENDRES, R. 106
ENGEL, J. 76
ENGELS, F. 72, 89–91, 108
Erasmus von Rotterdam 14 f., 75
Ernst von Braunschweig-Lüneburg, Herzog 42

FARNER, A. 18
FASOLT, K. 80
Ferdinand I., österr. Erzherzog, deutscher König 42, 45, 49, 54, 57, 61, 63
Flacius, Matthias 60
FLACKE, M. 108
Franz I., König von Frankreich 25, 28, 40, 55, 58

FRANZ, G. 92 f.
Franz von Waldeck, Bischof von Münster 52 f.
FRIEDEBURG, R. VON 151 f.
Friedrich von Sachsen, ‚der Weise', Kurfürst 8, 9, 25 f., 29
Froschauer, Christoph 15
FUCHS, TH. 16
FUHRMANN, R. 117

GÄBLER, U. 14, 18, 44
Gaismair, Michael 37
Georg von Brandenburg-Ansbach, Markgraf 42 f.
Georg von Sachsen, Herzog 10, 37, 40, 50
GERHARD, D. 77, 83
GOERTZ, H.-J. 19, 104 f., 110, 120–124, 129, 139, 148
GORDON, B. 145
GOTTHARD, A. 151
Granvelle, Nicholas Perrenot de 54
GREYERZ, K. VON 64, 95, 97 f., 101, 115, 136 f.
Gropper, Johann 54

Hadrian VI., Papst 27
HAMM, B. 27, 69, 83–86, 98, 120, 132–134, 138, 149 f., 153
HARDTWIG, W. 106
HASSINGER, E. 83
HAUG-MORITZ, G. 111 f.
HECKEL, M. 64, 110 f.
Held, Matthias 50
Heinrich von Braunschweig-Wolfenbüttel, Herzog 50
HENDRIX, S. H. 142
Hermann von Wied, Kurfürst und Erzbischof von Köln 56
HILLERBRAND, H. J. 142
HODLER, B. 128
HOFMANN, W. 129
Hoffmann, Melchior 52, 105
HOHENBERGER, TH. 133
HOLENSTEIN, A. 24, 128 f.
Hubmaier, Balthasar 33, 35, 39
Hus, Johannes 22
Hut, Hans 39
Hutten, Ulrich von 28, 106, 132

JANSSEN, J. 72 f.
JEDIN, H. 74
JEZLER, P. 126

Joachim I. von Brandenburg, Kurfürst 40
Joachim II. von Brandenburg, Kurfürst 54
JOACHIMSEN, P. 108
Johann von Sachsen, Kurfürst 21, 40–42
Johann Friedrich von Sachsen, Kurfürst 50, 54, 57 f., 60, 62
JOHNSON, A. M. 142
Julius III., Papst 60
JUNG, M. H. 143
JUNGHANS, H. 75
JUSSEN, B. 4, 69, 84 f.

KARANT-NUNN, S. C. 129
Karl V., Kaiser 9, 10, 25–28, 40, 42–45, 50 f., 54–59, 61 f., 64 f., 68, 112
Karlstadt, Andreas Bodenstein von 19, 29 f., 33 f., 126, 131
KÄSLER, D. 77
KAUFMANN, T. 79, 129, 141, 143 f., 146, 148, 153
KIRCHHOFF, K.-H. 105
KITTELSON, J. M. 75
KLÖTZER, R. 52, 105
KÖHLER, H.-J. 27, 132
KOHNLE, A. 110 f.
KÖRBER, E.-B. 131
KOSSELECK, R. 79, 112
KOSLOFSKY, C. 4, 69, 84 f.
KRUMWIEDE, H. W. 110
KÜNAST, H.-J. 131

LAU, F. 94, 102
LAUX, S. 99
Leiden, Jan van 53
LEHMANN, H. 78, 108
Leo X., Papst 8–12, 25
LEPPIN, V. 140, 144, 146 f.
LOCHER, G. 14, 17
LORTZ, J. 73 f.
Lotzer, Sebastian 36
LOTZ-HEUMANN, U. 70, 79, 83, 104, 108, 119, 125 f.
Luther, Martin 1, 5, 7–12, 16–26, 28–31, 33, 37–40, 45–47, 50, 54 f., 57, 65, 68, 72–74, 81, 91, 94, 97, 108 f., 118 f., 124, 126, 131 f., 134, 137, 140 f., 145–148
LUTTENBERGER, A. P. 54, 110 f.
LUTZ, H. 3, 8, 71, 74 f., 109, 140

MacCulloch, D. 140
Matheson, P. 144
Maurer, M. 70
Maxfield, J. A. 142
Maximilian I., Kaiser 25
Maximilian II., Kaiser 141
McKee, E. A. 144
Melanchthon, Philipp 7, 29, 43 f., 47, 54 f., 60, 75
Merz, J. 97
Meuthen, E. 75
Michalski, S. 127 f.
Moeller, B. 13, 16 f., 26, 29, 46, 75, 85, 93, 94–98, 101, 110, 117–121, 123–125, 131, 133–138
Moritz von Sachsen, Herzog, später Kurfürst 57, 60 f., 63
Moraw, P. 112, 114
Mörke, O. 96, 99
Muchembled, R. 114
Müller, S. 96
Müntzer, Thomas 19–22, 24, 34, 37–39, 90 f., 105, 144, 148 f.

Neuser, W. 145
Nipperdey, Th. 20 f., 93

Obermann, H. A. 3, 72 f., 109, 112, 119, 121, 123, 134, 137
Ocker, Ch. 150
Ockham, William von 73
Oecolampadius, Johannes 28, 47
Oelke, H. 134
Opitz, P. 145
Ozment, St. E. 96

Packull, W. O. 105
Paul III., Papst 50, 57 f.
Pettegree, A. 152
Pflug, Julius 54
Philipp II., König von Spanien 61
Philipp von Hessen, Landgraf 37, 40–43, 46 f., 49 f., 54–58, 62
Pistorius, Johannes 55
Pocock, J. 152
Press, V. 106 f., 110, 112, 114

Rabe, H. 4, 42, 47
Rammstedt, O. 96
Ranke, L. von 70-72, 87, 90, 107, 109
Reinhard, W. 25, 41, 67, 75, 79, 82, 115

Reinhardt, V. 147
Richard von Greifenklau, Kurfürst und Bischof von Trier 28
Ritter, G. 89
Rohloff, R. 145
Roper, L. 143, 147
Rothmann, Bernhard 52
Rublack, H.-C. 81, 95, 97, 99, 102, 123, 136
Rublack, U. 142
Rüth, B. 95

Sachs, Hans 31, 132
Saulle-Hippenmeyer, I. 103
Schappeler, Christoph 36
Scheel, O. 89
Schilling, H. 22, 79, 82 f., 89, 95 f., 98, 101–103, 105, 109, 115, 119, 138, 147, 151
Schilling, J. 150
Schindling, A. 107
Schlögl, R. 152
Schmidt, G. 109, 228
Schmidt, H. R. 18, 60, 70, 76, 79, 97, 128 f., 133
Schnitzler, N. 126 f.
Schorn-Schütte, L. 7, 72, 78, 108, 114, 118 f., 151 f.
Schreiner, K. 121 f.
Schulze, M. 112 f.
Schulze, W. 83, 107
Schüssler, H, 73
Schütz Zell, Katharina 144
Scott, T. 97
Scribner, R. W. 97 f., 104, 116–118, 120, 123 f., 128–130, 133–136
Seebass, G. 105, 140
Selderhuis, H. J. 145
Seyfahrt, C. 78
Sickingen, Franz von 28, 68, 106 f.
Skalweit, St. 87
Skinner, Q. 152
Smirin, M. M. 91
Smolinsky, H. 151
Spitz, L. W. 75
Sprondel, W. M. 78
Stackmann, K. 133
Stayer, J. M. 105
Stegmann, A. 142
Steinmetz, M. 89 f., 108
Stollberg-Rilinger, B. 111
Strauss, G. 116, 118
Streisand, J. 89

STROHM, J. 145
STUPPERICH, R. 75
Sturm, Jacob 88
Spengler, Lazarus 31
THOMAS, K. 114
TÖPFER, B. 90
TRACY, J. D. 3, 112
TROELTSCH, E. 76f.
TRÜDINGER, K. 110
TÜMPEL, C. 108

Ulrich von Württemberg, Herzog
  41 f., 49

VOGLER, G. 90, 98, 110, 148

Waldburg, Georg Truchsess von 37
WARNKE, M. 128

WEBER, M. 77f., 81
WEHLER, H.-U. 79
WENDEBOURG, D. 119f., 138
WETTGES, W. 102
WEYRAUCH, E. 97
WIESNER-HANKS, M. 143
WOHLFEIL, R. 110, 120, 130f., 136
Wolfgang von Anhalt, Fürst 42
WOLGAST, E. 71, 149
WUNDER, H. 143

ZEEDEN, E. W. 76
ZELINSKY HANSON, M. 153
ZIEGLER, W. 107
ZIMMERMANN, G. 110
ZORZIN, A. 131
Zwingli, Huldrych 4–7, 14–18,
  21–24, 32f., 37f., 44f., 47, 65,
  73, 75, 94, 97, 126, 131, 140

Orts- und Länderregister

Aachen 3, 6, 13, 16, 18–19, 25,
  33–35, 40, 46–48, 51, 53, 62, 96
Allstedt 19, 21
Altenburg 30
Anhalt-Dessau 49
Ansbach-Bayreuth 41
Augsburg 25, 39, 49, 131, 153

Basel 14, 19, 33, 47
Bayern 27, 49, 51, 55, 57
Bern 33
Bodensee 35
Böhmen 39
Bologna 43, 58 f. Brandenburg 27
Braunschweig 32, 41, 56, 96
Braunschweig-Lüneburg 41
Braunschweig-Wolfenbüttel 56
Bremen 32
Brieg 49

Dänemark 54
Donauwörth 49

Einsiedeln 15
Eisleben 7
Elsass 36, 103
Erfurt 7

Franken 36, 94
Frankenhausen 19, 37

Frankfurt/Oder 19
Frankreich 42 f., 49, 51, 53–57, 60,
  62

Geldern 56
Glarus 14, 15
Goslar 56
Göttingen 96
Graubünden 103 f.

Habsburg 27, 53
Hagenau 54
Hamburg 60
Hannover 96
Hanseraum 32, 94, 102, 126
Hegau 35
Hessen 39, 41 f., 44, 46, 49, 53,
  56

Italien 25, 40–43, 59

Jülich-Kleve 56

Kappel 33
Kempten 35
Klettgau 35
Kleve 53
Köln 96, 98 f.
– Köln, Kurfürstentum, 53, 56
Konstanz 31, 43

Ortsregister

Leipzig 19
Leisnig 30, 46
Liegnitz 49
Lindau 43
Livland 52
Lübeck 32
Lüneburg 32, 96

Magdeburg 32, 60–62
Mailand 40
Mainz 42, 55
Mansfeld 41
Mantua 50
Marburg 46 f.
Memmingen 31, 35 f., 43
Mindelheim 99
Mühlberg 58
Mühlhausen 19
Münster 52 f., 128

Naumburg 63
Niederlande 52, 56
Niederösterreich 39
Nikolsburg 39
Nürnberg 19, 31, 42, 83, 132

Oberdeutschland (s. a. Süddeutschland, Südwestdeutschland) 32, 47, 50, 59, 94, 101 f., 126, 133
Oberösterreich 39
Österreich 91
Ostfriesland 41
Osmanisches Reich 53, 57
Osnabrück 96

Passau 62
Pfalz 36
Pommern 49
Prag 19
Preußen 41

Regensburg 54
Rom 9

Saalfelden 49
Sachsen, Kurfürstentum 9, 26 f., 34, 41, 44, 46, 49, 56, 58
Salzburg 37
Schaffhausen 33
Schleitheim 39
Schwäbisch Hall 31
Schweden 52
Schweiz 4, 23, 32 f., 36, 39, 43 f., 48, 50, 91, 94, 101, 105, 126, 133
Speyer 40
Stralsund 32, 96
Straßburg 31, 42–44, 47, 52, 97 f., 132
Steiermark 36
Stühlingen 35
Süddeutschland
  (s. a. Oberdeutschland) 91
Südwestdeutschland
  (s. a. Oberdeutschland) 39, 95

Thüringen 36, 39
Tirol 36, 37, 39, 103
Trient 57–59
Trier, Kurfürstentum 28

Ulm 35, 42, 47

Venedig 40

Waldshut 33, 35
Wien 14, 39, 49
Wismar 31
Wittenberg 7, 9, 19, 29 f., 32 f., 44, 46, 64, 126
Worms 26, 54, 57
Württemberg 36, 49
Würzburg 42

Zabern 37
Zürich 14–16, 18 f., 32–34, 38 f., 44, 64
Zwickau 19

Sachregister

Abendmahl 28, 32, 42, 47
– Abendmahl, Abendmahlsstreit 5, 32, 47
– Abendmahl, Abendmahlsverständnis 12, 42

Ablass 1, 5, 7, 8, 10, 25, 141
Adel 24, 28, 34, 68, 106 f.
Adiaphorastreit 60
Alteuropakonzept 77, 80, 82 f

Register

Antiklerikalismus 121–125, 130
Apokalyptik 52
Augsburger Bekenntnis (s. a. Confessio Augustana) 34
Augsburger Religionsfrieden 1, 2, 6, 61, 63 f., 72, 106, 143, 151

Bannandrohungsbulle 10, 11, 25
Bauern 24, 34, 68
Bauernkrieg 5, 6, 19, 24, 34–36, 39 f., 45 f., 53, 65, 89, 91–93, 96, 100, 105, 107, 110, 136
Bildersturm 29, 32, 125–130
Buchdruck 27, 69, 131, 133, 152
Bürokratisierung 81

Calvinismus 76, 78, 146
Christianisierungsprozess 142
Christliche Vereinigung 35, 36
Confessio Augustana (s. a. Augsburger Bekenntnis) 2, 43–45, 47, 51, 79
Confessio Saxonica 60
Confessio Tetrapolitana 2, 43 f., 47
Confessio Virtembergica 60
Confutatio 2, 44
cultural turn 70, 136 f.

Dessauer Bund 40
devotio moderna 75
Disputation 10
– Disputation, Leipzig 1519 9 f., 25
– Disputation, Zürich 1523/24 15, 32
Dissimulation 111
Dreißigjähriger Krieg 2, 3, 63

Erbfolgefrage im Haus Habsburg 61
Evangelium 37 f.

Fastenbruch 15
Fidei ratio 2, 44
Flugblätter 27, 134
Flugschriften 69, 123, 131–133
Frankfurter Anstand 54 f. Frieden von Cambrai 43
Frieden von Crépy 56
Frieden von Kaaden 49
Frieden von Madrid 40
Frömmigkeit 32, 147
– Frömmigkeit, -skrise 117 f., 142
– Frömmigkeit, -spraxis 32, 103, 116
– Frömmigkeit, Volksfrömmigkeit 116

– Frömmigkeit, Werkfrömmigkeit 73, 126
Frühbürgerliche Revolution 89–91, 94, 108, 136
Frühneuzeitkonzept 83
Fürstenkrieg 60–62

Geistliche Territorien 41
Gemeinde 13, 16–19, 23, 28–34, 37, 46, 52, 94, 96, 103, 105, 117, 128
Gemeiner Mann 38, 100 f., 110, 128, 135, 138
Gemeiner Nutzen 96, 100
Geschlechtergeschichte 70, 143
Gnesiolutheraner 60
Göttliches Recht 36, 92, 101

Heilige Liga von Cognac 40
Humanismus 15, 16, 28 f., 31, 75 f., 80, 94, 130, 145

Ideengeschichte 149, 151 f.
Interim 6, 59–61, 65
ius reformandi 40 f., 63

Juden 148

Kaiser 1, 4, 6, 23 f., 27, 34, 44
Kaiseridee 55, 59, 61, 64, 68
Kappeler Landfrieden 6, 33
Katechismus 46, 69
Kirchenordnung 46, 65, 110
Kommunalismus 100–103, 116, 138
Konfessionalisierung 79, 107, 143, 150, 152
– Konfessionalisierung, -sprozess 69 f., 76, 82, 106, 115
– Konfessionalisierung, Konfessionskonflikt 48
– Konfessionalisierung, Konfessionsstaat 84
Konkordienformel 50, 60, 63
Konzil
– Konzil, Konzil von Trient 57, 59 f., 74
– Konzil, -sfrage 27, 40, 44, 50, 53
– Konzil, -sidee 68
– Konzil, Nationalkonzil 50, 57
Kultureller Raum 153
Kulturelle Transformation 84
Kulturgeschichte 149
Kulturkampf 72

Sachregister

Landesfürsten 23 f.
Landesherrliches Kirchenregiment 46
Landeskirche 110, 113
Landfriedensbund von Donauwörth 49
Landstädte 30, 41, 95–97, 102
Leisniger Kastenordnung 30
Lutherrenaissance 118
Luthertum 44, 47, 60, 76, 129

Magie 114, 116
Manichäismus 130
Marburger Religionsgespräch 43, 47
Mediengeschichte 142, 152
Methodismus 78
Modernisierung 77–81, 115, 146–148
– Modernisierung, -stheorie 136

Nation 108 f. Nationalismus 106
Nationalsozialismus 88 f.
Neuprotestantismus 77
Nominalismus 73, 75, 129 f.
Nürnberger Anstand 49 f.
Nürnberger Bund 50 f.

Obrigkeit 13, 15–19, 21–23, 32–34, 36–39, 45, 53, 64, 93 f.
Öffentlichkeit 69, 130

Papsttum 12, 64, 71
Passauer Vertrag 62 f.
Pfarrerwahl 36, 103
Philippisten 60
Pietismus 78, 138
Predigt 31, 103, 119 f., 133, 143
Priesterehe 15
Priestertum aller Gläubigen 11, 13, 122, 124 f., 150
Protestation 42

Rechtfertigungslehre 7, 8, 10, 12, 13, 16, 20, 55, 73, 118, 132, 146, 150
Reformation 72
– Reformation, Epochencharakter 67–72, 74, 76, 78–87, 140, 146, 149 f., 152 f.
– Reformation, Fürstenreformation 93, 109, 112
– Reformation, Gemeindereformation 92, 100–102, 104, 138
– Reformation, hansestädtische 32, 95, 102
– Reformation, radikale 17–19

– Reformation, Ratsreformation 102
– Reformation, Stadtreformation 24, 29, 31 f., 52 f., 93–100, 102
– Reformation, Volksreformation 69, 91, 93, 102
Reich 4 f., 109, 112
Reichsbundpläne 58
Reichsfrieden 61
Reichsfürsten 34, 40, 109
Reichsidee 48
Reichskammergericht 56
Reichsreformdebatte 68
Reichsritter 24, 28, 68, 88, 106
Reichsstädte 23, 27, 31, 40–42, 59, 94
Reichsstände 1, 4, 6, 23, 25–27, 34, 42 f., 45, 50 f., 53 f., 56, 58 f., 63, 110
Reichstag 4–6, 24, 110
– Reichstag, Augsburg 1518 9
– Reichstag, Augsburg 1530 35, 43, 45, 47, 141
– Reichstag, Augsburg 1547/48 58, 65
– Reichstag, Augsburg 1555 6, 63
– Reichstag, Nürnberg 1522/23 27, 31
– Reichstag, Nürnberg 1524 27
– Reichstag, Nürnberg 1542 56
– Reichstag, Nürnberg 1543 56
– Reichstag, Regensburg 1541 54
– Reichstag, Regensburg 1546 57
– Reichstag, Speyer 1526 40 f., 63, 110
– Reichstag, Speyer 1529 39, 42, 62, 151
– Reichstag, Speyer 1542 56
– Reichstag, Speyer 1544 56
– Reichstag, Worms 1495 68
– Reichstag, Worms 1518 11
– Reichstag, Worms 1521 5, 10, 25
Religionsgespräche 54, 57
Ritual 114–116, 127

Sakramente 11 f., 133
– Sakramente, Bußsakrament 8
Säkularisierung 41, 77, 81
Schmalkaldischer Bund 6, 35, 44 f., 48, 50 f., 55–58, 65, 111 f.
Schmalkaldischer Krieg 48, 58, 61, 109
Schwäbischer Bund 37, 41, 49
Sickingenfehde 28, 88, 106
sola-Prinzipien 8–12, 14, 16 f., 20, 26, 43, 65, 73, 130, 133, 138
Spätmittelalter 141, 143, 146 f.

Spiritualismus 77, 110
Staat 152
Stadtbürger 34, 68, 93, 105
Stadtgemeinde 123

Taufe 20, 33, 52
Täufer 18, 33 f., 38 f., 43, 45, 65, 77 f., 104, 110, 132, 138, 144
– Täufer, Münsteraner Täuferherrschaft 6, 51–53, 104 f., 128
Territorialisierung 107, 112
Territorialstaat 106
Tiroler Landesordnung 37
Torgauer Bund 40
Türkengefahr 40 f., 43 f., 49, 51, 55 f., 58, 62

Universalmonarchie 61 f.

Vertrag von Chambord 62
via antiqua 14
via moderna 7, 73, 75
Visitation 46, 110

Werkgerechtigkeit (s. a. Frömmigkeit, Werkfrömmigkeit) 8
Widerstandsrecht 16 f., 38, 45, 62, 65, 151
Wittenberger Konkordie 50
Wormser Edikt 10, 26 f., 31, 34, 44, 57, 62

Zwei-Reiche-Lehre 13, 16, 19, 23, 38, 109
Zwinglianer 42 f.
Zwölf Artikel 36 f.
Zürcher Sittengericht 33

Enzyklopädie deutscher Geschichte
Themen und Autoren

Mittelalter

Agrarwirtschaft, Agrarverfassung und ländliche Gesellschaft im Mittelalter (Werner Rösener) 1992. EdG 13
Adel, Rittertum und Ministerialität im Mittelalter (Werner Hechberger) 2. Aufl. 2010. EdG 72
Die Stadt im Mittelalter (Frank G. Hirschmann) 2., aktual. u. erw. Aufl. 2016. EdG 84
Die Juden im mittelalterlichen Reich (Michael Toch) 3., aktual. und um einen Nachtrag erw. Aufl. 2013. EdG 44

Gesellschaft

Wirtschaftlicher Wandel und Wirtschaftspolitik im Mittelalter (Michael Rothmann)

Wirtschaft

Die geistige Kultur im späteren Mittelalter (Johannes Helmrath)
Die ritterlich-höfische Kultur des Mittelalters (Werner Paravicini) 3., um einen Nachtrag erw. Aufl. 2011. EdG 32

Kultur, Alltag, Mentalitäten

Die mittelalterliche Kirche (Michael Borgolte) 2. Aufl. 2004. EdG 17
Grundformen der Frömmigkeit im Mittelalter (Arnold Angenendt) 2. Aufl. 2004. EdG 68

Religion und Kirche

Die Germanen (Walter Pohl) 2. Aufl. 2004. EdG 57
Das römische Erbe und das Merowingerreich (Reinhold Kaiser) 3., überarb. u. erw. Aufl. 2004. EdG 26
Die Herrschaften der Karolinger 714–911 (Jörg W. Busch) 2011. EdG 88
Die Entstehung des Deutschen Reiches (Joachim Ehlers) 4. Aufl. 2012. EdG 31
Königtum und Königsherrschaft im 10. und 11. Jahrhundert (Egon Boshof) 3., aktual. und um einen Nachtrag erw. Aufl. 2010. EdG 27
Der Investiturstreit (Wilfried Hartmann) 3., überarb. u. erw. Aufl. 2007. EdG 21
Könige und Fürsten, Kaiser und Papst im 12. Jahrhundert (Bernhard Schimmelpfennig) 2. Aufl. 2010. EdG 37
Deutschland und seine Nachbarn 1200–1500 (Dieter Berg) 1996. EdG 40
Die kirchliche Krise des Spätmittelalters (Heribert Müller) 2012. EdG 90
König, Reich und Reichsreform im Spätmittelalter (Karl-Friedrich Krieger) 2., durchges. Aufl. 2005. EdG 14
Fürstliche Herrschaft und Territorien im späten Mittelalter (Ernst Schubert) 2. Aufl. 2006. EdG 35

Politik, Staat, Verfassung

Frühe Neuzeit

Bevölkerungsgeschichte und historische Demographie 1500–1800 (Christian Pfister) 2. Aufl. 2007. EdG 28

Gesellschaft

Migration in der Frühen Neuzeit (Matthias Asche)
Umweltgeschichte der Frühen Neuzeit (Reinhold Reith) 2011. EdG 89
Bauern zwischen Bauernkrieg und Dreißigjährigem Krieg (André
  Holenstein) 1996. EdG 38
Bauern 1648–1806 (Werner Troßbach) 1992. EdG 19
Adel in der Frühen Neuzeit (Rudolf Endres) 1993. EdG 18
Der Fürstenhof in der Frühen Neuzeit (Rainer A. Müller) 2. Aufl. 2004.
  EdG 33
Die Stadt in der Frühen Neuzeit (Heinz Schilling) 3., aktual. und um einen
  Nachtrag erw. Aufl. 2015. EdG 24
Armut, Unterschichten, Randgruppen in der Frühen Neuzeit (Wolfgang von
  Hippel) 1995. EdG 34
Unruhen in der ständischen Gesellschaft 1300–1800 (Peter Blickle) 3., aktual.
  und erw. Aufl. 2012. EdG 1
Frauen- und Geschlechtergeschichte 1500–1800 (Andreas Rutz)
Die deutschen Juden vom 16. bis zum Ende des 18. Jahrhunderts
  (J. Friedrich Battenberg) 2001. EdG 60

Wirtschaft Die deutsche Wirtschaft im 16. Jahrhundert (Franz Mathis) 1992. EdG 11
Die Entwicklung der Wirtschaft im Zeitalter des Merkantilismus 1620–1800
  (Rainer Gömmel) 1998. EdG 46
Landwirtschaft in der Frühen Neuzeit (Walter Achilles) 1991. EdG 10
Gewerbe in der Frühen Neuzeit (Wilfried Reininghaus) 1990. EdG 3
Kommunikation, Handel, Geld und Banken in der Frühen Neuzeit (Michael
  North) 2., aktual. und um einen Nachtrag erw. Aufl. 2014. EdG 59

Kultur, Alltag, Renaissance und Humanismus (Ulrich Muhlack)
Mentalitäten Medien in der Frühen Neuzeit (Andreas Würgler) 2., durchgesehene Aufl.
  2013. EdG 85
Bildung und Wissenschaft vom 15. bis zum 17. Jahrhundert (Notker
  Hammerstein) 2003. EdG 64
Bildung und Wissenschaft in der Frühen Neuzeit 1650–1800 (Anton
  Schindling) 2. Aufl. 1999. EdG 30
Die Aufklärung (Winfried Müller) 2002. EdG 61
Lebenswelt und Kultur des Bürgertums in der Frühen Neuzeit (Bernd
  Roeck) 2., um einen Nachtrag erw. Aufl. 2011. EdG 9
Lebenswelt und Kultur der unterständischen Schichten in der Frühen
  Neuzeit (Robert von Friedeburg) 2002. EdG 62

Religion Die Reformation. Voraussetzungen und Durchsetzung (Olaf Mörke)
und Kirche 2., aktualisierte Aufl. 2011. EdG 74
Konfessionalisierung im 16. Jahrhundert (Heinrich Richard Schmidt)
  1992. EdG 12
Kirche, Staat und Gesellschaft im 17. und 18. Jahrhundert (Michael Maurer)
  1999. EdG 51
Religiöse Bewegungen in der Frühen Neuzeit (Hans-Jürgen Goertz)
  1993. EdG 20

Politik, Staat, Das Reich in der Frühen Neuzeit (Helmut Neuhaus) 2. Aufl. 2003. EdG 42
Verfassung Landesherrschaft, Territorien und Staat in der Frühen Neuzeit (Joachim
  Bahlcke) 2012. EdG 91
Die Landständische Verfassung (Kersten Krüger) 2003. EdG 67

Vom aufgeklärten Reformstaat zum bürokratischen Staatsabsolutismus
(Walter Demel) 2., um einen Nachtrag erw. Aufl. 2010. EdG 23
Kriegswesen, Herrschaft und Gesellschaft 1300–1800 (Bernhard R. Kroener)
2013. EdG 94

Das Reich im Kampf um die Hegemonie in Europa 1521–1648 (Alfred Kohler) 2., um einen Nachtrag erw. Aufl. 2010. EdG 6
Altes Reich und europäische Staatenwelt 1648–1806 (Heinz Duchhardt) 1990. EdG 4

Staatensystem, internationale Beziehungen

19. und 20. Jahrhundert

Bevölkerungsgeschichte und Historische Demographie 1800–2000 (Josef Ehmer) 2. aktual. und um einen Nachtrag erw. Aufl. 2013. EdG 71
Migration im 19. und 20. Jahrhundert (Jochen Oltmer) 3., aktual. Aufl. 2016. EdG 86
Umweltgeschichte im 19. und 20. Jahrhundert (Frank Uekötter) 2007. EdG 81
Adel im 19. und 20. Jahrhundert (Heinz Reif) 2., um einen Nachtrag erw. Aufl. 2012. EdG 55
Geschichte der Familie im 19. und 20. Jahrhundert (Andreas Gestrich) 3. aktual. und um einen Nachtrag erw. Aufl. 2013. EdG 50
Urbanisierung im 19. und 20. Jahrhundert (Christoph Bernhardt)
Von der ständischen zur bürgerlichen Gesellschaft (Lothar Gall) 2., aktual. Aufl. 2012. EdG 25
Die Angestellten seit dem 19. Jahrhundert (Günter Schulz) 2000. EdG 54
Die Arbeiterschaft im 19. und 20. Jahrhundert (Gerhard Schildt) 1996. EdG 36
Frauen- und Geschlechtergeschichte im 19. und 20. Jahrhundert (Gisela Mettele)
Die Juden in Deutschland 1780–1918 (Shulamit Volkov) 2. Aufl. 2000. EdG 16
Die deutschen Juden 1914–1945 (Moshe Zimmermann) 1997. EdG 43

Gesellschaft

Die Industrielle Revolution in Deutschland (Hans-Werner Hahn) 3., um einen Nachtrag erw. Aufl. 2011. EdG 49
Die deutsche Wirtschaft im 20. Jahrhundert (Wilfried Feldenkirchen) 1998. EdG 47
Agrarwirtschaft und ländliche Gesellschaft im 20. Jahrhundert (Ulrich Kluge) 2005. EdG 73
Gewerbe und Industrie im 19. und 20. Jahrhundert (Toni Pierenkemper) 2., um einen Nachtrag erw. Aufl. 2007. EdG 29
Handel und Verkehr im 19. Jahrhundert (Karl Heinrich Kaufhold)
Handel und Verkehr im 20. Jahrhundert (Christopher Kopper) 2002. EdG 63
Banken und Versicherungen im 19. und 20. Jahrhundert (Eckhard Wandel) 1998. EdG 45
Technik und Wirtschaft im 19. und 20. Jahrhundert (Christian Kleinschmidt) 2007. EdG 79
Unternehmensgeschichte im 19. und 20. Jahrhundert (Werner Plumpe)
Staat und Wirtschaft im 19. Jahrhundert (Rudolf Boch) 2004. EdG 70
Staat und Wirtschaft im 20. Jahrhundert (Gerold Ambrosius) 1990. EdG 7

Wirtschaft

Themen und Autoren

Kultur, Alltag, Mentalitäten	**Kultur, Bildung und Wissenschaft im 19. Jahrhundert (Hans-Christof Kraus) 2008. EdG 82** **Kultur, Bildung und Wissenschaft im 20. Jahrhundert (Frank-Lothar Kroll) 2003. EdG 65** **Lebenswelt und Kultur des Bürgertums im 19. und 20. Jahrhundert (Andreas Schulz) 2, aktual. und um einen Nachtrag erw. Aufl. 2004. EdG 75** **Lebenswelt und Kultur der unterbürgerlichen Schichten im 19. und 20. Jahrhundert (Wolfgang Kaschuba) 1990. EdG 5**
Religion und Kirche	**Kirche, Politik und Gesellschaft im 19. Jahrhundert (Gerhard Besier) 1998. EdG 48** **Kirche, Politik und Gesellschaft im 20. Jahrhundert (Gerhard Besier) 2000. EdG 56**
Politik, Staat, Verfassung	**Der Deutsche Bund 1815–1866 (Jürgen Müller) 2006. EdG 78** **Verfassungsstaat und Nationsbildung 1815–1871 (Elisabeth Fehrenbach) 2., um einen Nachtrag erw. Aufl. 2007. EdG 22** **Politik im deutschen Kaiserreich (Hans-Peter Ullmann) 2., durchges. Aufl. 2005. EdG 52** **Die Weimarer Republik. Politik und Gesellschaft (Andreas Wirsching) 2., um einen Nachtrag erw. Aufl. 2008. EdG 58** **Nationalsozialistische Herrschaft (Ulrich von Hehl) 2. Aufl. 2001. EdG 39** **Die Bundesrepublik Deutschland. Verfassung, Parlament und Parteien (Adolf M. Birke) 2. Aufl. 2010 mit Ergänzungen von Udo Wengst. EdG 41** **Militär, Staat und Gesellschaft im 19. Jahrhundert (Ralf Pröve) 2006. EdG 77** **Militär, Staat und Gesellschaft im 20. Jahrhundert (Bernhard R. Kroener) 2011. EdG 87** **Die Sozialgeschichte der Bundesrepublik Deutschland bis 1989/90 (Axel Schildt) 2007. EdG 80** **Die Sozialgeschichte der DDR (Arnd Bauerkämper) 2005. EdG 76** **Die Innenpolitik der DDR (Günther Heydemann) 2003. EdG 66**
Staatensystem, internationale Beziehungen	**Die deutsche Frage und das europäische Staatensystem 1815–1871 (Anselm Doering-Manteuffel) 3., um einen Nachtrag erw. Aufl. 2010. EdG 15** **Deutsche Außenpolitik 1871–1918 (Klaus Hildebrand) 3., überarb. und um einen Nachtrag erw. Aufl. 2008. EdG 2** **Die Außenpolitik der Weimarer Republik (Gottfried Niedhart) 2., aktualisierte Aufl. 2006. EdG 53** **Die Außenpolitik des Dritten Reiches (Marie-Luise Recker) 2., um einen Nachtrag erw. Aufl. 2009. EdG 8** **Die Außenpolitik der Bundesrepublik Deutschland 1949 bis 1990 (Ulrich Lappenküper) 2008. EdG 83** **Die Außenpolitik der DDR (Joachim Scholtyseck) 2003. EdG 69**

Hervorgehobene Titel sind bereits erschienen.

Stand: März 2017